主体的・対話的で
深い学びを実現する！

社会科授業ワーク大全 5年

授業のまとめ＆
自主学習に
使える

朝倉 一民 著

明治図書

はじめに

前著『板書＆展開例でよくわかる 社会科授業づくりの教科書』シリーズでは各学年の毎時間の授業について，「主体的・対話的で深い学び」を実現する授業展開の実践例を板書画像も加えながら執筆することができました。おかげさまで，全国の多くの先生たちに手にとってもらえているようで嬉しく感じています。拙著を参考にしながら，全国の小学校社会科の授業がさらに改善していくことを願っています。

さて，本著ですが，前著の『社会科授業づくりの教科書』シリーズを受けて，主体的に学んだ子どもたちの知識の習得・定着を目指したものであります。

とは言っても，内容は穴埋め問題と記述問題です。そう珍しいわけではありません。しかし，求める答えはどの教科書にも登場する「重要語句」が基本となっています。問題文は，各時間の学ぶべき内容をコンパクトにまとめた文章となっております。そして，記述問題はその単元での社会的事象を多角的に考察し，問題解決した上で，社会への関わり方を選択・判断できる問いとなっております。つまり，前著で展開した「主体的・対話的で深い学び」を問い直す内容になっています。

私は社会科の授業について，問題解決の学習展開はどの地域でも意識的に行われていると思いますが，「問題を解く」といった活動はあまり行われていないような気がします。国語での漢字のミニテスト，算数での計算問題……これらと同じぐらい社会科も問題に取り組むことが必要だと考えています。なぜなら，社会科は「内容教科」であり，事実を知ること，事象の意味を理解することが重要だからです。

社会科は「暗記科目」ではありません。単語だけを覚えても，今年度から始まる新学習指導要領が明示する「資質・能力」を養うことにはならないでしょう。しかし，問題を解き，重要語句をアウトプットすることは，非常に主体的な学習になります。穴埋め問題を埋めるときは資料や前後の文脈から，学んだ知識を検索して答えを入力します。自然に頭の中で問い直しを行うことになるのです。

問題を解くと，脳内には「ドーパミン」（やる気物質）が分泌されるそうです。脳はさらにその快感を味わおうと問題を解く活動を「強化」するそうです。つまり，もっと問題を解きたくなるわけです。

ですから，この問題プリントをコピーして何度も，何度も取り組ませてほしいと思います。正答でも誤答でもかまいません。大切なことは解くことです。わからなかったら教科書を見てもよいです。とにかく何度も繰り返し，ドーパミンを分泌し，知識を習得してほしいと思います。私が考え抜いて作成した問題にどうぞ，挑戦してください。

朝倉一民

目次

第4章 産業編

第5章 公害・災害編

第6章 統計編

第7章 都道府県編

第8章 図解・年表・地図編

第9章 付録編

※本文中のワークにつきまして，紙面の関係から，解答欄がやや狭くなっているものもございます。コピーして使用される際は，拡大してご活用いただければ幸いです。

本書のねらい

あえて「アクティブ・ラーニング」と言いますが，今年度から新学習指導要領が本格的に実施され，社会科の授業でも，子どもたちの「アクティブ・ラーニング」が見られるでしょう。

- ・自分なりに課題をつくって学習計画を立てる
- ・問題解決したことから新たな課題を見出す
- ・友達と対話して，自分の考えを広げていく
- ・問題を解決するために，インターネットや文献から情報を引き出し，取捨選択する
- ・社会的な見方・考え方を働かせ，自分の考えを構想したり，判断したりする

といった場面が増えていくと考えます。

ここで問題となるのが「評価」です。

評価というと先生たちのイメージとして，すぐに頭に浮かぶのは「通知表」ですね。保護者に発行する通知表作成のために，通知表作成時期になると，テストをしたり，まとめの新聞を評価したり，ノートを点検したりして，評価の材料を集める……それは保護者からのクレームに対応するためでもあります。そこに，昨今の「働き方改革」もあいまって，通知表の内容が形骸化し，評価が効率化され，悪い点をとらせないように，予め答えを配布する……など，なんだか教育の本質から離れたことになってはいないでしょうか？

そもそも，評価には「形成的評価」と「総括的評価」というものがあります。みなさんがイメージする「通知表」は後者になります。長い学期の学習のまとめとして，全体を通して，どこがよくて，どこが苦手だったのかを判断する評価です。同時にそれは次へのステップとなるものでなければいけません。

一方で「指導と評価の一体化」という言葉が，学習指導要領にはもう何年も前から明示されています。この場合の評価は，短いスパンで子どもを見取り，学びの過程を修正し，成長させていくための評価です。つまり前者の「形成的評価」ということになります。

冒頭にお話しした「アクティブ・ラーニング」における学習活動にはこの形成的評価が必要不可欠です。文科省は「多様な評価方法」ということで「学びの成果物やスピーチ，プレゼンテーション」といったものについて，ルーブリックと呼ばれる「評価基準」を作成し，繰り返し評価する「パフォーマンス評価」を推奨しています。その都度，評価を行うことで子どもたちの成長を促すことにつながります（「思考・判断・表現」の評価に適する）。

では，「知識・技能」の評価はどうでしょう？

「知識・技能」の評価も，昔から先生たちはミニテストを作成し何度も実施してきたはずです。しかし，いつの間にかその

ミニテストの平均点を集計して通知表に反映させたり，忙しさのあまりミニテストすら行わない……なんてこともあったりするのではないでしょうか？

「知識・技能」の評価も，形成的評価の視点が大切です。点数を平均化することは全く意味がありません。それでは，はじめはできなかった子がどんどん力をつけても，通知表には反映されないことになってしまいます。そして，子どもたちはどんどん間違いを恐れ，失敗に耐えられない特性をもってしまうのです。

今回，私が作成した，この「ワーク」は，子どもたちが社会科の数多くの「知識」を多角的な見方・考え方で解く内容になっています。教科書には出てこない「難問」も用意しています。さらに，自分の考えを記述する問題も用意しました。そう簡単には解けないかもしれません。でも，それでよいと思っています。私はこのワークで子どもたちにどんどん間違ってほしいです。そして，何回も挑戦してほしいと思っています。何度も繰り返すことで知識を習得することを願っています。ですから，このワークを活用する先生たちにお願いです。決して，通知表の材料にしないでください。総括的評価ではなく，形成的評価のために活用してほしいと願っています。間違う楽しさとわかる楽しさを子どもたちに体感してもらいたいです。

巻末には，「自己採点シート」も準備しました。問題に何度も挑戦し，得点を記入して自分の学びの過程をメタ認知してほしいです。

また，「問題づくりシート」も準備しました。問題を解くことの楽しさを知ったら，きっと自分たちでも問題をつくりたくなるはずです。簡単な問題，難問，おもしろ問題，穴埋め問題，選択問題，記述問題……何でもよいです。問題を作成する力は「アクティブ・ラーニング」に他なりません。答えを何にするか？　選択肢をどうするか？　間違えやすい問題にするには？　ひっかけ問題は？　と考え，問題を通して表現する学びは，かなりの高度な思考スキルを要します。

中を開くとわかるように，本書は上側に「ワーク」があり，下側に解答を記しました。ワークの最下段には，ヒントということで「選択肢」を置いていますが，必要に応じて折るなどしてふせて取り組むようにしてもかまいません。ただ，５年生ですから自分で採点ができるように解答も渡してあげてください。わからない問題があったら，教科書を読むことが大切です。それでもわからなければ，解答を見ましょう。

授業中に取り組んでも，宿題プリントとしてもたせてもかまいません。ただ，力をつけるための「ワーク」として扱ってくれれば幸いです。

ワークに取り組む上での約束～7か条～

① まずは何も見ずに取り組みましょう

② 問題文は必ず読みましょう

③ わからない問題は，とばしましょう

④ 教科書を見ながら取り組んでもかまいません

⑤ 終わったら自分で丸つけをしましょう

⑥ 正答数は自己採点シートに記入しましょう

⑦ 何度も取り組みましょう

新学習指導要領対応です。新教科書と同じ単元配列になっています。

資料画像は私自身が全国を取材したものを多く使用しています。ぜひ，御覧ください。

問題文はしっかりと読ませてください。事象をわかりやすく説明しています。

数字横の 覚えよう! 考えよう? は問題の種別です。覚えよう! は基礎的問題，考えよう? は応用的問題です。

小学生には少し難しい問題を用意しました。教科書だけにとどまらず広い知識を身につけさせましょう。

5年社会科ワークNo.06（低い土地）

低い土地まるわかりワーク

特色ある地域の自然条件と人々の生活や産業を関連づけて考えよう

名前

❶覚えよう!	❷覚えよう!	❸覚えよう!	❹覚えよう!	❺覚えよう!
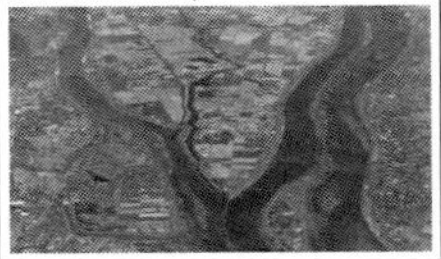				
写真の地域は海津市の様子です。大きな３本の川に挟まれる（1　　　）と呼ばれる地形で，土地の多くは（2　　　）より低い，日本を代表する低地です。	海津市のような低地では土地の周りを（3　　　）で囲み，洪水などの水害を防ぎます。このような（3 ）に囲まれた周辺の土地を（4　　　）と言います。	（4 ）の歴史は，江戸時代までさかのぼりますが，明治時代になってオランダの技師（5　　　）の指導で川の水源や流れを調べ，25年かけて工事して，80あった（4 ）を30にしました。	水害の被害を防ぐために，高く石垣を積んだ（6　　　）を建てて家が危ないときは避《ひ》難《なん》しました。また，洪水になったときに避難するために各家には（7　　　）がつるしてありました。	台風や大雨がくると（4 ）の内側に大量の水がたまり，農作物が被害を受けます。そのため（8　　　）をつくり水をか　　すようにしています。
❻覚えよう!	❼覚えよう!	❽覚えよう! 難	❾考えよう?	❿チャレンジ✓
				 16)この写真は（4 ）の中にある学校のものです。それがわかるポイントを説明しましょう。
海津市は昔から（9　　　）を行っていましたが，水はけが悪く沼のような土地でした。また（10　　　）が入り組んでいたために農作業には苦労が絶えませんでした。	海津市では1948年から田の広さや形を整える工事が始められ，（10 ）を埋《う》め立てるようになりました。道路も整い大きな（11　　　）を使った作業ができるようになりました。	水路を地下に埋めたパイプを使って田畑に送っています。これを（12　　　）と呼び，水を送る施設《しせつ》のことを（13　　　）と言います。このような水路の工夫を（14　　　）と言います。	海津市では現在，河川じきを利用して，池や川でレクリエーションやスポーツを行ったり，自然を生かした公園などの施設をつくったりしている他，料理や（15　　　）に力を入れたりしています。	

ヒント　輪中／稲作／堤防／三角州／デレーケ／観光／パイプライン／排水機場／海面／水路／上げ舟／揚水機場／水屋／治水／機械

ヒント は解答の選択肢になっています。必要に応じて，解答をふせて活用してください。最終的にはヒントなしでできることが大切です。

チャレンジ✓ は記述問題です。記述問題は，社会的事象を多角的に考察し，社会への関わり方を選択・判断する問題です。空欄にせず，書く力をつけるようにしましょう。

わからない問題は教科書などで調べることも大事ですが，答えをすぐに見てもかまいません。

5年社会科ワークNo.06（低い土地）

低い土地まるわかりワーク

特色ある地域の自然条件と人々の生活や産業を関連づけて考えよう

解答 A

単元によって問題数が違うので100点満点ではありません。点数は，12／16というような表記をさせましょう。

自分で採点できるように指導しましょう。また，なるべく漢字で書くことができるように指導しましょう。

❶ 覚えよう！

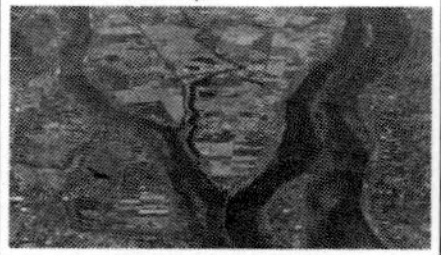

写真の地域は海津市の様子です。大きな３本の川に挟まれる（1 **三角州**　）と呼ばれる地形で，土地の多くは（2 **海面**　）より低い，日本を代表する低地です。

❷ 覚えよう！

海津市のような低地では土地の周りを（3 **堤防**　）で囲み，洪水などの水害を防ぎます。
このような（3 ）に囲まれた周辺の土地を（4 **輪中**　）と言います。

❸ 覚えよう！

（4 ）の歴史は，江戸時代までさかのぼりますが，明治時代になってオランダの技師（5 **デレーケ**　）の指導で川の水源や流れを調べ，25年かけて工事して，80あった（4 ）を30にしました。

❹ 覚えよう！

水害の被害を防ぐために，高く石垣を積んだ（6 **水屋**　）を建てて家が危ないときは避《ひ》難《なん》しました。また，洪水になったときに避難するために各家には（7 **上げ舟**　）がつるしてありました。

❺ 覚えよう！

台風や大雨がくると（4 ）の内側に大量の水がたまり，農作物が被害を受けます。そのため（8 **排水機場**　）をつくり水を外に出すようにしています。

❻ 覚えよう！

海津市は昔から（9 **稲作**　）を行っていましたが，水はけが悪く沼のような土地でした。また（10 **水路**　）が入り組んでいたために農作業には苦労が絶えませんでした。

❼ 覚えよう！

海津市では1948年から田の広さや形を整える工事が始められ，（10 ）を埋《う》め立てるようになりました。道路も整い大きな（11 **機械**　）を使った作業ができるようになりました。

❽ 覚えよう！ 難

水路を地下に埋めたパイプを使って田畑に送っています。これを（12 **パイプライン**　）と呼び，水を送る施設《しせつ》のことを（13 **揚水機場**　）と言います。このような水路の工夫を（14 **治水**　）と言います。

❾ 考えよう？

海津市では現在，河川じきを利用して，池や川でレクレーションやスポーツを行ったり，自然を生かした公園などの施設をつくったりしている他，料理や（15 **観光**　）に力を入れたりしています。

❿ チャレンジ✓

16)この写真は（4 ）の中にある学校のものです。それがわかるポイントを説明しましょう。

トラックが校舎の２階ほどの高さのところを走っていることから，すぐ近くに堤防があることがわかる。

知っ得！　明治のころは，輪中内の人々は結束力が強かったのですが，他の輪中とは険悪な仲でした。その結果「輪中根性」という言葉が生まれました。

知っ得！は，それぞれの単元の，豆知識的な情報を掲載しています。実はそれを理解することでもやもやしていることがスッキリすることも。

チャレンジ✓の解答は模範解答です。それぞれの子どもたちの解答は価値づけてあげてください。

第1章

国土編

世界における我が国の国土の位置，国土の構成，領土の範囲，国土の地形や気候の概要を理解するとともに，人々が自然環境に適応して生活していることを理解します。その際，地図帳や地球儀，各種の資料で調べ，まとめることが大切です。

5年社会科ワークNo.01（日本の国土）

国の国土まるわかりワーク

世界における我が国の国土の位置，国土の構成，領土の範囲《はんい》を理解しよう

名前

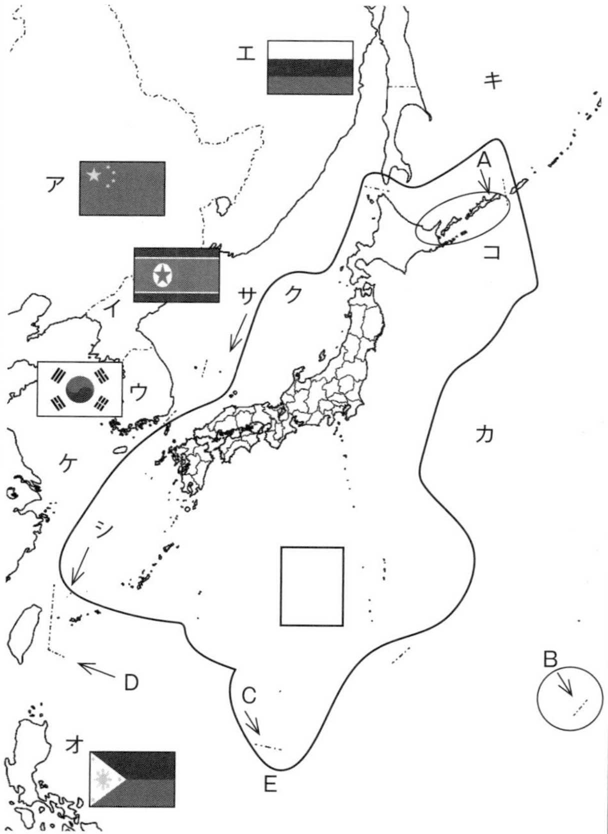

❶ 日本の周囲の国を答えましょう。

（ア　　　）
（イ　　　）
（ウ　　　）
（エ　　　）
（オ　　　）

❷ 日本の領土の端《はし》の島を答えましょう。

（A　　　）
（B　　　）
（C　　　）
（D　　　）

❸ 写真のように島が海に沈まないように周囲をコンクリートブロックで囲んでいるのはどの島ですか？

（1　　　）

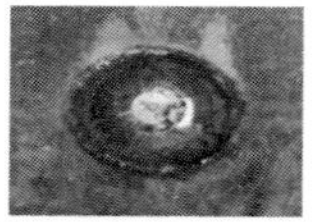

❹ 日本の周囲の海の名前を答えましょう。

（カ　　　）
（キ　　　）
（ク　　　）
（ケ　　　）

❺ ロシアとの間にある領土問題となっている地域コを何と言いますか？

（コ　　　）

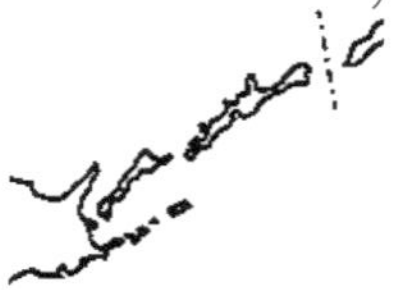

❻ 1954年から韓国に不法占拠《せんきょ》されている島根県の島サを何と言いますか？

（サ　　　）

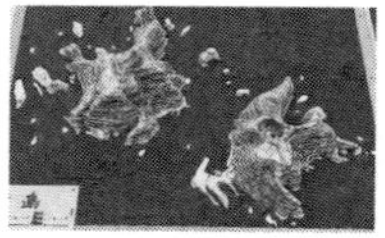

島根県・竹島資料室

❼ 1971年から中国や台湾に領《りょう》有権《ゆうけん》を主張されている沖縄県の島シは何と言いますか？

（シ　　　）

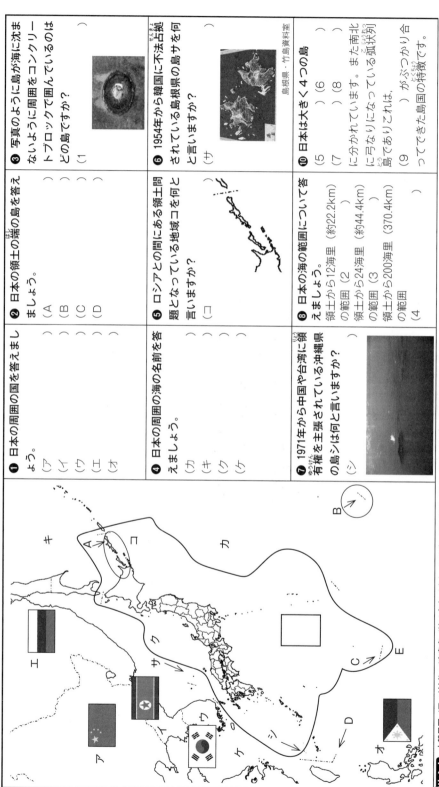

❽ 日本の海の範囲について答えましょう。

領土から12海里（約22.2km）の範囲（2　　　）

領土から24海里（約44.4km）の範囲（3　　　）

領土から200海里（370.4km）の範囲

（4　　　）

❿ 日本は大きく4つの島

（5　　　）（6　　　）

（7　　　）（8　　　）

に分かれています。また南北に弓なりになっている弧状列《こじょうれつ》島《とう》でありこれは，

（9　　　）がぶつかり合ってできた島国の特徴《とくちょう》です。

ヒント　大韓民国／フィリピン／南鳥島／沖ノ鳥島／オホーツク海／北方領土／竹島／領海／択捉島／排他的経済水域（EEZ）／北海道／東シナ海／接続水域／本州／太平洋／ロシア連邦／四国／九州／与那国島／プレート／中華人民共和国／沖ノ鳥島／日本海／尖閣諸島／朝鮮民主主義人民共和国

5年社会科ワークNo.01（日本の国土）

国の国土まるわかりワーク

世界における我が国の国土の位置，国土の構成，領土の範囲《はんい》を理解しよう

解答A

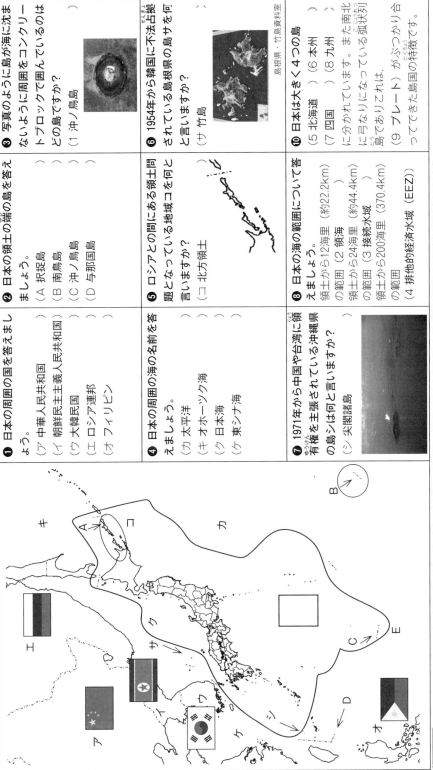

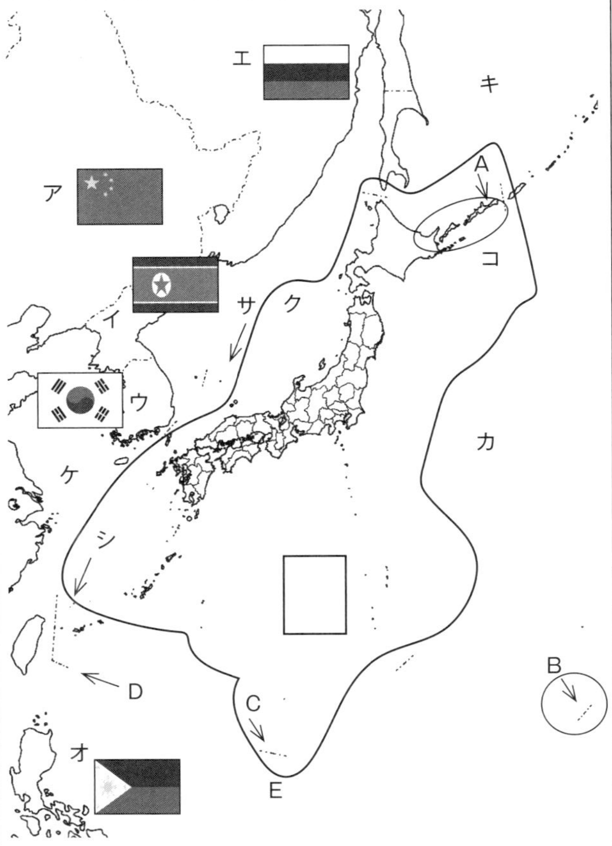

❶ 日本の周囲の国を答えましょう。
（ア 中華人民共和国）
（イ 朝鮮民主主義人民共和国）
（ウ 大韓民国）
（エ ロシア連邦）
（オ フィリピン）

❷ 日本の領土の端《はし》の島を答えましょう。
（A 択捉島）
（B 南鳥島）
（C 沖ノ鳥島）
（D 与那国島）

❸ 写真のように島が海に沈まないように周囲をコンクリートブロックで囲んでいるのはどの島ですか？
（1 沖ノ鳥島）

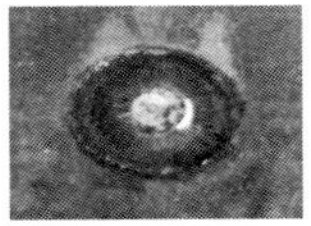

❹ 日本の周囲の海の名前を答えましょう。
（カ 太平洋）
（キ オホーツク海）
（ク 日本海）
（ケ 東シナ海）

❺ ロシアとの間にある領土問題となっている地域コを何と言いますか？
（コ 北方領土）

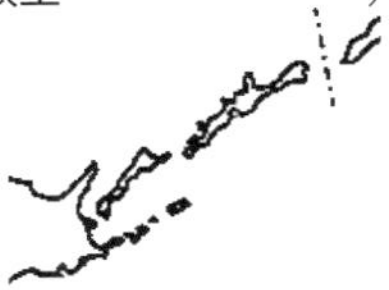

❻ 1954年から韓国に不法占拠《せんきょ》されている島根県の島サを何と言いますか？
（サ 竹島）

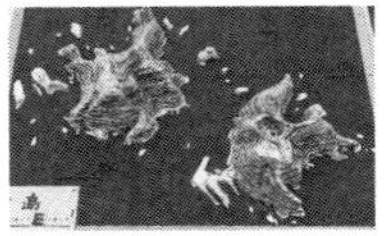

島根県・竹島資料室

❼ 1971年から中国や台湾に領《りょう》有権《ゆうけん》を主張されている沖縄県の島シは何と言いますか？
（シ 尖閣諸島）

❽ 日本の海の範囲について答えましょう。
領土から12海里（約22.2km）の範囲（2 領海）
領土から24海里（約44.4km）の範囲（3 接続水域）
領土から200海里（370.4km）の範囲
（4 排他的経済水域（EEZ））

❿ 日本は大きく４つの島
（5 北海道）（6 本州）
（7 四国）（8 九州）
に分かれています。また南北に弓なりになっている弧状列《こじょうれつ》島《とう》でありこれは，
（9 プレート）がぶつかり合ってできた島国の特徴《とくちょう》です。

知っ得！ 日本の南にあるEEZの穴は本州，伊豆諸島，沖ノ鳥島，大東諸島，南西諸島の起線に囲まれた公海でしたが，延長大陸棚として国際的に認められています。

世界の大陸と主な海洋，主な国の位置を理解しよう

名前

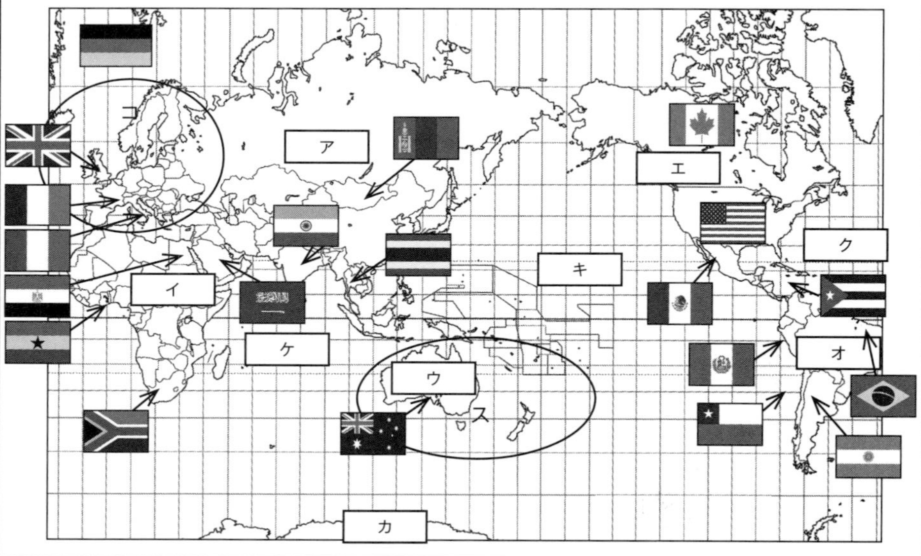

❶ 地球上の位置

左の地図における
縦の線を（1　　　　　　）
横の線を（2　　　　　　）
と言います。
（1 ）は地球上の東西を表すもので経度と言います。0度はイギリスのロンドンを通ります。
（2 ）は南北を表すもので緯《い》度と言います。（3　　　　）を0度としています。

❷ 東京都の位置

東京都の位置を経度と緯度で表しましょう。
東経（4　　　　　度）
北緯（5　　　　　度）

❸ 大陸と海洋

地図上の大陸と海洋の名称《めいしょう》を答えましょう。
（ア　　　　　　大陸）
（イ　　　　　　大陸）
（ウ　　　　　　大陸）
（エ　　　　　　大陸）
（オ　　　　　　大陸）
（カ　　　　　　大陸）
（キ　　　　　　洋）
（ク　　　　　　洋）
（ケ　　　　　　洋）

❹ 大州

大陸以外の分け方を大州といって（ア）の大陸の西側を（コ　　　　　），東側を（サ　　　　　），（ウ ）の周辺を（ス　　　　　）と言います。

❺ 国旗の国を答えましょう。

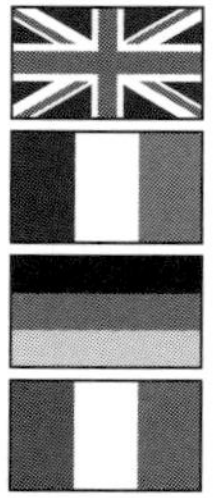

❻ 国旗の国を答えましょう。

❼ 国旗の国を答えましょう。

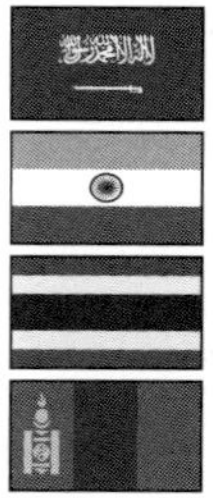

❽ 国旗の国を答えましょう。

❾ 国旗の国を答えましょう。

ヒント　フランス／緯線／大西／35／北アメリカ／南アメリカ／キューバ／太平／インド／アジア／オセアニア／イタリア／ヨーロッパ／ドイツ／オーストラリア／ガーナ／オーストラリア／ユーラシア／サウジアラビア／インド／モンゴル／エジプト／カナダ／アメリカ／メキシコ／ブラジル／赤道／ペルー／139／アルゼンチン／チリ／経線／アフリカ／南極／イギリス／南アフリカ共和国／タイ

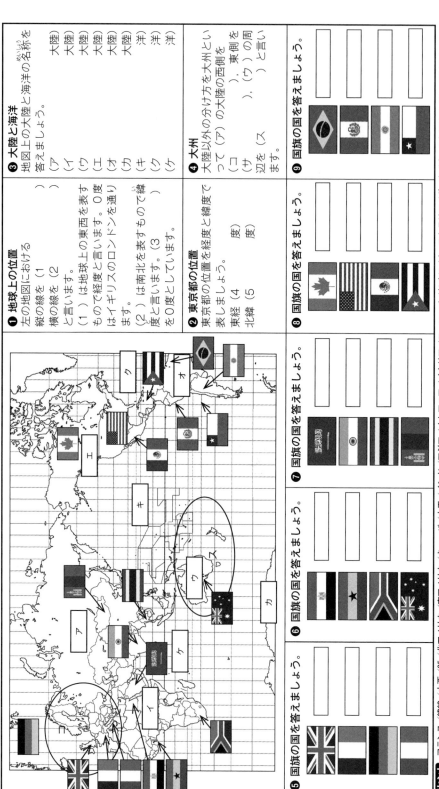

世界の大陸と主な海洋，主な国の位置を理解しよう

解答A

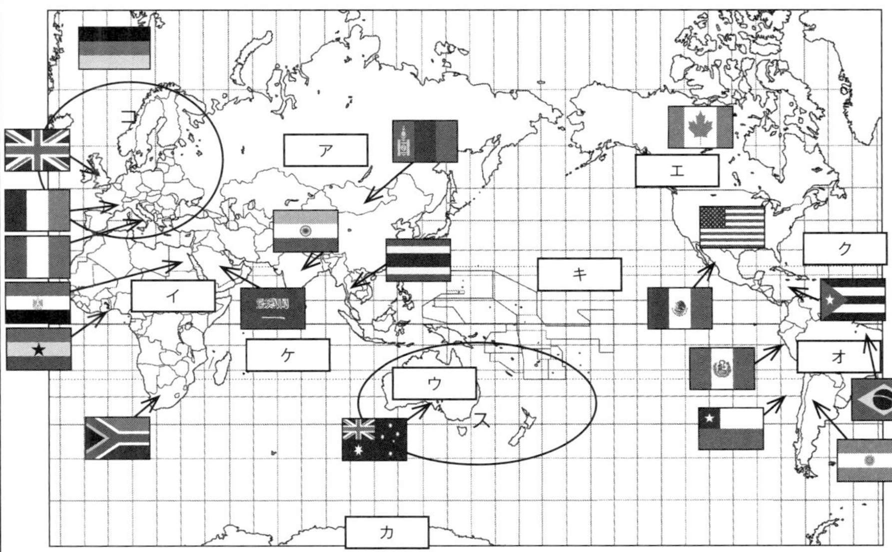

❶ 地球上の位置

左の地図における
縦の線を（1 経線　　）
横の線を（2 緯線　　）
と言います。
（1 ）は地球上の東西を表すもので経度と言います。0度はイギリスのロンドンを通ります。
（2 ）は南北を表すもので緯《い》度と言います。（3 赤道　）を0度としています。

❷ 東京都の位置

東京都の位置を経度と緯度で表しましょう。
東経（4 139　　度）
北緯（5 35　　度）

❸ 大陸と海洋

地図上の大陸と海洋の名称《めいしょう》を答えましょう。
（ア ユーラシア　大陸）
（イ アフリカ　大陸）
（ウ オーストラリア　大陸）
（エ 北アメリカ　大陸）
（オ 南アメリカ　大陸）
（カ 南極　大陸）
（キ 太平　洋）
（ク 大西　洋）
（ケ インド　洋）

❹ 大州

大陸以外の分け方を大州といって（ア）の大陸の西側を（コ ヨーロッパ），東側を（サ アジア　），（ウ ）の周辺を（ス オセアニア）と言います。

❺ 国旗の国を答えましょう。

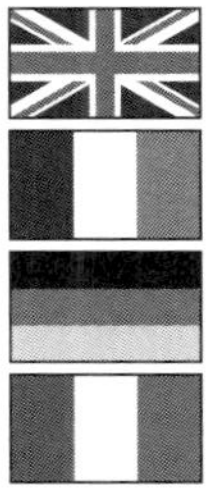

イギリス
フランス
ドイツ
イタリア

❻ 国旗の国を答えましょう。

エジプト
ガーナ
南アフリカ共和国
オーストラリア

❼ 国旗の国を答えましょう。

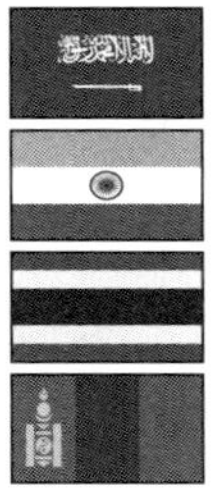

サウジアラビア
インド
タイ
モンゴル

❽ 国旗の国を答えましょう。

カナダ
アメリカ
メキシコ
キューバ

❾ 国旗の国を答えましょう。

ブラジル
ペルー
アルゼンチン
チリ

知っ得！ 日本が承認している国は195カ国です。これに日本を加えると196カ国です。承認していない北朝鮮を加えると197カ国です。

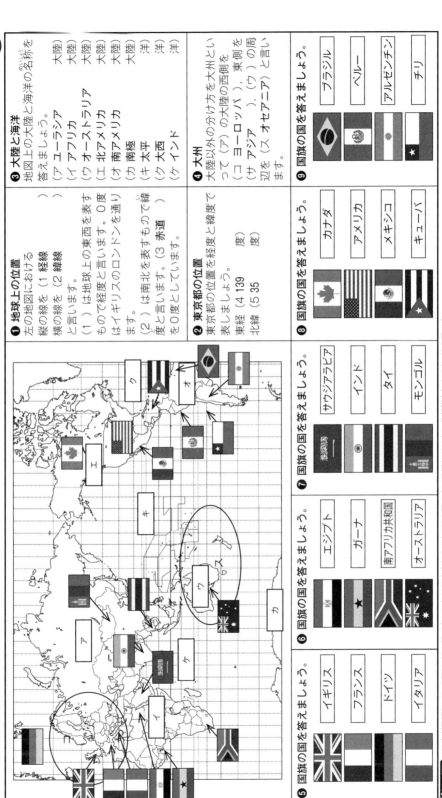

5年社会科ワークNo.03（日本の地形）

日本の国土まるわかりワーク

国土の環境《かんきょう》について，主な山地や山脈，平野，川や湖，主な島や半島などの地形の概要《がいよう》や特色を理解しよう

名前

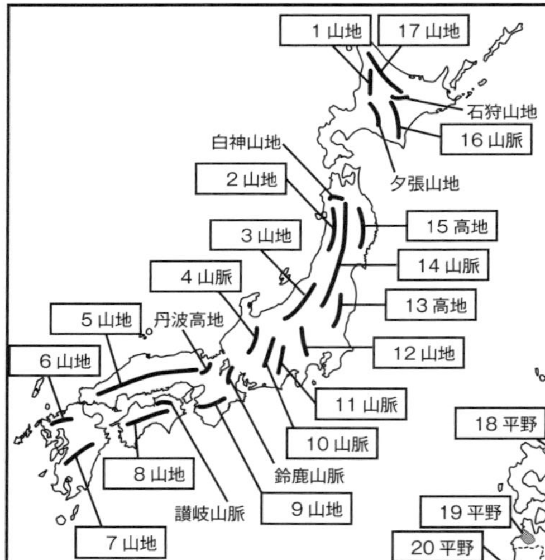

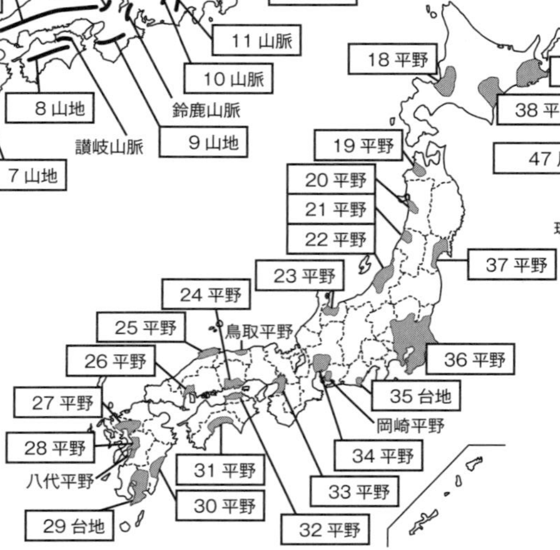

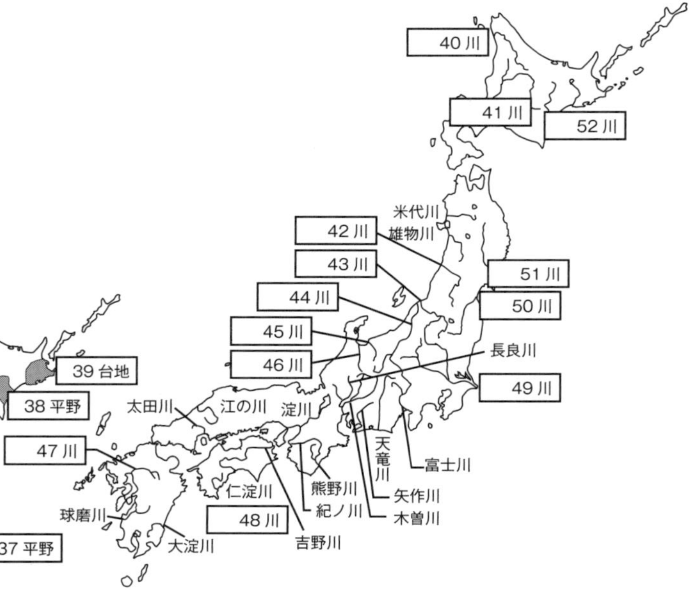

【用語の解説】

■山脈：頂上から頂上へと尾根によってつながっている山々

■山地：頂上同士が尾根によってつながっていない山々

■高地：明確な頂上がない山地

■平野：起伏が小さく，ほぼ平らな地面

■台地：平野や盆地よりも一段高い台状の地形

■盆地《ぼんち》：周囲を山々で囲まれた平地

❶ 記号に入る名称を入れましょう。

(1　　　)(2　　　)
(3　　　)(4　　　)
(5　　　)(6　　　)
(7　　　)(8　　　)
(9　　　)(10　　　)
(11　　　)(12　　　)
(13　　　)(14　　　)
(15　　　)(16　　　)
(17　　　)(18　　　)
(19　　　)(20　　　)
(21　　　)(22　　　)
(23　　　)(24　　　)
(25　　　)(26　　　)
(27　　　)(28　　　)
(29　　　)(30　　　)
(31　　　)(32　　　)
(33　　　)(34　　　)
(35　　　)(36　　　)
(37　　　)(38　　　)
(39　　　)(40　　　)
(41　　　)(42　　　)
(43　　　)(44　　　)
(45　　　)(46　　　)
(47　　　)(48　　　)
(49　　　)(50　　　)
(51　　　)(52　　　)

ヒント　北上／北見／津軽／秋田／越後／富山／出雲／広島／熊本／シラス／讃岐／大阪／出羽／越後／濃尾／牧の原／関東／仙台／紀伊／石狩／十勝／根釧／赤石／天塩／石狩／中国／奥羽／最上／阿賀野／九州／信濃／黒部／四国／神通／阿武隈／筑後／四万十／飛騨／利根／阿武隈／北上／十勝／天塩／筑紫／木曽／庄内／筑紫／岡山／宮崎／高知／日高／関東

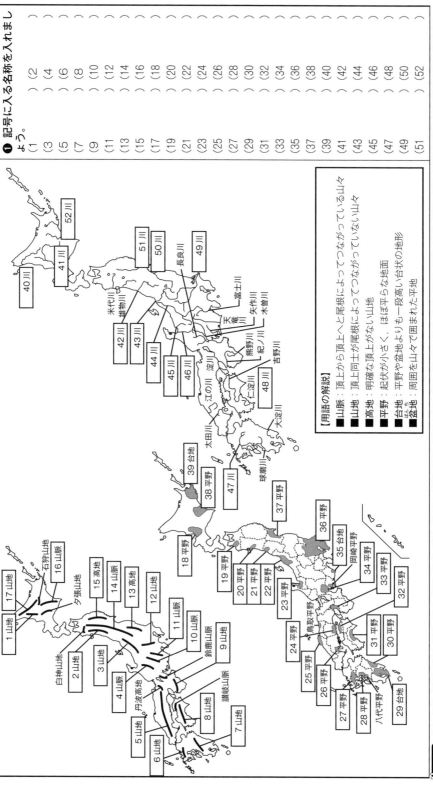

5年社会科ワークNo.03（日本の地形）

日本の国土まるわかりワーク

国土の環境《かんきょう》について，主な山地や山脈，平野，川や湖，主な島や半島などの地形の概要《がいよう》や特色を理解しよう

解答A

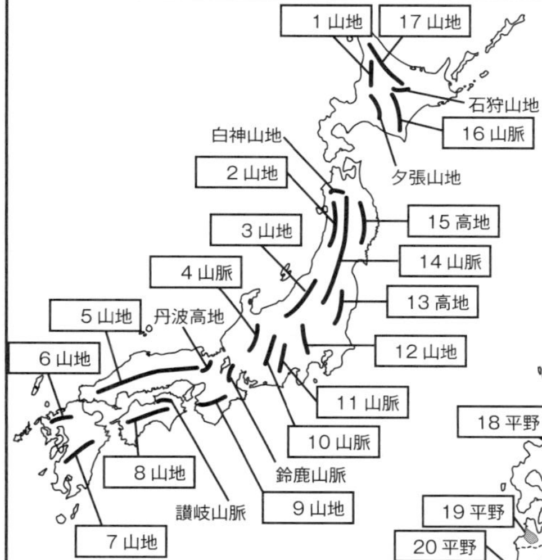

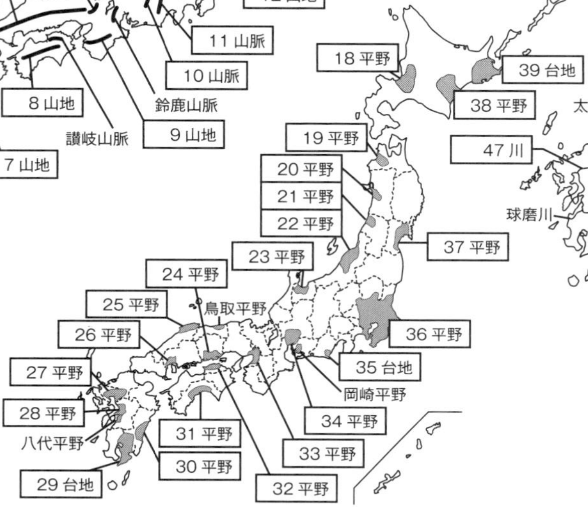

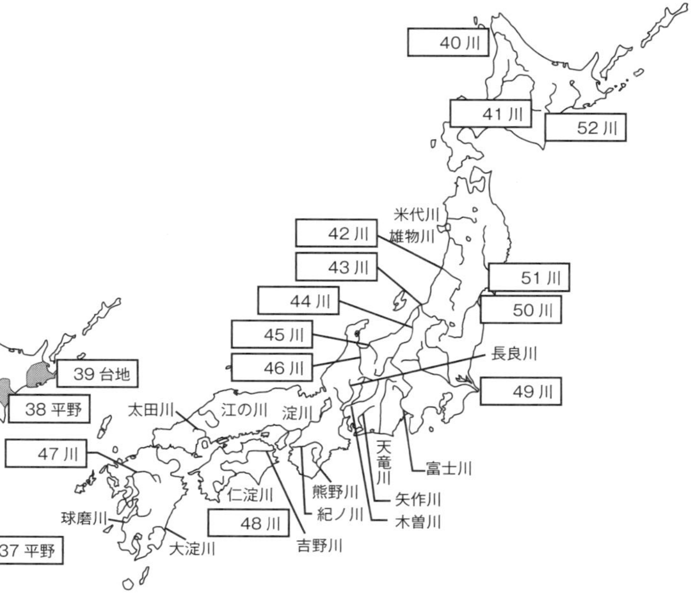

【用語の解説】
- ■山脈：頂上から頂上へと尾根によってつながっている山々
- ■山地：頂上同士が尾根によってつながっていない山々
- ■高地：明確な頂上がない山地
- ■平野：起伏が小さく，ほぼ平らな地面
- ■台地：平野や盆地よりも一段高い台状の地形
- ■盆地《ぼんち》：周囲を山々で囲まれた平地

❶ 記号に入る名称を入れましょう。

(1 天塩　)	(2 出羽　)
(3 越後　)	(4 飛騨　)
(5 中国　)	(6 筑紫　)
(7 九州　)	(8 四国　)
(9 紀伊　)	(10 木曽　)
(11 赤石　)	(12 関東　)
(13 阿武隈　)	(14 奥羽　)
(15 北上　)	(16 日高　)
(17 北見　)	(18 石狩　)
(19 津軽　)	(20 秋田　)
(21 庄内　)	(22 越後　)
(23 富山　)	(24 岡山　)
(25 出雲　)	(26 広島　)
(27 筑紫　)	(28 熊本　)
(29 シラス　)	(30 宮崎　)
(31 高知　)	(32 讃岐　)
(33 大阪　)	(34 濃尾　)
(35 牧の原　)	(36 関東　)
(37 仙台　)	(38 十勝　)
(39 根釧　)	(40 天塩　)
(41 石狩　)	(42 最上　)
(43 阿賀野　)	(44 信濃　)
(45 黒部　)	(46 神通　)
(47 筑後　)	(48 四万十　)
(49 利根　)	(50 阿武隈　)
(51 北上　)	(52 十勝　)

知っ得！ 日本一長い川である信濃川は長野から新潟へ流れていますが両県で名前が異なり，長野では「千曲川」，新潟では「信濃川」と呼んでいます。

5年社会科ワークNo.04（日本の気候①）

日本の気候まるわかりワーク①

地域や時期によって気温や降水量《こうすいりょう》が変わるなど気候の違いや変化について調べよう

名前

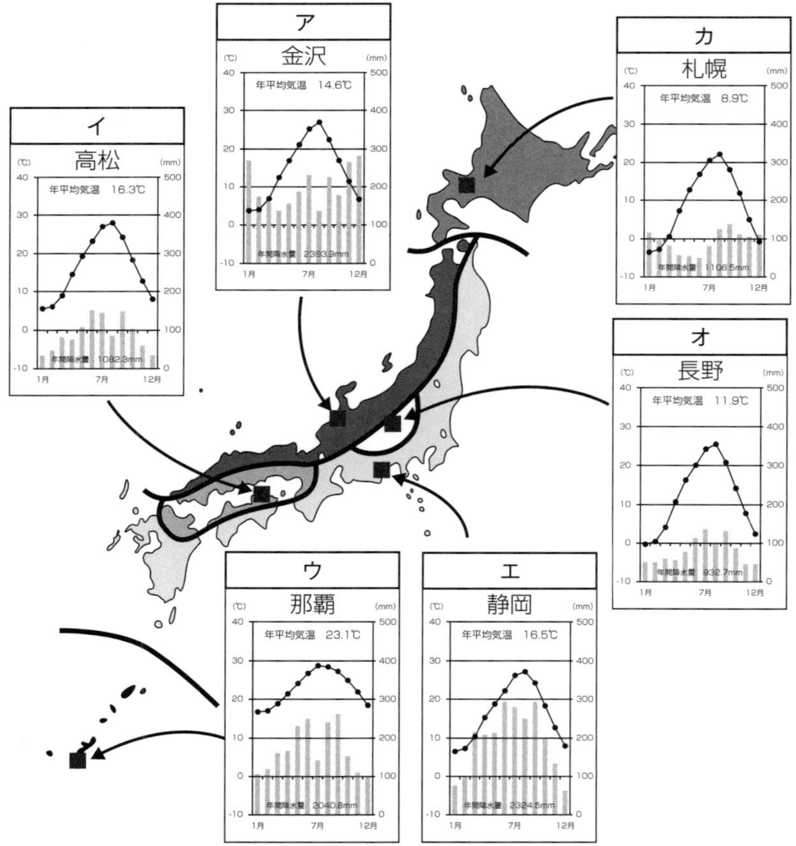

❶
アは（ア　　　　　　）と言います。本州の日本海側に見られ，特に新潟，富山，石川などの（1　　　　　　）地方に特徴的です。（2　　　　　　）の影響《えいきょう》で冬に（3　　　　　　）が多くなるのが特徴です。

❷
イは（イ　　　　　　）と言います。瀬戸《せと》内海を中心とした気候で中国山地と四国山地に挟まれることで一年を通して（4　　　　　　）が少ないのが特徴です。

❸
ウは（ウ　　　　　　）と言います。奄美大島や沖縄などに見られる亜熱帯《あねったい》性の気候です。（5　　　　　　）が年間を通じて高く，5～6月に降水量が多い（6　　　　　　）に入ります。

❹
エは（エ　　　　　　）と言います。本州の太平洋側に見られ，夏の（7　　　　　　）の影響で高温多湿な空気が吹き込むため（8　　　　　　）が多く，冬は北西の（9　　　　　　）が山をこえて乾燥《かんそう》した空気が吹き込みます。

❺
オは（オ　　　　　　）と言います。中央高地など山々に囲まれたこの地域は夏と冬の（10　　　　　　）が大きく，また一年を通じて（11　　　　　　）が少ないという特徴があります。

❻
カは（カ　　　　　　）と言います。北海道地方に見られる気候です。（12　　　　）は涼しく，（13　　　　）の寒さは厳《きび》しいのが特徴です。1年を通じて雨が少なく（14　　　　　　）がないのも特徴です。

ヒント　南西諸島気候／北海道気候／瀬戸内式気候／降雪量／降水量／気温／梅雨／季節風／降水量／内陸性気候／降水量／冬／夏／梅雨／日本海側気候／太平洋岸気候／北陸／季節風／気温差／季節風

地域や時期によって気温や降水量《こうすいりょう》が変わるなど気候の違いや変化について調べよう

解答A

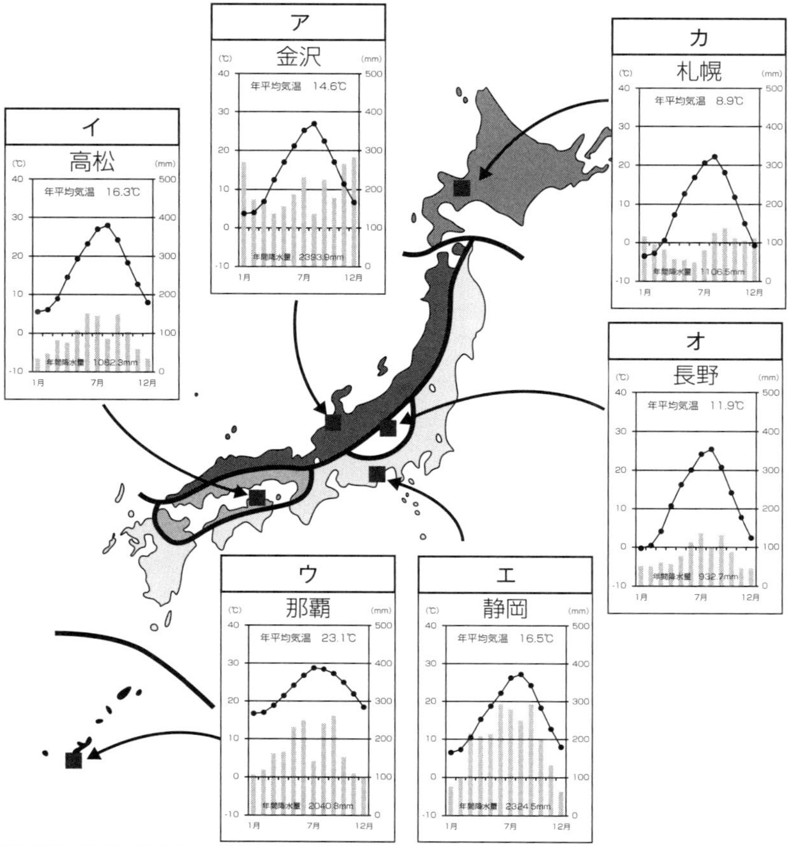

❶
アは（ア 日本海側気候　）と言います。本州の日本海側に見られ，特に新潟，富山，石川などの（1 北陸　）地方に特徴的です。（2 季節風　）の影響《えいきょう》で冬に（3 降雪量　）が多くなるのが特徴です。

❷
イは（イ 瀬戸内式気候　）と言います。瀬戸《せと》内海を中心とした気候で中国山地と四国山地に挟まれることで一年を通して（4 降水量　）が少ないのが特徴です。

❸
ウは（ウ 南西諸島気候　）と言います。奄美大島や沖縄などに見られる亜熱帯《あねったい》性の気候です。（5 気温　）が年間を通じて高く，5～6月に降水量が多い（6 梅雨　）に入ります。

❹
エは（エ 太平洋岸式気候　）と言います。本州の太平洋側に見られ，夏の（7 季節風）の影響で高温多湿な空気が吹き込むため（8 降水量　）が多く，冬は北西の（9 季節風　）が山をこえて乾燥《かんそう》した空気が吹き込みます。

❺
オは（オ 内陸性気候　）と言います。中央高地など山々に囲まれたこの地域は夏と冬の（10 気温差　）が大きく，また一年を通じて（11 降水量　）が少ないという特徴があります。

❻
カは（カ 北海道気候　）と言います。北海道地方に見られる気候です。（12 夏　）は涼しく，（13 冬　）の寒さは厳《きび》しいのが特徴です。1年を通じて雨が少なく（14 梅雨　）がないのも特徴です。

知っ得！ 北海道は面積も広く西側と東側で気候が大きく異なります。特に冬は西側は雪が多く，東側は晴れる日が多くなります。

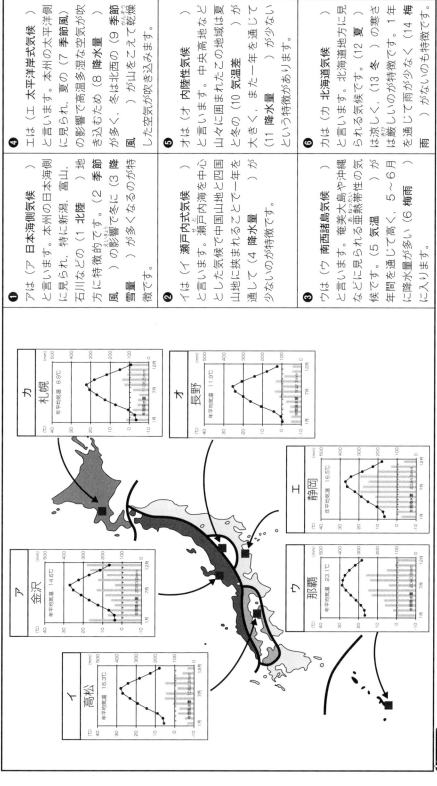

日本の気候まるわかりワーク②

気候の側面から，我が国の国土の自然環境の特色を考えよう

名前

❶ 覚えよう！

日本列島の周囲には季節によって吹く方向が変わる（1　　　）と呼ばれる風が吹いており，夏には（2　　　）から，冬には（3　　　）から吹くのが特徴です。

❷ 覚えよう！

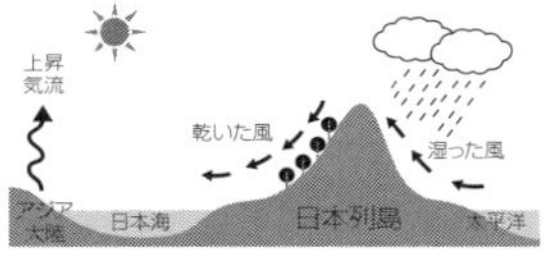

夏　太平洋からアジア大陸に向かって，湿った南東の風が吹く。

夏は太平洋からの南東の風が太平洋の（4　　　）空気を運び日本中央の山地にぶつかり（5　　　）を降らせます。一方で，山地を越えた（6　　　）には乾燥した風が吹き込みます。

❸ 覚えよう！

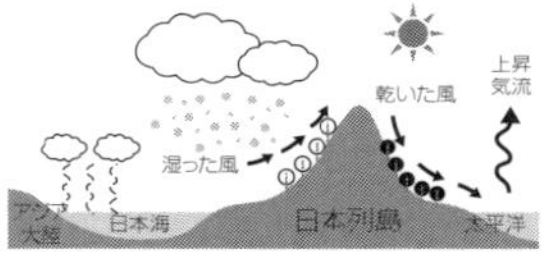

冬　アジア大陸から太平洋に向かって，冷たく湿った北西の風が吹く。

冬は北西の風が日本海上で湿《しっ》気《け》を大量に含み（7　　　）を発生させて運び，日本中央の山地にぶつかって，日本海側に（8　　　）を降らせます。山地を越えた太平洋側には乾燥した風が吹き込みます。

❹ 覚えよう！

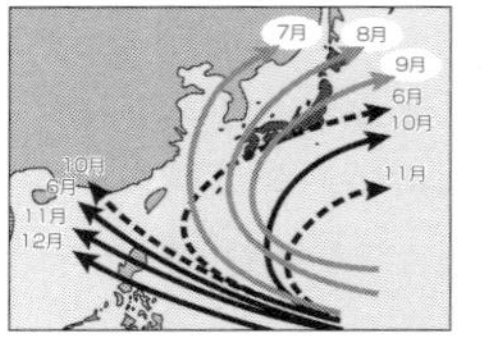

夏から秋にかけて日本には（9　　　）がやってきます。特に（10　　　）や九州や四国地方は被害《ひがい》が多いです。夏に（11　　　）になる地域にとってはめぐみの雨になります。

❺ 覚えよう！

台風は大雨，洪水，暴風，高潮などをもたらします。建物などが壊れたり，農作物に被害が出たりします。
また，（12　　　）や船舶《せんぱく》が欠航《けっこう》になり日常生活に支障《ししょう》が出ます。

❻ 覚えよう？ 難

６月中頃から７月に北のオホーツク高気圧の（13　　　）空気と南の太平洋高気圧の（14　　　）空気がぶつかり，境目に雲ができ雨を降らせます。これを（15　　　）と言います。

❼ 覚えよう！

積雪によって生じる災害のことを（16　　　）と呼びます。日本海側の（17　　　），東北，北海道で多く発生します。雪の重みで家が倒《たお》れたり，送電線などが切れたり，交通に支障が出たりします。

❽ 覚えよう！

北海道のオホーツク海沿岸には毎年（18　　　）が接岸します。これはロシアのオホーツク海で海水が凍ったもので40～50cm の厚さになって流れてきます。紋別や網走が有名です。

❾ 考えよう？

局地的で短時間の強い雨のことを（19　　　）と呼びます。（15 ）の末期や（9 ）の時期に多く発生します。短時間で積乱雲《せきらんうん》が発生し豪雨《ごうう》を降らせるので予想がしにくいです。

❿ チャレンジ✓

20）日本では桜の開花の時期が違う理由を説明しましょう。

ヒント　台風／湿った／沖縄／雪害／日本海側／梅雨／太平洋側／水不足／雪／冷たい／雲／日本海側／暖かい／北陸／航空機／流氷／季節風／雨／集中豪雨

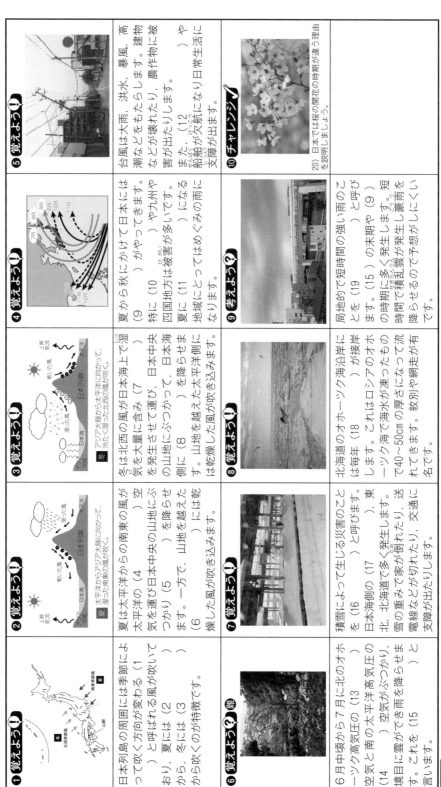

気候の側面から，我が国の国土の自然環境の特色を考えよう

解答 A

❶ 覚えよう！

日本列島の周囲には季節によって吹く方向が変わる（1 **季節風**）と呼ばれる風が吹いており，夏には（2 **太平洋側**）から，冬には（3 **日本海側**）から吹くのが特徴です。

❷ 覚えよう！

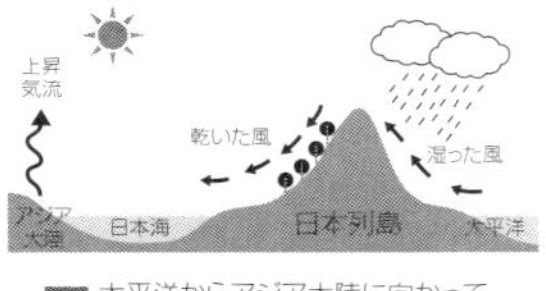

夏 太平洋からアジア大陸に向かって，湿った南東の風が吹く。

夏は太平洋からの南東の風が太平洋の（4 **湿った**　）空気を運び日本中央の山地にぶつかり（5 **雨**　）を降らせます。一方で，山地を越えた（6 **日本海側**　）には乾燥した風が吹き込みます。

❸ 覚えよう！

冬 アジア大陸から太平洋に向かって，冷たく湿った北西の風が吹く。

冬は北西の風が日本海上で湿《しっ》気《け》を大量に含み（7 **雲**　）を発生させて運び，日本中央の山地にぶつかって，日本海側に（8 **雪**　）を降らせます。山地を越えた太平洋側には乾燥した風が吹き込みます。

❹ 覚えよう！

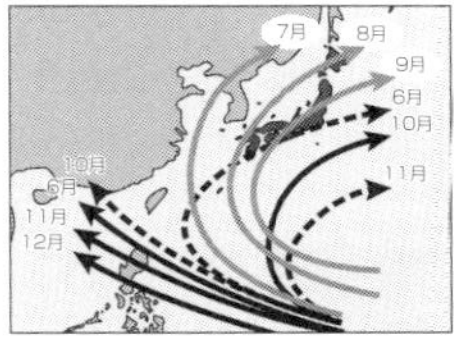

夏から秋にかけて日本には（9 **台風**　）がやってきます。特に（10 **沖縄**　）や九州や四国地方は被害《ひがい》が多いです。夏に（11 **水不足**　）になる地域にとってはめぐみの雨になります。

❺ 覚えよう！

台風は大雨，洪水，暴風，高潮などをもたらします。建物などが壊れたり，農作物に被害が出たりします。
また，（12 **航空機**　）や船舶《せんぱく》が欠航《けっこう》になり日常生活に支障《ししょう》が出ます。

❻ 覚えよう？ 難

６月中頃から７月に北のオホーツク高気圧の（13 **冷たい**）空気と南の太平洋高気圧の（14 **暖かい**）空気がぶつかり，境目に雲ができ雨を降らせます。これを（15 **梅雨**　）と言います。

❼ 覚えよう！

積雪によって生じる災害のことを（16 **雪害**　）と呼びます。日本海側の（17 **北陸**　），東北，北海道で多く発生します。雪の重みで家が倒《たお》れたり，送電線などが切れたり，交通に支障が出たりします。

❽ 覚えよう！

北海道のオホーツク海沿岸には毎年（18 **流氷**　）が接岸します。これはロシアのオホーツク海で海水が凍ったもので40～50cm の厚さになって流れてきます。紋別や網走が有名です。

❾ 考えよう？

局地的で短時間の強い雨のことを（19 **集中豪雨**　）と呼びます。（15 ）の末期や（9 ）の時期に多く発生します。短時間で積乱雲《せきらんうん》が発生し豪雨《ごうう》を降らせるので予想がしにくいです。

❿ チャレンジ✓

20）日本では桜の開花の時期が違う理由を説明しましょう。

日本は南北に弓なりの形をしているので，気温に大きな差があり，開花の時期が違う。

知っ得！ 台風は熱帯低気圧の名称ですが，発生する場所によって「台風」（太平洋北西部），「ハリケーン」（大西洋北部，太平洋北東部），「サイクロン」（インド洋，太平洋南部）となります。

5年社会科ワークNo.06（低い土地）

低い土地まるわかりワーク

特色ある地域の自然条件と人々の生活や産業を関連づけて考えよう

名前

❶ 覚えよう！

写真の地域は海津市の様子です。大きな３本の川に挟まれる（1　　　　　　）と呼ばれる地形で，土地の多くは（2　　　　）より低い，日本を代表する低地です。

❷ 覚えよう！

海津市のような低地では土地の周りを（3　　　　　　）で囲み，洪水などの水害を防ぎます。
このような（３）に囲まれた周辺の土地を（4　　　　）と言います。

❸ 覚えよう！

（４）の歴史は，江戸時代までさかのぼりますが，明治時代になってオランダの技師（5　　　　　　）の指導で川の水源や流れを調べ，25年かけて工事して，80あった（４）を30にしました。

❹ 覚えよう！

水害の被害を防ぐために，高く石垣を積んだ（6　　　　）を建てて家が危ないときは避《ひ》難《なん》しました。また，洪水になったときに避難するために各家には（7　　　　　　）がつるしてありました。

❺ 覚えよう！

台風や大雨がくると（４）の内側に大量の水がたまり，農作物が被害を受けます。そのため（8　　　　　　）をつくり水を外に出すようにしています。

❻ 覚えよう！

海津市は昔から（9　　　　）を行っていましたが，水はけが悪く沼のような土地でした。また（10　　　　）が入り組んでいたために農作業には苦労が絶えませんでした。

❼ 覚えよう！

海津市では1948年から田の広さや形を整える工事が始められ，（10）を埋《う》め立てるようになりました。道路も整い大きな（11　　　　）を使った作業ができるようになりました。

❽ 覚えよう！ 難

水路を地下に埋めたパイプを使って田畑に送っています。これを（12　　　　　　）と呼び，水を送る施設《しせつ》のことを（13　　　　）と言います。このような水路の工夫を（14　　　　）と言います。

❾ 考えよう？

海津市では現在，河川じきを利用して，池や川でレクレーションやスポーツを行ったり，自然を生かした公園などの施設をつくったりしている他，料理や（15　　　　）に力を入れたりしています。

❿ チャレンジ✓

16)この写真は（４）の中にある学校のものです。それがわかるポイントを説明しましょう。

ヒント　輪中／稲作／堤防／三角州／デレーケ／観光／パイプライン／排水機場／海面／水路／上げ舟／揚水機場／水屋／治水／機械

低い土地まるわかりワーク

特色ある地域の自然条件と人々の生活や産業を関連づけて考えよう

解答A

❶覚えよう！

写真の地域は海津市の様子です。大きな３本の川に挟まれる（1 三角州　　）と呼ばれる地形で，土地の多くは（2 海面　　）より低い，日本を代表する低地です。

❷覚えよう！

海津市のような低地では土地の周りを（3 堤防　　）で囲み，洪水などの水害を防ぎます。
このような（3 ）に囲まれた周辺の土地を（4 輪中　　）と言います。

❸覚えよう！

（4 ）の歴史は，江戸時代までさかのぼりますが，明治時代になってオランダの技師（5 デレーケ　　）の指導で川の水源や流れを調べ，25年かけて工事して，80あった（4 ）を30にしました。

❹覚えよう！

水害の被害を防ぐために，高く石垣を積んだ（6 水屋　）を建てて家が危ないときは避《ひ》難《なん》しました。また，洪水になったときに避難するために各家には（7 上げ舟　　）がつるしてありました。

❺覚えよう！

台風や大雨がくると（4 ）の内側に大量の水がたまり，農作物が被害を受けます。そのため（8 排水機場　　）をつくり水を外に出すようにしています。

❻覚えよう！

海津市は昔から（9 稲作　）を行っていましたが，水はけが悪く沼のような土地でした。また（10 水路　　）が入り組んでいたために農作業には苦労が絶えませんでした。

❼覚えよう！

海津市では1948年から田の広さや形を整える工事が始められ，（10 ）を埋《う》め立てるようになりました。道路も整い大きな（11 機械　　）を使った作業ができるようになりました。

❽覚えよう！難

水路を地下に埋めたパイプを使って田畑に送っています。これを（12 パイプライン　）と呼び，水を送る施設《しせつ》のことを（13 揚水機場　）と言います。このような水路の工夫を（14 治水　）と言います。

❾考えよう？

海津市では現在，河川じきを利用して，池や川でレクリエーションやスポーツを行ったり，自然を生かした公園などの施設をつくったりしている他，料理や（15 観光　）に力を入れたりしています。

❿チャレンジ✓

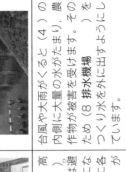

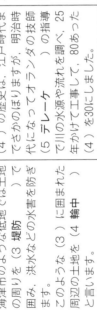

16）この写真は（4 ）の中にある学校のものです。それがわかるポイントを説明しましょう。

トラックが校舎の２階ほどの高さのところを走っていることから，すぐ近くに堤防があることがわかる。

知っ得！ 明治のころは，輪中内の人々は結束力が強かったのですが，他の輪中とは険悪な仲でした。その結果「輪中根性」という言葉が生まれました。

5年社会科ワークNo.07（高い土地）

高い土地まるわかりワーク

特色ある地域の自然条件と人々の生活や産業を関連づけて考えよう

名前

❶

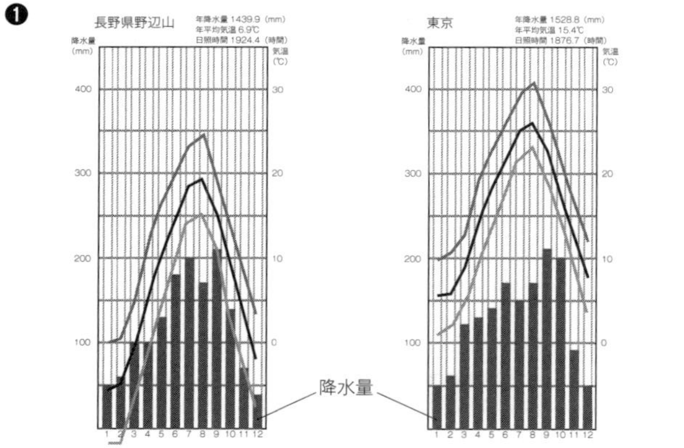

折れ線は気温順に，日最高気温，平均気温，日最低気温

左は長野県野辺山地方と東京の気温と降水量の比較です。八ヶ岳のすそ野に広がっている（1　　　　　）は（2　　）が1,000mを超《こ》える地域です。平均気温が（3　　）度までいきません。そのため，夏は暑さを避ける人々が集まる（4　　　　　）としても有名です。また，冬は平均気温が0度を下回る（5　　　　）になります。そのためスキーなどもさかんに行われています。

❹ 覚えよう！

八ヶ岳のすそ野には八ヶ岳の噴《ふん》火《か》による溶岩と（6　　　　　）が降り積もってできた土地が広がっています。そのため栄養分がない，やせた土地です。

❺ 覚えよう！

先人の人々が努力を重ね土地を開拓《かいたく》し，現在ではキャベツ，だいこん，はくさい（7　　　　　）などの野菜の日本有数の産地となっています。

❻ 考えよう？

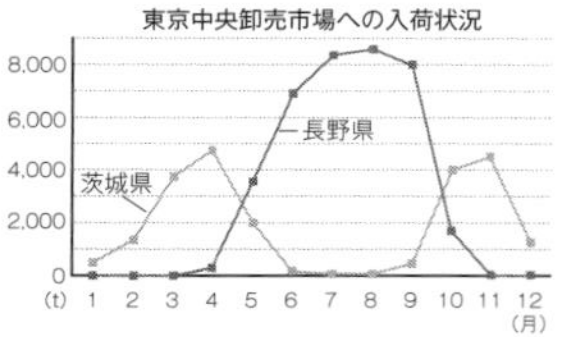

夏に涼しい気候を生かして，野辺山では野菜が少なくなる（8　　　　）から秋に多くの野菜を出荷するようにしています。このような高地を利用した野菜を（9　　　　　　）と呼びます。

❼ 覚えよう！

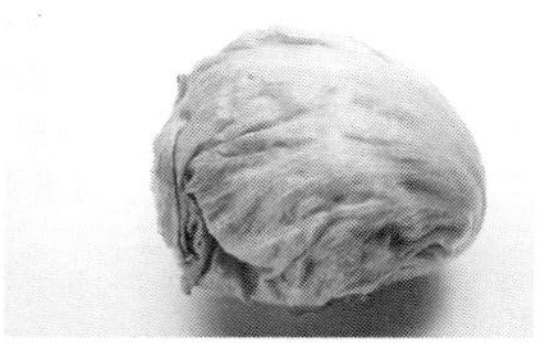

早朝に収穫《しゅうかく》したレタスは新鮮《しんせん》さを保つためと傷をつけないために畑ですぐに（10　　　　）をします。その後，定温輸送（11　　　　　）で大都市に運びその日のうちにお店に並びます。

❽ 覚えよう！

高地の夏の涼しい気候は牛の飼育や牧草づくりにも適しており，（12　　　　　）もさかんです。
しぼった乳は工場で（13　　　　）や乳製品に加工され大都市に運ばれます。

❾ 考えよう？ 難

周囲を山に囲まれた野辺山では放送電波による電波ノイズが少ないことから，太陽や宇宙の（14　　　　）を観測する，野辺山宇宙（14 ）観測所がつくられています。

❿ チャレンジ✓

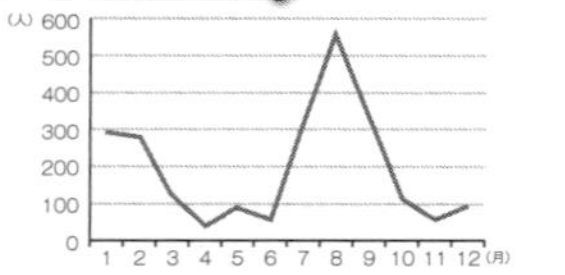

15）野辺山高原の年間観光客数の推移です。どんなことがわかりますか？

ヒント 箱づめ／氷点下／レタス／電波／標高／夏／20／トラック／牛乳／野辺山高原／避暑地／火山灰／高原野菜／酪農

高い土地まるわかりワーク

特色ある地域の自然条件と人々の生活や産業を関連づけて考えよう

解答 A

❶

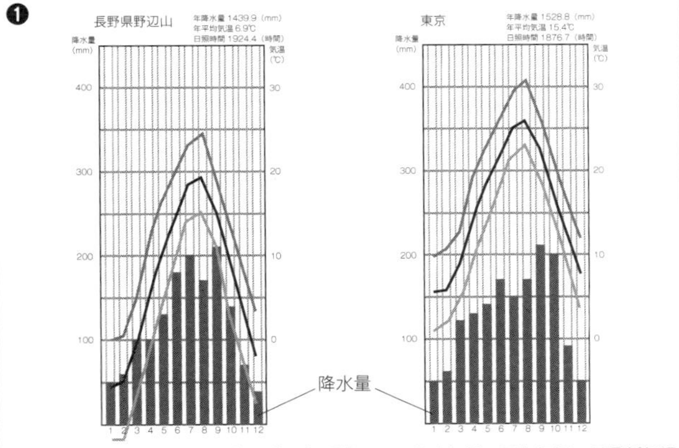

折れ線は気温順に，日最高気温，平均気温，日最低気温

左は長野県野辺山地方と東京の気温と降水量の比較です。八ヶ岳のすそ野に広がっている（1 **野辺山高原**）は（2 **標高**）が1,000mを超《こ》える地域です。平均気温が（3 **20**　）度までいきません。そのため，夏は暑さを避ける人々が集まる（4 **避暑地**　）としても有名です。また，冬は平均気温が0度を下回る（5 **氷点下**　）になります。そのためスキーなどもさかんに行われています。

❹ 覚えよう！

八ヶ岳のすそ野には八ヶ岳の噴火《ふんか》による溶岩と（6 **火山灰**　）が降り積もってできた土地が広がっています。そのため栄養分がない，やせた土地です。

❺ 覚えよう！

先人の人々が努力を重ね土地を開拓《かいたく》し，現在ではキャベツ，だいこん，はくさい（7 **レタス**　）などの野菜の日本有数の産地となっています。

❻ 考えよう？

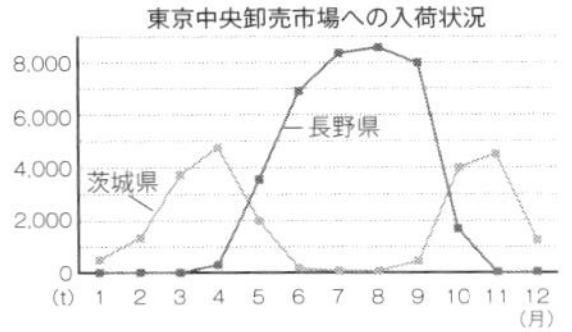

夏に涼しい気候を生かして，野辺山では野菜が少なくなる（8 **夏**　）から秋に多くの野菜を出荷するようにしています。このような高地を利用した野菜を（9 **高原野菜**　）と呼びます。

❼ 覚えよう！

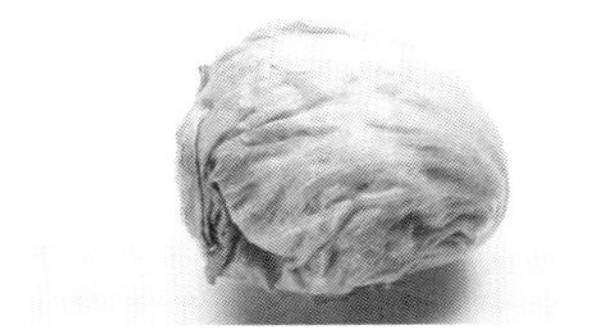

早朝に収穫《しゅうかく》したレタスは新鮮《しんせん》さを保つためと傷をつけないために畑ですぐに（10 **箱づめ**）をします。その後，定温輸送（11 **トラック**　）で大都市に運びその日のうちにお店に並びます。

❽ 覚えよう！

高地の夏の涼しい気候は牛の飼育や牧草づくりにも適しており，（12 **酪農**　）もさかんです。
しぼった乳は工場で（13 **牛乳**　）や乳製品に加工され大都市に運ばれます。

❾ 考えよう？ 難

周囲を山に囲まれた野辺山では放送電波による電波ノイズが少ないことから，太陽や宇宙の（14 **電波**　）を観測する，野辺山宇宙（14 ）観測所がつくられています。

❿ チャレンジ

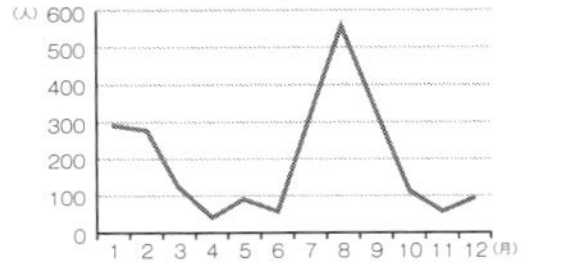

15）野辺山高原の年間観光客数の推移です。どんなことがわかりますか？

涼しい夏の時期にたくさんの環境客が訪れている。冬の時期にもスキーなどの観光客が訪れている。

知っ得！ 昭和35年ごろから日本人の生活が汎化してサラダなどの洋風料理がたくさん食べられるようになったことも高原野菜が広まる要因の一つでした。

暖かい土地まるわかりワーク

気候の側面から，我が国の国土の自然環境の特色を考えよう

名前

❶ 考えよう？

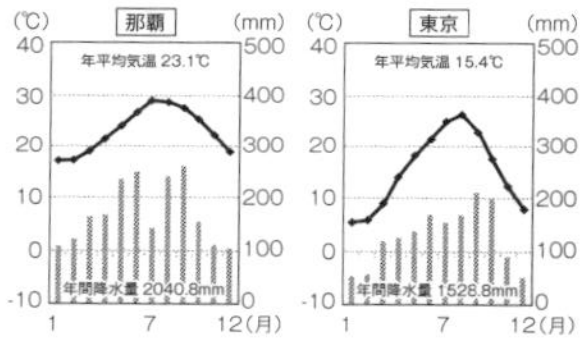

那覇市と東京都を比較すると（1　　　　　）が那覇市のほうが7度ほど高いことがわかります。（2　　　　）がくる5・6月，（3　　　　）の時期である8・9月は雨の量が多くなります。

❷ 覚えよう！

沖縄の古くからある家は高い気温や湿度をしのぐために戸を（4　　　）とって家の中の風通しをよくしています。暴風雨から建物を守るためにサンゴを積んだ（5　　　）で囲んでいる所もあります。

❸ 覚えよう！

沖縄では石灰とねんどをまぜてつくった（6　　　　）で屋根《やね》瓦《がわら》を固めて台風で瓦がとぶのを防ぎます。また，家の周りにはフクギと呼ばれる木を植えて（7　　　　）林にしていました。

❹ 覚えよう！

現在の沖縄の家は台風被害に備えて（8　　　　　　）づくりの家が主流です。沖縄では（9　　　　）が少なく川が短く，水不足になることがあり（10　　　　　　）が設置されています。

❺ 覚えよう！

気温や湿度の高い沖縄では日差しに強く，台風にも強い（11　　　　　　）の生産がさかんです。その他，ゴーヤーやマンゴー，パイナップルなど（12　　　　）を生かした作物を生産しています。

❻ 覚えよう！ 難

沖縄県では気候を生かして促《そく》成栽培《せいさいばい》や抑制栽培《よくせいさいばい》ができます。中でも菊は台風に強い（13　　　　）の防風施設を使ったり，（14　　　　）を使って咲く時期を調整しています。

❼ 覚えよう！

沖縄の周囲の海は暖流《だんりゅう》である（15　　　　）の通り道のため，まぐろやかじきなどがとれるいい漁場です。
また（16　　　　　　）の生産もさかんで全国の99%を沖縄が生産しています（2016年）。

❽ 覚えよう！

一年を通して暖かく，美しい自然が残されている沖縄には年間1,000万人近い観光客が訪れます。しかし，観光地の開発によって海が汚れ（17　　　　）が白化する現象などが起きています。

❾ 覚えよう！

2018年時点

沖縄は140年ほど前までは（18　　　　）と呼ばれる王国でした。首里城は沖縄最大の城（グスク）で，アジアの国々との貿易や交流で豊かな文化を育ててきました。

❿ チャレンジ✓

19）なぜ沖縄には多くのアメリカ軍の基地があるのでしょうか。説明しましょう。

ヒント　さとうきび／広く／琉球／防風／森林／漆喰／平均気温／気候／コンクリート／台風／平張／貯水タンク／電灯／黒潮／もずく／石垣／梅雨／サンゴ

5年社会科ワークNo.08（暖かい土地）

暖かい土地まるわかりワーク

気候の側面から，我が国の国土の自然環境の特色を考えよう

解答 A

❶ **考えよう？**

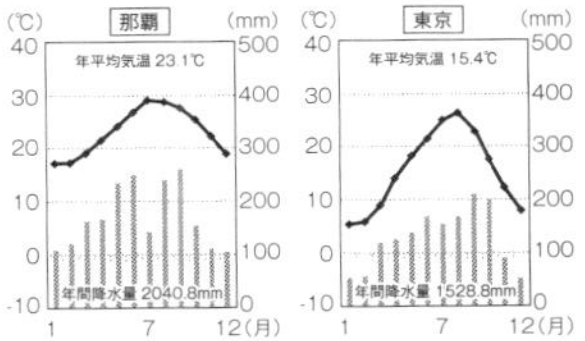

那覇市と東京都を比較すると（1 **平均気温**　）が那覇市のほうが7度ほど高いことがわかります。（2 **梅雨**　）がくる5・6月，（3 **台風**　）の時期である8・9月は雨の量が多くなります。

❷ **覚えよう！**

沖縄の古くからある家は高い気温や湿度をしのぐために戸を（4 **広く**）とって家の中の風通しをよくしています。暴風雨から建物を守るためにサンゴを積んだ（5 **石垣**）で囲んでいる所もあります。

❸ **覚えよう！**

沖縄では石灰とねんどをまぜてつくった（6 **漆喰**　　）で屋根瓦《やねがわら》を固めて台風で瓦がとぶのを防ぎます。また，家の周りにはフクギと呼ばれる木を植えて（7 **防風**　　）林にしていました。

❹ **覚えよう！**

現在の沖縄の家は台風被害に備えて（8 **コンクリート**　）づくりの家が主流です。沖縄では（9 **森林**　）が少なく川が短く，水不足になることがあり（10 **貯水タンク**　　）が設置されています。

❺ **覚えよう！**

気温や湿度の高い沖縄では日差しに強く，台風にも強い（11 **さとうきび**　）の生産がさかんです。その他，ゴーヤーやマンゴー，パイナップルなど（12 **気候**　）を生かした作物を生産しています。

❻ **覚えよう！** 難

沖縄県では気候を生かして促《そく》成栽培《せいさいばい》や抑制栽培《よくせいさいばい》ができます。中でも菊は台風に強い（13 **平張**　　）の防風施設を使ったり，（14 **電灯**　　）を使って咲く時期を調整しています。

❼ **覚えよう！**

沖縄の周囲の海は暖流《だんりゅう》である（15 **黒潮**　）の通り道のため，まぐろやかじきなどがとれるいい漁場です。
また（16 **もずく**　　）の生産もさかんで全国の99%を沖縄が生産しています（2016年）。

❽ **覚えよう！**

一年を通して暖かく，美しい自然が残されている沖縄には年間1,000万人近い観光客が訪れます。しかし，観光地の開発によって海が汚れ（17 **サンゴ**　）が白化する現象などが起きています。

❾ **覚えよう！**

2018年時点

沖縄は140年ほど前までは（18 **琉球**　）と呼ばれる王国でした。首里城は沖縄最大の城（グスク）で，アジアの国々との貿易や交流で豊かな文化を育ててきました。

❿ **チャレンジ✓**

19）なぜ沖縄には多くのアメリカ軍の基地があるのでしょうか。説明しましょう。

日本とアメリカ軍との戦争の後，沖縄はアメリカに占領され，1972年に返還された。しかし，アメリカとの取り決めで多くの軍用地が残された。

知っ得！ 現在の沖縄では近年のダムや上水道の整備や県民の節水意識もあり，給水制限は平成6年以降行われていません。

5年社会科ワークNo.09（寒い土地）

寒い土地まるわかりワーク

気候の側面から，我が国の国土の自然環境の特色を考えよう

名前

❶ 考えよう？

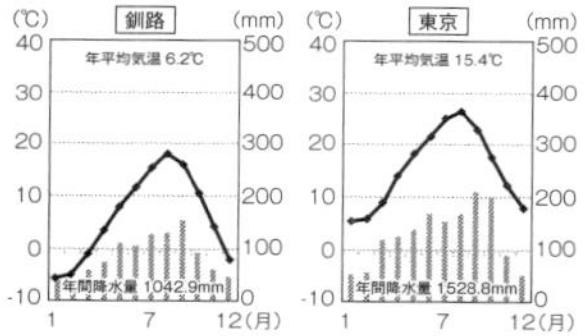

釧路市と東京都を比較すると（1　　　　　）が釧路市のほうが10度近く低いことがわかります。北海道民は冬になると（2　　　　）になる日が続く，厳しい冬を過ごしています。

❷ 覚えよう！

北海道の家には（3　　　　）が使用されています。玄関《げんかん》フード，２枚重ねで断熱性の高い（4　　　　　），平らな屋根の上で雪をとかし，ダクトで排水する屋根が現在では主流です。

❸ 覚えよう！

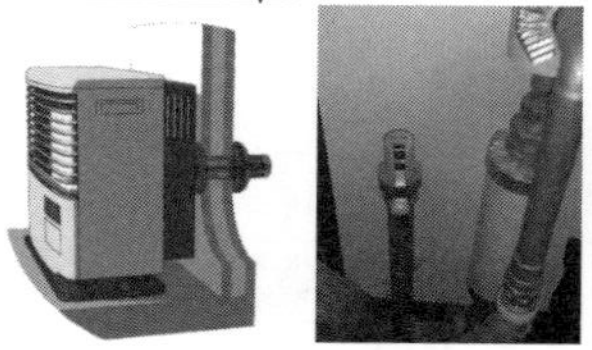

厳しい北海道の冬を過ごすために家の中では冬の間消さずにストーブを運転するため家の外には（5　　　　）タンクが設置されています。水道が（6　　　　）しないように水抜き栓《せん》もあります。

❹ 覚えよう！

北海道では一晩で一日に数10cmも雪が降ることが珍しくありません。そのため夜から朝にかけて，交通量の多い道路で（7　　　　　）や排雪が行われています。

❺ 覚えよう！

札幌市では観光客が２月の寒い時期は減少します。そこで，あえて寒い冬や雪を生かした（8　　　　　）を開催《かいさい》し，多くの観光客を集めています。現在では外国からも人が訪れます。

❻ 覚えよう！

乳牛は暑いと食欲がなくなり牛乳の量も減ります。北海道では（9　　　　　）気候を生かした（10　　　）がさかんです。広大な土地を（11　　　　）として健康な牛を育てています。

❼ 覚えよう！

（12　　　）平野では広大な土地を生かした野菜づくりがさかんで，じゃがいもや小麦，あずき，砂糖《さとう》の原料の（13　　　　）が生産されています。全国と比べ１農家あたりの土地は20倍になります。

❽ 覚えよう！

北海道では（14　　　　　）の養殖がさかんです。（14　）は冷水を好み，北海道に適しており，水揚げ量は全国１位です。ロープで海中につるして育てたり，海底にまいて育てる方法があります。

❾ 覚えよう！ 難

北海道の先住民族である，（15　　　　）の人々は多くの文化を受け継いできています。（16　　　）と呼ばれる家やアットゥシと呼ばれる服やアイヌ語と呼ばれる独自の言語などがあります。

❿ チャレンジ✓

17）なぜ稚内の道路標識にはロシア語が表示されているのでしょうか。

ヒント　ほたて／氷点下／灯油／雪まつり／平均気温／凍結／すずしい／断熱材／牧草地／除雪／窓ガラス／てんさい／アイヌ／酪農／十勝／チセ

5年社会科ワークNo.09（寒い土地）

寒い土地まるわかりワーク

気候の側面から，我が国の国土の自然環境の特色を考えよう

解答A

❶考えよう？ 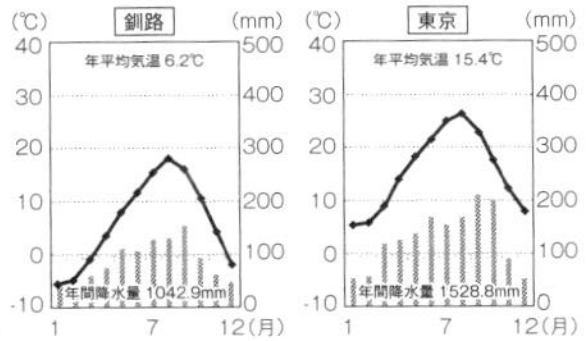	❷覚えよう！ 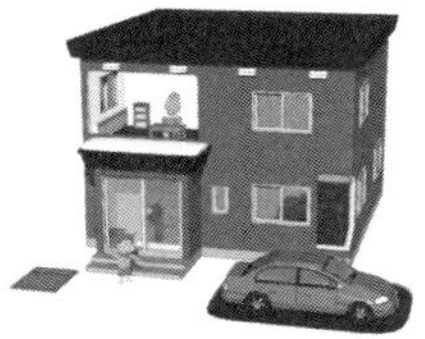	❸覚えよう！ 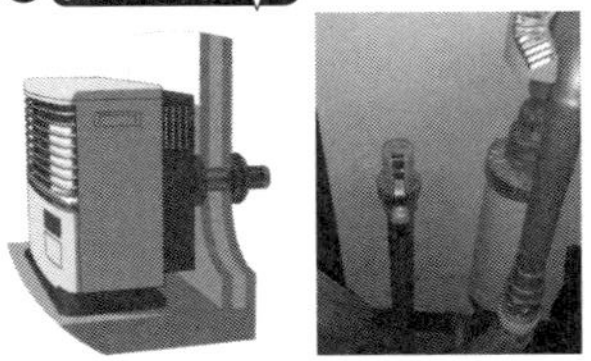	❹覚えよう！ 	❺覚えよう！ 
釧路市と東京都を比較すると（1 **平均気温**　）が釧路市のほうが10度近く低いことがわかります。北海道民は冬になると（2 **氷点下**　）になる日が続く，厳しい冬を過ごしています。	北海道の家には（3 **断熱材**）が使用されています。玄関《げんかん》フード，２枚重ねで断熱性の高い（4 **窓ガラス**　），平らな屋根の上で雪をとかし，ダクトで排水する屋根が現在では主流です。	厳しい北海道の冬を過ごすために家の中では冬の間消さずにストーブを運転するため家の外には（5 **灯油**　）タンクが設置されています。水道が（6 **凍結**　）しないように水抜き栓《せん》もあります。	北海道では一晩で一日に数10cmも雪が降ることが珍しくありません。そのため夜から朝にかけて，交通量の多い道路で（7 **除雪**　　）や排雪が行われています。	札幌市では観光客が２月の寒い時期は減少します。そこで，あえて寒い冬や雪を生かした（8 **雪まつり**　）を開催《かいさい》し，多くの観光客を集めています。現在では外国からも人が訪れます。
❻覚えよう！ 	❼覚えよう！ 	❽覚えよう！ 	❾覚えよう！難 	❿チャレンジ✓  17）なぜ稚内の道路標識にはロシア語が表示されているのでしょうか。
乳牛は暑いと食欲がなくなり牛乳の量も減ります。北海道では（9 **すずしい**　）気候を生かした（10 **酪農**）がさかんです。広大な土地を（11 **牧草地**　　）として健康な牛を育てています。	（12 **十勝**）平野では広大な土地を生かした野菜づくりがさかんで，じゃがいもや小麦，あずき，砂糖《さとう》の原料の（13 **てんさい**）が生産されています。全国と比べ１農家あたりの土地は20倍になります。	北海道では（14 **ほたて**　　）の養殖がさかんです。（14 ）は冷水を好み，北海道に適しており，水揚げ量は全国1位です。ロープで海中につるして育てたり，海底にまいて育てる方法があります。	北海道の先住民族である，（15 **アイヌ**）の人々は多くの文化を受け継いできています。（16 **チセ**）と呼ばれる家やアットゥシと呼ばれる服やアイヌ語と呼ばれる独自の言語などがあります。	**稚内とその北にあるロシアのサハリンは航路で結ばれており仕事や旅行などで行き来する人が多くいるなど，交流が深いから。**

知っ得！ 2019年に「アイヌの人々の誇りが尊重される社会を実現するための施策の推進に関する法律」が成立しアイヌ民族が先住民族と明記されました。

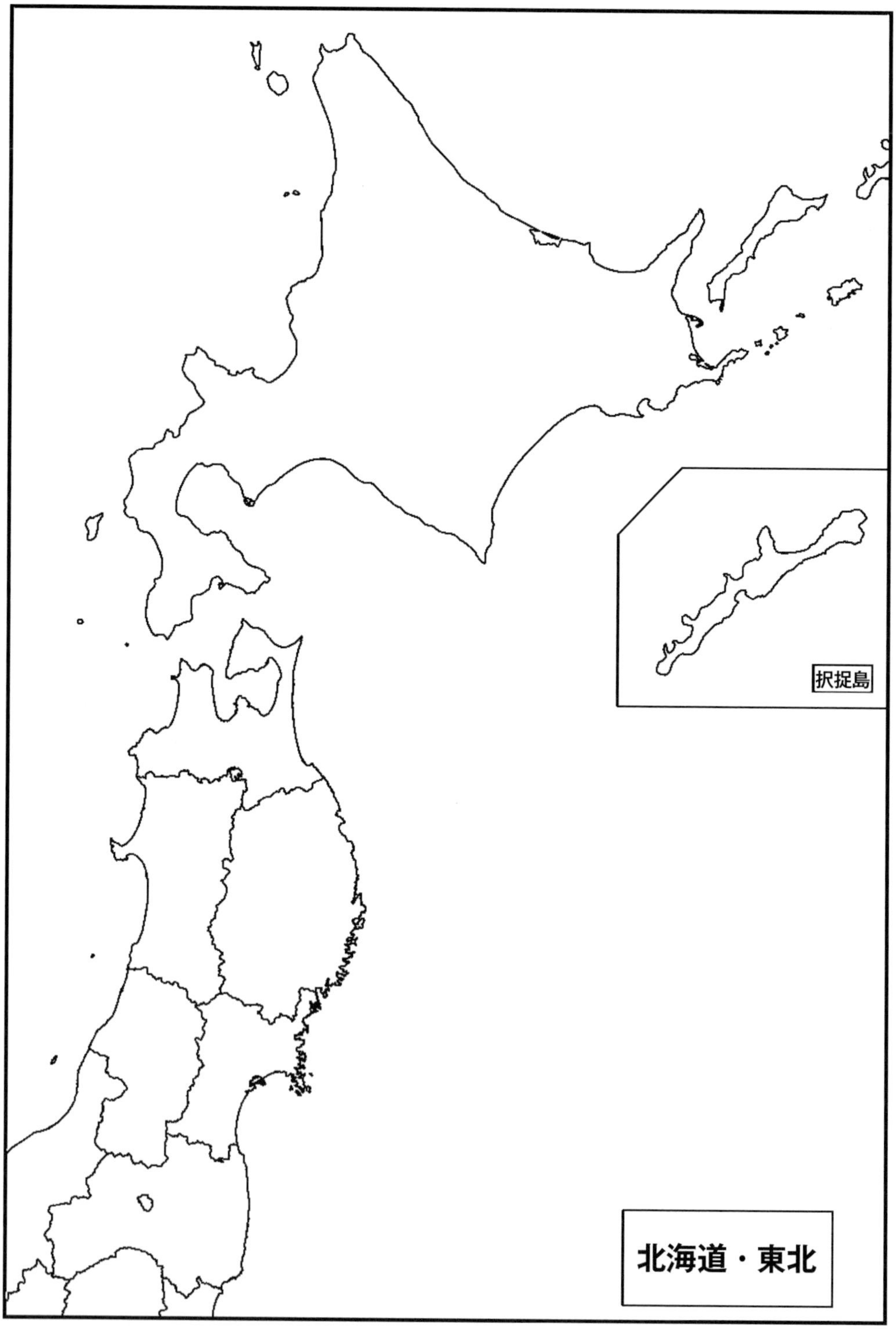
北海道・東北
択捉島

第2章

食料生産編

我が国の食料生産は，自然条件を生かして営まれていることや，国民の食料を確保する重要な役割を果たしていることを理解します。

食料生産に関わる人々は，生産性や品質を高めるよう努力したり輸送方法や販売方法を工夫したりして，良質な食料を消費地に届けるなど，食料生産を支えていることを理解します。

5年社会科ワークNo.10（稲作①）

稲作まるわかりワーク①

生産の工程，人々の協力関係，技術の向上，輸送，価格や費用などの工夫や努力を理解しよう

名前

❶覚えよう！

図は日本全国の（1　　　　）の産地を表しています。北海道や（2　　　　）地方で多く生産されています。生産量がもっとも多いのは（3　　　　）県です。

❷覚えよう！

３月ごろになると生産する米の（4　　　　）が届き塩水に入れて浮いたものをとり除き育苗箱で育てます。発芽した（5　　　　）はビニールハウスで温度を調節しながら育てます。

❸覚えよう！

乾いた田を掘《ほ》り起こし固くなった土をほぐし，土に空気を入れていきます。これを，（6　　　　）と言います。以前は小型耕運機を使っていましたが現在では（7　　　　）で行います。

❹覚えよう！

（6　）の後に水田に水を入れて，土を（7　）でかきまぜて，田を平らにします。その際，肥料も混ぜていきます。これを（8　　　　）と言います。「代」は田を意味する言葉です。

❺覚えよう！

４～５月ごろになると（9　　　　）が始まります。ビニールハウスで育てた稲を水田に植えます。（10　　　　）にマット苗をのせて植えつけていきます。

❻覚えよう！難

水田の（11　　　　）の量を調節することが稲作では大切になります。川から引いた水を地下の（12　　　　）を通して入れて，脇《わき》にある排水路《はいすいろ》を通して水を抜くしくみになっています。

❼覚えよう！

雑草や害虫の発生を防ぐために（13　　　　）をまきます。最近ではラジコンヘリを使って資格のある人に頼むことが多いです。また効率よく栄養を与えるために（14　　　　）も使います。

❽覚えよう！

９月になると成長した稲を刈《か》りとります。現在では，（15　　　　）と呼ばれる機械を使って刈りとって，もみを穂からとる（16　　　　）も行うことができます。

❾覚えよう！

収穫した稲はもみのまま乾燥させて貯蔵《ちょぞう》します。多くの農家のもみは（17　　　　）と呼ばれるJA（農協）が運営する貯蔵施設に集められ必要なときに出荷されます。

❿チャレンジ✓

18）安心ラベルとはどのようなことが安心なのでしょうか。

ヒント 新潟／苗／トラクター／東北／田植え／水／用水路／農薬／種もみ／代かき／化学肥料／コンバイン／脱穀／田植え機／カントリーエレベーター／稲作／田起こし

稲作まるわかりワーク①

生産の工程，人々の協力関係，技術の向上，輸送，価格や費用などの工夫や努力を理解しよう

解答 A

❶覚えよう！

図は日本全国の（1 **稲作** ）の産地を表しています。北海道や（2 **東北** ）地方で多く生産されています。生産量がもっとも多いのは（3 **新潟** ）県です。

❷覚えよう！

３月ごろになると生産する米の（4 **種もみ** ）が届き塩水に入れて浮いたものをとり除き育苗箱で育てます。発芽した（5 **苗** ）はビニールハウスで温度を調節しながら育てます。

❸覚えよう！

乾いた田を掘《ほ》り起こし固くなった土をほぐし，土に空気を入れていきます。これを，（6 **田起こし** ）と言います。以前は小型耕運機を使っていましたが現在では（7 **トラクター** ）で行います。

❹覚えよう！

（6 ）の後に水田に水を入れて，土を（7 ）でかきまぜて，田を平らにします。その際，肥料も混ぜていきます。これを（8 **代かき**）と言います。「代」は田を意味する言葉です。

❺覚えよう！

４～５月ごろになると（9 **田植え** ）が始まります。ビニールハウスで育てた稲を水田に植えます。（10 **田植え機**）にマット苗をのせて植えつけていきます。

❻覚えよう！ 難

水田の（11 **水** ）の量を調節することが稲作では大切になります。川から引いた水を地下の（12 **用水路** ）を通して入れて，脇《わき》にある排水路《はいすいろ》を通して水を抜くしくみになっています。

❼覚えよう！

雑草や害虫の発生を防ぐために（13 **農薬** ）をまきます。最近ではラジコンヘリを使って資格のある人に頼むことが多いです。また効率よく栄養を与えるために（14 **化学肥料**）も使います。

❽覚えよう！

９月になると成長した稲を刈《か》りとります。
現在では，（15 **コンバイン**）と呼ばれる機械を使って刈りとって，もみを穂からとる（16 **脱穀** ）も行うことができます。

❾覚えよう！

収穫した稲はもみのまま乾燥させて貯蔵《ちょぞう》します。多くの農家のもみは（17 **カントリーエレベーター**）と呼ばれるJA（農協）が運営する貯蔵施設に集められ必要なときに出荷されます。

❿チャレンジ✓

18）安心ラベルとはどのようなことが安心なのでしょうか。

農薬や化学肥料は使いすぎると健康や環境に悪影響なこともあるため，少ない量で米づくりをするように農家では工夫をしている。

知っ得！ 最近ではインターネットやドローン技術が進歩し，農薬や肥料散布，運搬，圃場センシング（生育や病害虫の発生を可視化）などに使われています。

5年社会科ワークNo.11（稲作②）

稲作まるわかりワーク②

生産の工程，人々の協力関係，技術の向上，輸送，価格や費用などの工夫や努力を理解しよう

名前

❶ 覚えよう！ 難

このマークは（1　　　　）組合のものです。通称 JA は農家を中心とした集まりで地域全体の栽培計画を立てたり，技術の指導をしたり，農機具や肥料の（2　　）をしたりします。

❷ 覚えよう！

お米はそれぞれの地域の環境に合うように，また病気に強く，味もよくするなどを目指して，これまで農業試験場で（3　　　　）が行われ，多くの優れた品種が生まれています。

❸ 覚えよう！

稲作農家では（4　　）を水田に放す所もあります。（4　）が雑草や害虫を食べることで糞《ふん》が肥料になったり，稲の根を踏《ふ》んで丈夫にしたりして，（5　　）をまく回数をおさえます。

❹ 覚えよう！

稲作には多くの機械が使われています。トラクター，田植え機，コンバインなどの活躍《かつやく》で作業時間が大幅に（6　　　）しました。しかし，多くの（7　　　）がかかるといった問題があります。

❺ 覚えよう！

1960年代から国によって水田の区画が整備されていきました。それまでは各農家の土地が分散していましたが，土地の形や（8　　），（9　　）などが整備され生産力が向上しました。

❻ 覚えよう！

（10　　　　）は稲の害虫や病原菌，雑草を排除するための薬です。（11　　　）はチッソ，リン，カリウムを化学合成した肥料です。即効性はありますが頼りすぎると土がやせてしまいます。

❼ 考えよう？

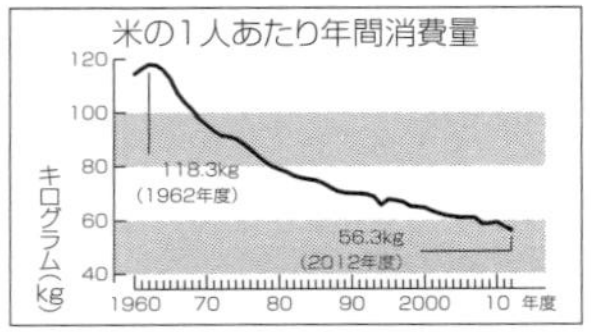

米づくりには様々な工夫がされており，毎日食べることができますが，一方で米の生産量や（12　　　）は年々減っています。国民の（13　　　）が変わりお米が余るようになったためです。

❽ 考えよう？

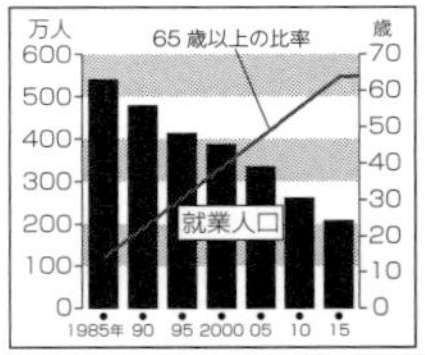

このグラフは日本の農家の就《しゅう》業《ぎょう》人口と65才以上の比率です。就業人口は年々（14　　　）しており，65才以上の比率は（15　　　）しています。そのため，稲作の将来が心配されています。

❾ 考えよう？

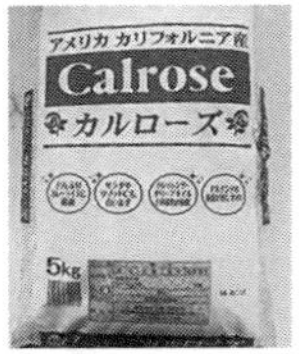

現在，お米はそれぞれの産地や農家で自由に売ることができます。外国産のお米も国同士のとり決めで今後，日本よりも（16　　　）外国のお米が入ってきて，競争が激《はげ》しくなります。

❿ チャレンジ✓

17）なぜ家畜にお米を食べさせる取り組みが広がっているのでしょうか？

ヒント　農道／販売／鴨／品種改良／肥料／増加／費用／農業共同／水路／減少／化学肥料／食生活／農薬／安い／消費量／減少

稲作まるわかりワーク②

生産の工程，人々の協力関係，技術の向上，輸送，価格や費用などの工夫や努力を理解しよう

解答 A

❶覚えよう！ 難

このマークは（1 **農業共同**）組合のものです。通称 JA は農家を中心とした集まりで地域全体の栽培計画を立てたり，技術の指導をしたり，農機具や肥料の（2 **販売**）をしたりします。

❷覚えよう！

お米はそれぞれの地域の環境に合うように，また病気に強く，味もよくするなどを目指して，これまで農業試験場で（3 **品種改良**　）が行われ，多くの優れた品種が生まれています。

❸覚えよう！

稲作農家では（4 **鴨**）を水田に放す所もあります。（4 ）が雑草や害虫を食べることで糞《ふん》が肥料になったり，稲の根を踏《ふ》んで丈夫にしたりして，（5 **肥料**）をまく回数をおさえます。

❹覚えよう！

稲作には多くの機械が使われています。トラクター，田植え機，コンバインなどの活躍《かつやく》で作業時間が大幅に（6 **減少**　　）しました。しかし，多くの（7 **費用**　）がかかるといった問題があります。

❺覚えよう！

1960年代から国によって水田の区画が整備されていきました。それまでは各農家の土地が分散していましたが，土地の形や（8 **農道**），（9 **水路**）などが整備され生産力が向上しました。

❻覚えよう！

（10 **農薬**　　　）は稲の害虫や病原菌，雑草を排除するための薬です。（11 **化学肥料**）はチッソ，リン，カリウムを化学合成した肥料です。即効性はありますが頼りすぎると土がやせてしまいます。

❼考えよう？

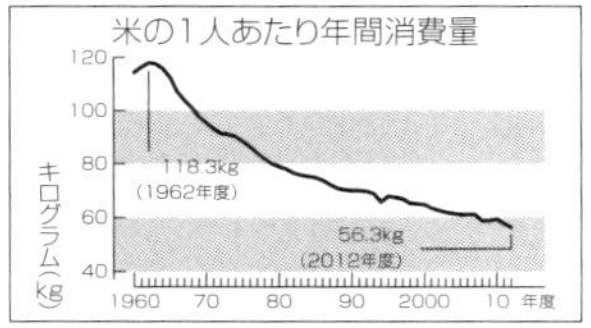

米づくりには様々な工夫がされており，毎日食べることができますが，一方で米の生産量や（12 **消費量**　）は年々減っています。国民の（13 **食生活**　）が変わりお米が余るようになったためです。

❽考えよう？

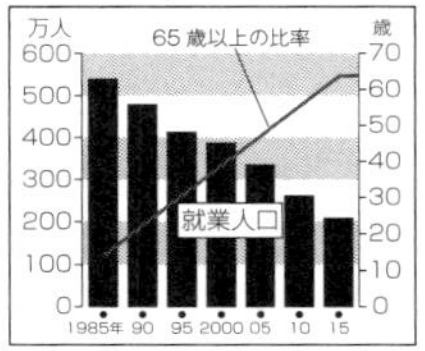

このグラフは日本の農家の就業《しゅうぎょう》人口と65才以上の比率です。就業人口は年々（14 **減少**　）しており，65才以上の比率は（15 **増加**　）しています。そのため，稲作の将来が心配されています。

❾考えよう？

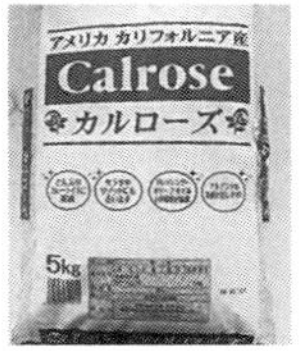

現在，お米はそれぞれの産地や農家で自由に売ることができます。外国産のお米も国同士のとり決めで今後，日本よりも（16 **安い**　）外国のお米が入ってきて，競争が激《はげ》しくなります。

❿チャレンジ✓

17）なぜ家畜にお米を食べさせる取り組みが広がっているのでしょうか？

家畜のえさに飼料米を使うことで，お米の生産量や消費量を増やすことができる。

知っ得！ 以前「ササニシキ」という品種は「コシヒカリ」と並ぶ作付でしたが，冷害に弱いこともあり現在はわずかな作付になっています。

5年社会科ワークNo.12（漁業）

漁業まるわかりワーク

生産の工程，人々の協力関係，技術の向上，輸送，価格や費用などの工夫や努力を理解しよう

名前

❶ 覚えよう！

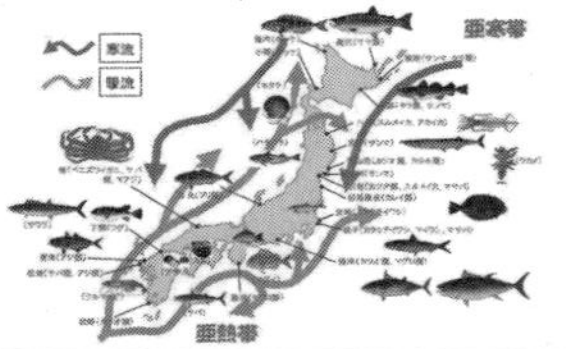

日本近海は暖流と寒流がぶつかる潮目と呼ばれるよい漁場です。また水深200mまでの（1　　　　　）が見られ海草が多く（2　　　　　）も多く，たくさんの魚が集まります。

❷ 覚えよう！

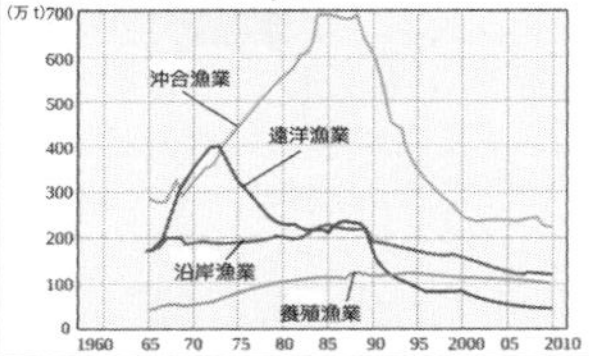

漁業には小さな船で家族などで行う（3　　　）漁業，2～3日かけて大きな漁船で行う（4　　　）漁業，外国の海まで行き数ヶ月にわたり漁をする（5　　　）漁業があり，現在は4割が（4）漁業です。

❸ 覚えよう！ 難

漁法は魚の種類や船の種類などによって違いますが，沖合漁業では（6　　　　　　）漁がさかんです。魚の群れは（7　　　　　　）で調べ，見つけると網を入れて，その後引きあげます。

❹ 覚えよう！

引きあげた魚は（8　　　　）に運ばれ，水あげされます。水あげされた魚は種類や大きさごとに分けられ箱づめされて（9　　　）に運ばれます。かまぼこなどの（10　　　）工場もあります。

❺ 覚えよう！

（9）では魚が並べられて，（11　　　　）にかけられ，高い値段をつけた人が買い取ります。ここでは近隣の小売業（お店の人）などが集まって欲しい品物を仕入れます。

❻ 覚えよう！

せりおとされた魚は（12　　　）なうちに運ばれます。冷蔵庫や冷凍庫つきの（13　　　　　）にのせられ，（14　　　　　）で全国に運ばれていきます。

❼ 覚えよう！

（5）漁業は太平洋や大西洋，インド洋などの世界の海で，（15　　　）や（16　　　）をとってきます。（16）の一本釣りが有名です。近年は（17　　）海里水域のために減少しています。

❽ 考えよう？

魚・貝・海草などを人工的に育てる漁業を（18　　　　）と言います。入江やしずかな湾内でホタテ，カキ，のり，ハマチなどがさかんです。計画的に生産できるので収入が（19　　　）します。

❾ 考えよう？

魚の卵を人工的にふ化させ，ある程度成長したら海に放流して，自然に育つのにまかせ，大きくなってからとる漁業を（20　　　　　）漁業と言います。水産資源を守る漁業です。

❿ チャレンジ✓

広島漁連HP

21）なぜ森林の中に大漁旗が掲げられ，植樹をしているのでしょうか。

ヒント　養殖／加工／沿岸／遠洋／魚群探知機／大陸棚／漁港／せり／沖合／新鮮／高速道路／まきあみ／まぐろ／保冷トラック／かつお／安定／200／プランクトン／魚市場／さいばい

5年社会科ワークNo.12（漁業）

漁業まるわかりワーク

生産の工程，人々の協力関係，技術の向上，輸送，価格や費用などの工夫や努力を理解しよう

解答A

❶ 覚えよう！

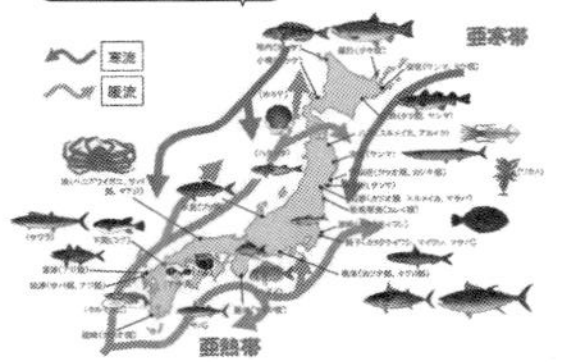

日本近海は暖流と寒流がぶつかる潮目と呼ばれるよい漁場です。また水深200mまでの（1 **大陸棚**　　　）が見られ海草が多く（2 **プランクトン**　　）も多く，たくさんの魚が集まります。

❷ 覚えよう！

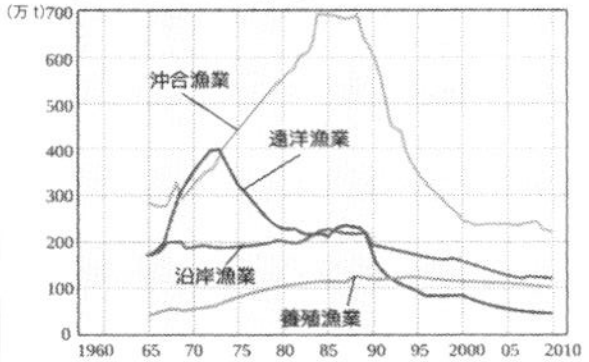

漁業には小さな船で家族などで行う（3 **沿岸**）漁業，2～3日かけて大きな漁船で行う（4 **沖合**）漁業，外国の海まで行き数ヶ月にわたり漁をする（5 **遠洋**）漁業があり，現在は4割が（4 ）漁業です。

❸ 覚えよう！ 難

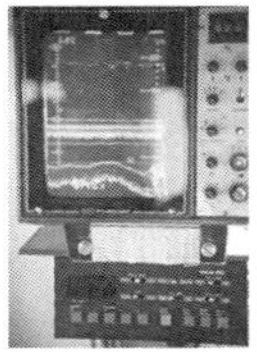

漁法は魚の種類や船の種類などによって違いますが，沖合漁業では（6 **まきあみ**　　）漁がさかんです。
魚の群れは（7 **魚群探知機**）で調べ，見つけると網を入れて，その後引きあげます。

❹ 覚えよう！

引きあげた魚は（8 **漁港**　）に運ばれ，水あげされます。水あげされた魚は種類や大きさごとに分けられ箱づめされて（9 **魚市場**）に運ばれます。かまぼこなどの（10 **加工**　）工場もあります。

❺ 覚えよう！

（9 ）では魚が並べられて，（11 **せり**　　　）にかけられ，高い値段をつけた人が買い取ります。ここでは近隣の小売業（お店の人）などが集まって欲しい品物を仕入れます。

❻ 覚えよう！

せりおとされた魚は（12 **新鮮**　）なうちに運ばれます。冷蔵庫や冷凍庫つきの（13 **保冷トラック**　）にのせられ，（14 **高速道路**　）で全国に運ばれていきます。

❼ 覚えよう！

（5 ）漁業は太平洋や大西洋，インド洋などの世界の海で，（15 **まぐろ**）や（16 **かつお**）をとってきます。（16 ）の一本釣りが有名です。
近年は（17 **200**）海里水域のために減少しています。

❽ 考えよう？

魚・貝・海草などを人工的に育てる漁業を（18 **養殖**　　　）と言います。入江やしずかな湾内でホタテ，カキ，のり，ハマチなどがさかんです。計画的に生産できるので収入が（19 **安定**　）します。

❾ 考えよう？

魚の卵を人工的にふ化させ，ある程度成長したら海に放流して，自然に育つのにまかせ，大きくなってからとる漁業を（20 **さいばい**　　　）漁業と言います。水産資源を守る漁業です。

❿ チャレンジ✓

広島漁連HP

21）なぜ森林の中に大漁旗が掲げられ，植樹をしているのでしょうか。

川を通して，海に豊富な栄養が運ばれるように漁業関係者が植樹をしている。

知っ得！ 遠洋漁業の中でもまぐろ漁は平均380日航海します。3～4ヶ月に一度，休養や燃料・食料の補給で外国の港に寄港します。

5年社会科ワークNo.13（食料生産）

食料生産まるわかりワーク

生産の工程，人々の協力関係，技術の向上，輸送，価格や費用などの工夫や努力を理解しよう

名前

❶ 考えよう？

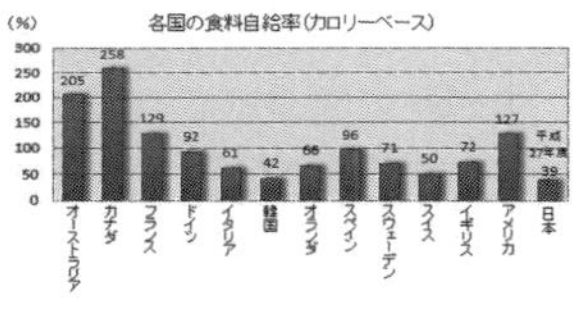

グラフは自分の国でつくられている食料の割合（カロリー計算）を（1　　　　　）と呼びます。日本は他国と比べると（2　　　　　），4割程度しかありません。

❷ 考えよう？

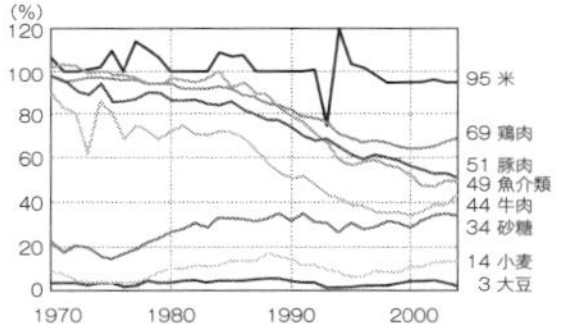

品目別での自給率を見ると，（3　　　　　）は自給率100%ちかくですが，その他の食品は低い値です。わたしたちの食料の多くは，外国からの（4　　　　　）に頼っていることになります。

❸ 考えよう？

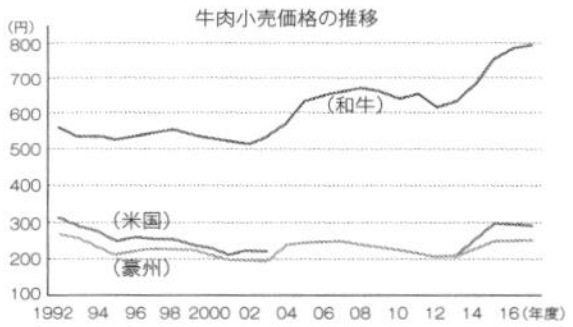

日本産と外国産では値段に大きな違いがあります。牛肉で言うと差は（5　　　　　）倍ちかくにもなります。今後，食料によっては（4　）の制限がなくなり，ますます安い食料が増えます。

❹ 考えよう？

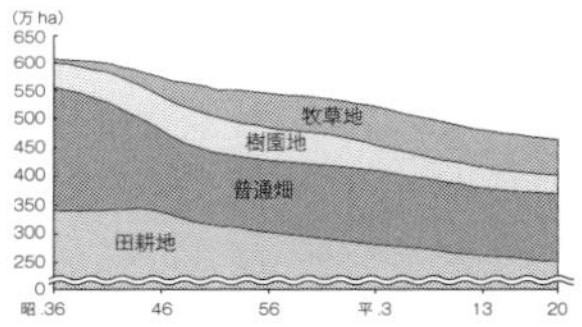

上のグラフは耕地面積の変化です。（6　　　　　）や畑の面積が減っています。安い（4　）品や（7　　　　　）の変化のために消費が少なくなったからです。日本の農業の衰退が心配です。

❺ 考えよう？

普段食べている食料はどこで，どのように生産されているかを明らかにするのが（8　　　　　）のしくみです。これによって消費者は安心して安全な食品を買うことができます。

❻ 考えよう？

国産の食料品の消費を伸ばすために国産品を（9　　　　　）する取り組みが行われています。日本の食料品は味がよく，（10　　　　　）して食べることができると世界でも評判です。

❼ 覚えよう！ 難

これまで農業は個人経営が基本でしたが，現在は農業を行う（11　　　　　）が増えています。大きな土地を多くの機械で運営したり，天候や害虫に左右されない野菜（12　　　　　）などがあります。

❽ 考えよう？

安全で安心な食料確保には国内での食料生産が欠かせません。価格の安さだけではなく自分たちの住む地域で生産された食料を消費する（13　　　　　）の取り組みも注目されています。

❾ 考えよう？

農作物が収穫《しゅうかく》された場所から食卓まで運ばれる距離が長いほど燃料費や二酸化炭素排出量が増え環境への負荷となります。この値を（14　　　　　）と呼び日本は世界で一番高いです。

❿ チャレンジ✓

15）日本の食品ロスの現状からどのようなことが言えますか。

ヒント 工場／安心／食生活／3／米／トレーサビリティ／食料自給率／輸出／低く／田んぼ／会社／地産地消／輸入／フードマイレージ

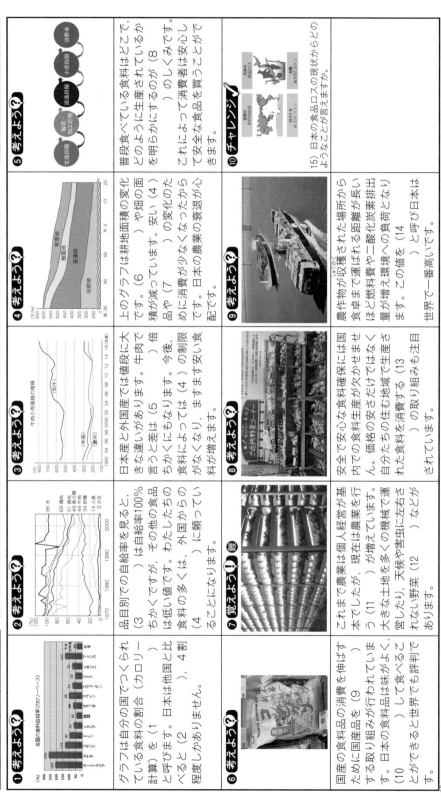

食料生産まるわかりワーク

生産の工程，人々の協力関係，技術の向上，輸送，価格や費用などの工夫や努力を理解しよう

解答A

❶考えよう?

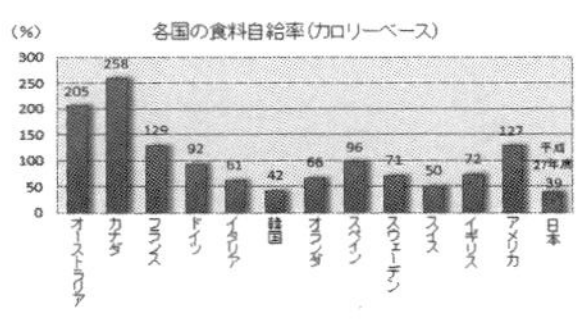

グラフは自分の国でつくられている食料の割合（カロリー計算）を（1 **食料自給率** ）と呼びます。日本は他国と比べると（2 **低く** ），４割程度しかありません。

❷考えよう?

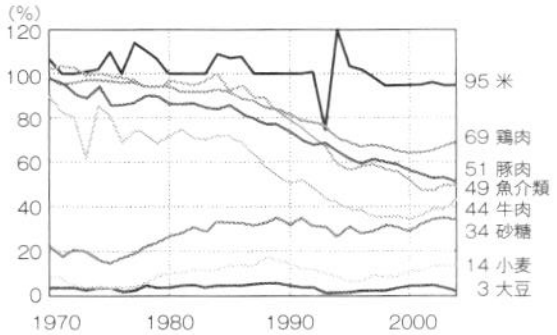

品目別での自給率を見ると，（3 **米** ）は自給率100%ちかくですが，その他の食品は低い値です。わたしたちの食料の多くは，外国からの（4 **輸入** ）に頼っていることになります。

❸考えよう?

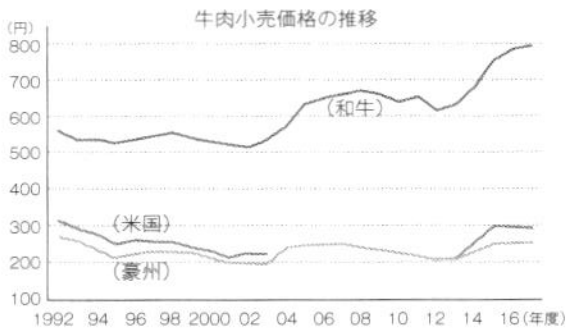

日本産と外国産では値段に大きな違いがあります。牛肉で言うと差は（5 **3** ）倍ちかくにもなります。今後，食料によっては（４）の制限がなくなり，ますます安い食料が増えます。

❹考えよう?

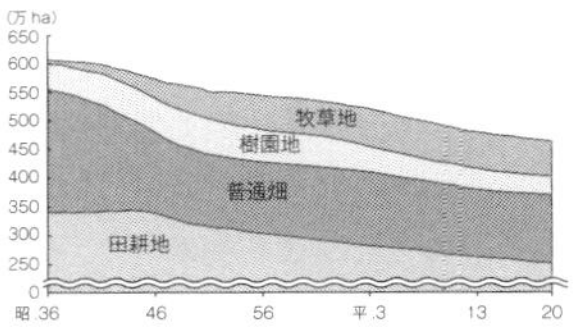

上のグラフは耕地面積の変化です。（6 **田んぼ**）や畑の面積が減っています。安い（４）品や（7 **食生活**）の変化のために消費が少なくなったからです。日本の農業の衰退が心配です。

❺考えよう?

普段食べている食料はどこで，どのように生産されているかを明らかにするのが（8 **トレーサビリティ**）のしくみです。これによって消費者は安心して安全な食品を買うことができます。

❻考えよう?

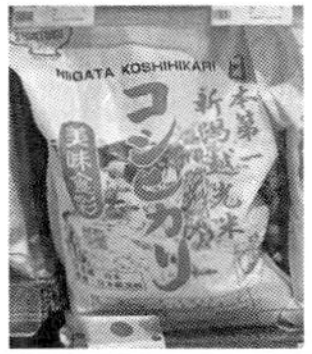

国産の食料品の消費を伸ばすために国産品を（9 **輸出** ）する取り組みが行われています。日本の食料品は味がよく，（10 **安心** ）して食べることができると世界でも評判です。

❼覚えよう! 難

これまで農業は個人経営が基本でしたが，現在は農業を行う（11 **会社**）が増えています。大きな土地を多くの機械で運営したり，天候や害虫に左右されない野菜（12 **工場**）などがあります。

❽考えよう?

安全で安心な食料確保には国内での食料生産が欠かせません。価格の安さだけではなく自分たちの住む地域で生産された食料を消費する（13 **地産地消** ）の取り組みも注目されています。

❾考えよう?

農作物が収穫《しゅうかく》された場所から食卓まで運ばれる距離が長いほど燃料費や二酸化炭素排出量が増え環境への負荷となります。この値を（14 **フードマイレージ** ）と呼び日本は世界で一番高いです。

❿チャレンジ✓

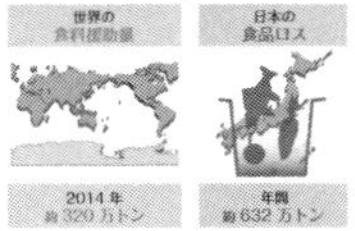

15）日本の食品ロスの現状からどのようなことが言えますか。

日本の食品ロスは世界の食糧援助の倍にもなり，またそれが自給率を低下させる原因にもなっている。過剰な消費，廃棄を避ける消費者の意識が大切である。

知っ得! カロリーベースの食料自給率では，輸入されたえさを使って生産された畜産物は算入されません。また，野菜は77%の自給率ですがカロリーが高くないので自給率の向上に結びついていません。

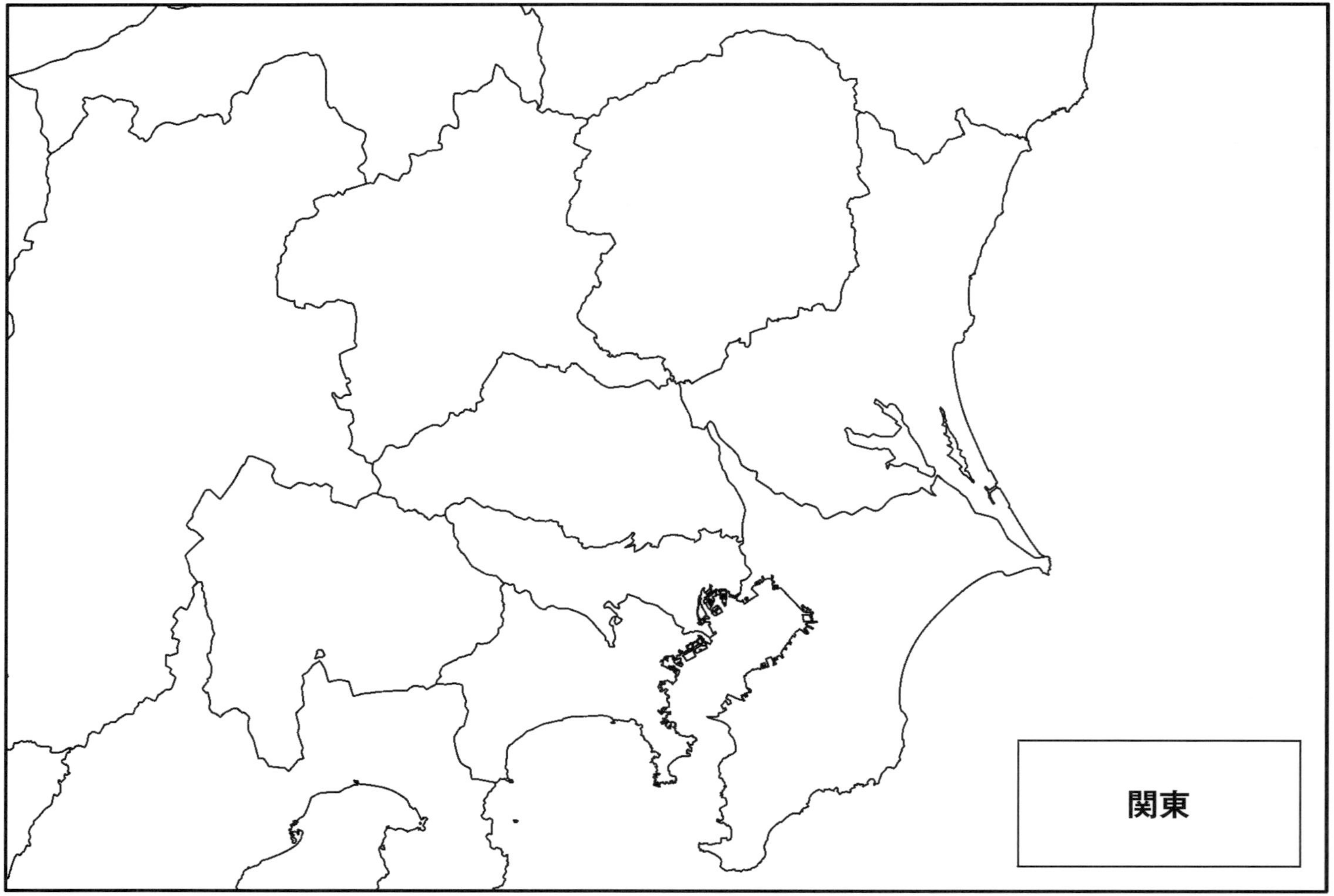
関東

第3章

工業生産編

我が国では様々な工業生産が行われていることや，国土には工業のさかんな地域が広がっていること及び工業製品は国民生活の向上に重要な役割を果たしていることを理解します。工業生産に関わる人々が，消費者の需要や社会の変化に対応し，優れた製品を生産するよう様々な工夫や努力をして，工業生産を支えていることを理解します。貿易や運輸が，原材料の確保や製品の販売などにおいて，工業生産を支える重要な役割を果たしていることを理解します。

5年社会科ワークNo.14（自動車工業①）

自動車工業まるわかりワーク①

製造の工程，工場相互の協力関係，優れた技術に着目し関わる人々の工夫や努力を考えよう

名前

❶ 考えよう？

順位	国名	単位：台
1	中国	29,015,434
2	米国	11,189,985
3	日本	9,693,746
4	ドイツ	5,645,581
5	インド	4,782,896
6	韓国	4,114,913

日本の自動車生産台数は世界で第（1　　　　）位です。2008年までは日本が第1位でしたが，現在は経済《けいざい》が発展し，市場が拡大《かくだい》する（2　　　）が１位です。多くの国が進出しています。

❷ 考えよう？

愛知県の（3　　　　　）市は世界で１，２位の生産台数を争うトヨタ自動車の工場が数多くあります。一つの工場では5,000人以上が働き，大きい工場では１ヶ月に（4　　　）以上生産します。

❸ 覚えよう！

自動車は（5　　　　　）でつくられます。最初に鉄の板を（6　　　　）機械で打ち抜いたり，曲げたりして，車体のドアやボンネットなどの部品をつくります。

❹ 覚えよう！

（7　　　　　　）を使って（6 ）した部品を，電気の熱で鉄を溶かしてつなぎあわせて車体をつくります。これを（8　　　　）と言いま す。約3,000～6,000箇所《かしょ》行います。

❺ 覚えよう！

車体をきれいに洗い，買う人の希望に合わせて，車体を（9　　　　）していきます。塗《ぬ》りつけはさびを防いだり，見栄えをよくするために３～４回くりかえし塗りつけます。

❻ 覚えよう！

約１kmの（10　　　　　）にのり，1分間に３～５m移動しながら，エンジン，タイヤ，シートなどの部品が取りつけられていきます。これを組み立て（11　　　　）と言います。

❼ 覚えよう！

組立（11 ）では15人ほどのチームが作業を分担《ぶんたん》しています。一人が受け持つ長さは（12　）mほどです。大きく，重たい部品がたくさんあるので（13　　　　）や機械なども使います。

❽ 考えよう？

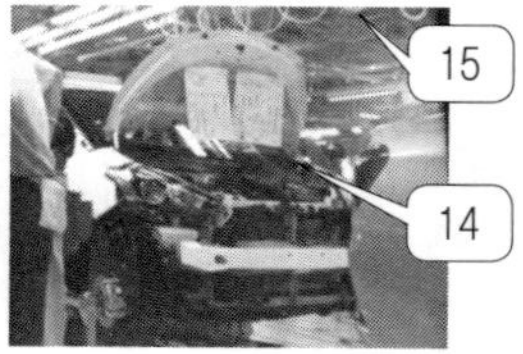

１台ごとに取りつける部品が違い（14　　　　）を使って注文を確認《かくにん》します。異常《いじょう》があったり作業が遅《おく》れたときは（15　　　　）を引きあんどんで示しチームで解決したりします。

❾ 考えよう？

組み立てが終わるとブレーキや水もれ，排出ガスの量，ドアのしまり具合など約1,500～2,000の（16　　　）をします。すべてに（17　　　）しないと出荷することができません。

❿ チャレンジ✓

18）部品箱に貼《は》られている「かんばん」にはどのような効果がありますか。

ヒント　5／3万台／プレス／溶接／検査／中国／コンベア／豊田／ライン／ロボット／ひもスイッチ／指示ビラ／合格／3／組立工場／ロボット／塗装

5年社会科ワークNo.14（自動車工業①）

自動車工業まるわかりワーク①

製造の工程，工場相互の協力関係，優れた技術に着目し関わる人々の工夫や努力を考えよう

解答 A

❶ 考えよう？

順位	国名	単位：台
1	中国	29,015,434
2	米国	11,189,985
3	日本	9,693,746
4	ドイツ	5,645,581
5	インド	4,782,896
6	韓国	4,114,913

日本の自動車生産台数は世界で第（1 **3**　　）位です。2008年までは日本が第1位でしたが，現在は経済《けいざい》が発展し，市場が拡大《かくだい》する（2 **中国**　）が1位です。多くの国が進出しています。

❷ 考えよう？

愛知県の（3 **豊田**　　）市は世界で1，2位の生産台数を争うトヨタ自動車の工場が数多くあります。一つの工場では5,000人以上が働き，大きい工場では1ヶ月に（4 **3万台**　　）以上生産します。

❸ 覚えよう！

自動車は（5 **組立工場**　　）でつくられます。最初に鉄の板を（6 **プレス**　　）機械で打ち抜いたり，曲げたりして，車体のドアやボンネットなどの部品をつくります。

❹ 覚えよう！

（7 **ロボット**　　）を使って（6 ）した部品を，電気の熱で鉄を溶かしてつなぎあわせて車体をつくります。これを（8 **溶接**　　）と言います。約3,000～6,000箇所《かしょ》行います。

❺ 覚えよう！

車体をきれいに洗い，買う人の希望に合わせて，車体を（9 **塗装**　　）していきます。塗《ぬ》りつけはさびを防いだり，見栄えをよくするために3～4回くりかえし塗りつけます。

❻ 覚えよう！

約1kmの（10 **コンベア**）にのり，1分間に3～5m移動しながら，エンジン，タイヤ，シートなどの部品が取りつけられていきます。これを組み立て（11 **ライン**　　）と言います。

❼ 覚えよう！

組立（11 ）では15人ほどのチームが作業を分担《ぶんたん》しています。一人が受け持つ長さは（12 **5**）mほどです。大きく，重たい部品がたくさんあるので（13 **ロボット**　　）や機械なども使います。

❽ 考えよう？

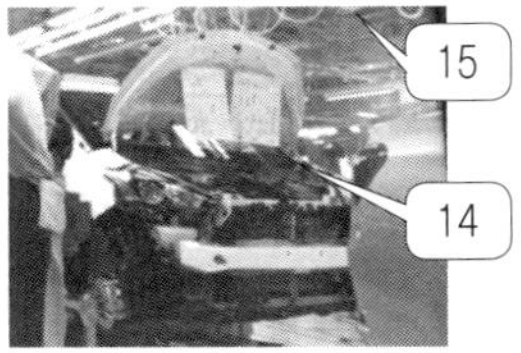

1台ごとに取りつける部品が違い（14 **指示ビラ**　　）を使って注文を確認《かくにん》します。異常《いじょう》があったり作業が遅《おく》れたときは（15 **ひもスイッチ**　　）を引きあんどんで示しチームで解決したりします。

❾ 考えよう？

組み立てが終わるとブレーキや水もれ，排出ガスの量，ドアのしまり具合など約1,500～2,000の（16 **検査**　　）をします。すべてに（17 **合格**　　）しないと出荷することができません。

❿ チャレンジ✓

18）部品箱に貼《は》られている「かんばん」にはどのような効果がありますか。

かんばんをはがすことで，使った部品箱の数がわかり，その分だけ注文することで部品を余らせないようにする。

知っ得！ 工場や生産台数によって違いますが，組立工場では1台の車が完成するまでに約17～18時間かかります。

5年社会科ワークNo.15（自動車工業②）

自動車工業まるわかりワーク②

製造の工程，工場相互の協力関係，優れた技術に着目し関わる人々の工夫や努力を考えよう

名前

❶考えよう？

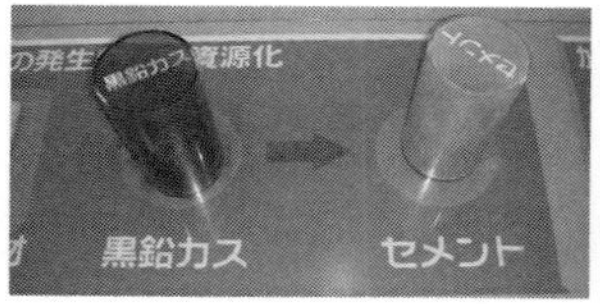

自動車工場では（1　　　　）や資源を守る取り組みもしています。工場から出る金属のくずを，部品や別のものに（2　　　　）するなど廃棄物《はいきぶつ》のリサイクルに取り組んでいます。

❷考えよう？

自動車工場では働く人にとって働きやすい環境を整えています。
危険な箇所には（3　）などをつけたり，休憩《きゅうけい》のときには（4　　　　）ができる場所を設けたりしています。

❸考えよう？

自動車工場では，子育て中の社員が安心して働けるように敷地内《しきちない》に（5　　　）施設《しせつ》を設置しているところもあります。

❹覚えよう！

組立工場で使われる部品は自動車工場の（6　　　　）にある（7　　　　）工場でつくられます。1台の自動車をつくるためには約（8　）万個の部品が必要で（7　）工場でつくられます。

❺覚えよう！

完成した自動車は車が傷《きず》つかないように（9　　　　）に慎重《しんちょう》にのせて販売店や港に運ばれます。最大8台積《つ》み込《こ》まれる自動車は高速道路で輸送され，消費者に届けられます。

❻覚えよう！

国内の遠くの販売店や海外への輸出品は港に集められます。車体が傷つかないようにするため（10　　　　）を貼り，自動車を運ぶ（11　　　　）に積み込む準備をします。

❼覚えよう！難

（11　）には1日に2,500台の車を積み込みます。積み込みでは（12　　　　）と呼ばれる20人ほどのチームが幅《はば》10cmの間隔《かんかく》で車が傷つかないように役割分担して積み込んでいきます。

❽考えよう？

（7　）工場は組立工場から必要なときに必要なだけ注文されて製品をつくります。こうすることで製品が余らないようにし，このしくみを（13　　　　）方式と呼びます。

❾考えよう？

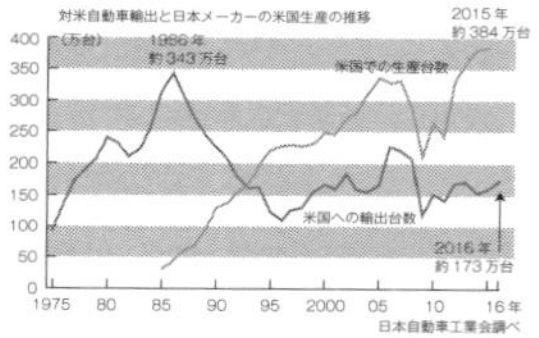

1990年代から自動車の輸出よりも（14　　　　）が増えています。現在，自動車会社は海外に多くの工場をつくっています。輸出よりも（15　　）を抑《おさ》え，その国の産業を発展させています。

❿チャレンジ✓

16）これから先の自動車にはどのようなものが求められていますか。

ヒント　費用／スポーツ／近く／再利用／キャリアカー／柵／保護フィルム／関連／自動車運搬船／3／ジャストインタイム／海外生産／環境／保育／ギャング

製造の工程，工場相互の協力関係，優れた技術に着目し関わる人々の工夫や努力を考えよう

解答A

❶考えよう？

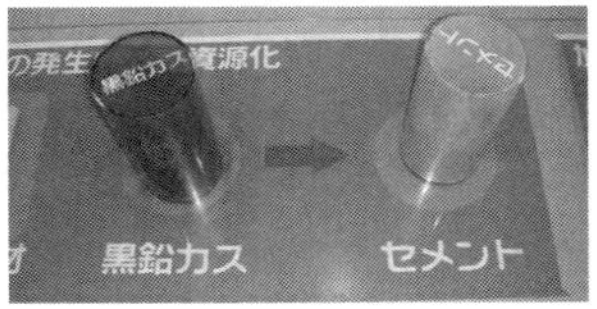

自動車工場では（1 **環境**　）や資源を守る取り組みもしています。工場から出る金属のくずを，部品や別のものに（2 **再利用**　）するなど廃棄《はいき》物《ぶつ》のリサイクルに取り組んでいます。

❷考えよう？

自動車工場では働く人にとって働きやすい環境を整えています。
危険な箇所には（3 **柵**）などをつけたり，休憩《きゅうけい》のときには（4 **スポーツ**）ができる場所を設けたりしています。

❸考えよう？

自動車工場では，子育て中の社員が安心して働けるように敷地内《しきちない》に（5 **保育**　）施設《しせつ》を設置しているところもあります。

❹覚えよう！

組立工場で使われる部品は自動車工場の（6 **近く**　　　）にある（7 **関連**　　）二場でつくられます。1台の自動車をつくるためには約（8 **3**）万個の部品が必要で（7 ）工場でつくられます。

❺覚えよう！

完成した自動車は車が傷《きず》つかないように（9 **キャリアカー**　　）に慎重《しんちょう》にのせて販売店や港に運ばれます。最大8台積《つ》み込《こ》まれる自動車は高速道路で輸送され，消費者に届けられます。

❻覚えよう！

国内の遠くの販売店や海外への輸出品は港に集められます。車体が傷つかないようにするため（10 **保護フィルム**　　）を貼り，自動車を運ぶ（11 **自動車運搬船**）に積み込む準備をします。

❼覚えよう！難

（11 ）には1日に2,500台の車を積み込みます。積み込みでは（12 **ギャング**　　　）と呼ばれる20人ほどのチームが幅《はば》10cmの間隔《かんかく》で車が傷つかないように役割分担して積み込んでいきます。

❽考えよう？

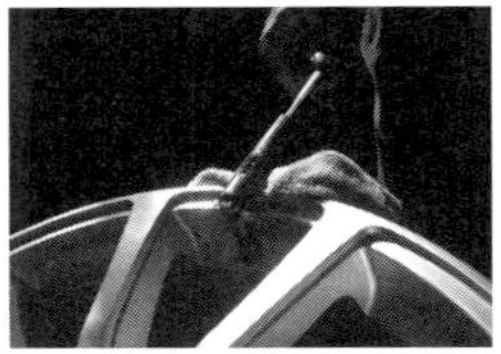

（7 ）工場は組立工場から必要なときに必要なだけ注文されて製品をつくります。こうすることで製品が余らないようにし，このしくみを（13 **ジャストインタイム**　）方式と呼びます。

❾考えよう？

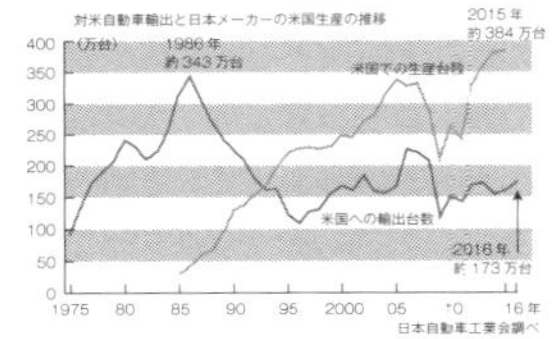

1990年代から自動車の輸出よりも（14 **海外生産**　　　）が増えています。現在，自動車会社は海外に多くの工場をつくっています。輸出よりも（15 **費用**）を抑《おさ》え，その国の産業を発展させています。

❿チャレンジ✓

16）これから先の自動車にはどのようなものが求められていますか。

二酸化炭素を排出しない環境に配慮した電気自動車や，自動ブレーキシステムや自動運転などの安全に配慮した，高齢者も運転しやすい自動車が求められている。

知っ得！　キャリアカーは通常，積載台数が6台ですが，岩手，宮城，静岡，愛知，福岡に限り工場から港まで，8台が許可されています。

5年社会科ワークNo.16（中小工場）

中小工場まるわかりワーク

工業の種類，地域の分布，製品の改良などに着目し，工業生産が国民生活に果たす役割を考えよう

名前

❶覚えよう！

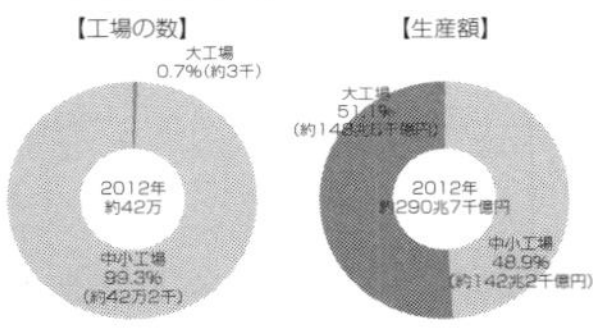

働く人が１～299人までの工場を（1　　　　）工場，300人以上が働いている工場を（2　　　　）工場と言います。日本の工場数の大部分は（１）工場ですが生産額はほぼ同じです。

❷覚えよう！

工業にはネジなどを作る，（3　　　）工業，自動車やパソコンを作る（4　　　）工業，毛糸や服などを作る（5　　　）工業，薬などを作る（6　　　）工業，即席麺《そくせきめん》などを作る，（7　　　）工業があります。

❸覚えよう！

関東地方の南部から九州の北部にかけて，工業のさかんな地域が（8　　　）ぞいに広がっています。これを（9　　　　）と呼びます。現在は（８）から離れた内陸にも広がっています。

❹覚えよう！

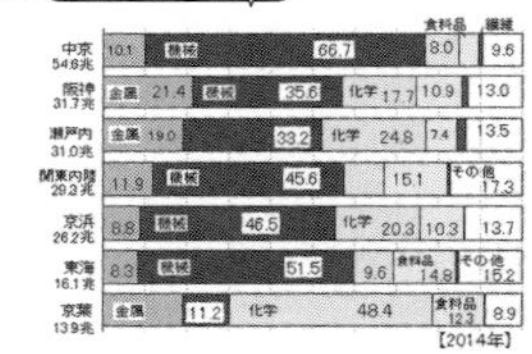

日本最大の工業地帯は名古屋の自動車工業を中心とする（10　　　）工業地帯です。生産額は50兆円を超えるほどです。（11　　　），（12　　　）と合わせて三大工業地帯と呼んでいます。

❺覚えよう！

東京都大田区は多くの工場が集まっており，その90%が（13　　　　）工場です。周囲の工場と協力しながら，難《むずか》しい注文にも対応します。現在では（14　　　　）から注文がくるほどです。

❻覚えよう！ 難

山形県天童市では（15　　　）の駒《こま》の生産がさかんです。９割が生産されています。機械での生産が主流ですが，書き師や彫師《ほりし》といった（16　　　）が伝統工芸を支えています。

❼覚えよう！　輸入額75兆円（2018年）

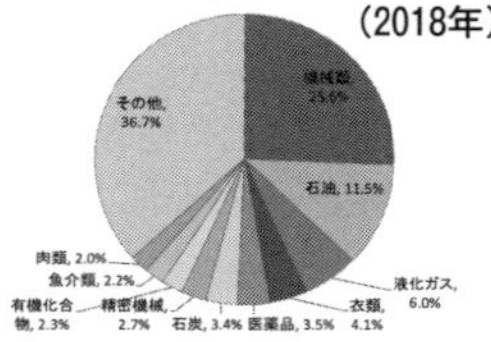

日本の輸入の特徴は，石油をはじめとする（17　　　）や（18　　　）を輸入し，製品を作る（19　　　）貿易でしたが，海外での生産が増え，多くの工業製品も輸入されています。

❽考えよう？　輸出額78兆円（2018年）

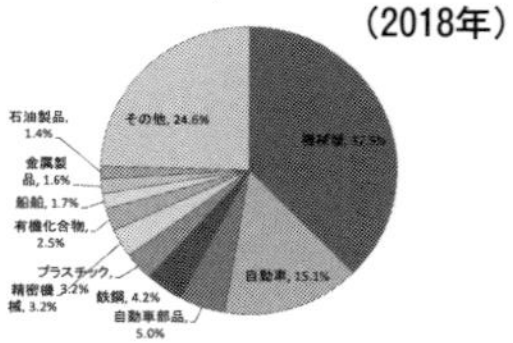

日本の輸出の特徴は，高い技術を生かした自動車，電化製品，集積回路などの（20　　　）を輸出することです。昔は（21　　　）品が主役でしたが1970年代から変化してきました。

❾考えよう？

貿易における様々な製品は船や飛行機で運びます。港には大きなクレーンが並び貨物船から（22　　　）を積んだり，降ろしたりします。また日本各地にはトラックや列車で運びます。

❿チャレンジ✓

23）東京大田区にある工場マンションです。どのような目的がありますか。

ヒント　太平洋ベルト／大／加工／金属／機械／コンテナ／せんい／化学／海岸／中京／京浜／中小／中小／将棋／食料品／職人／原料／機械製品／せんい／阪神／世界中／燃料

5年社会科ワークNo.16（中小工場）

中小工場まるわかりワーク

工業の種類，地域の分布，製品の改良などに着目し，工業生産が国民生活に果たす役割を考えよう

解答A

❶覚えよう！

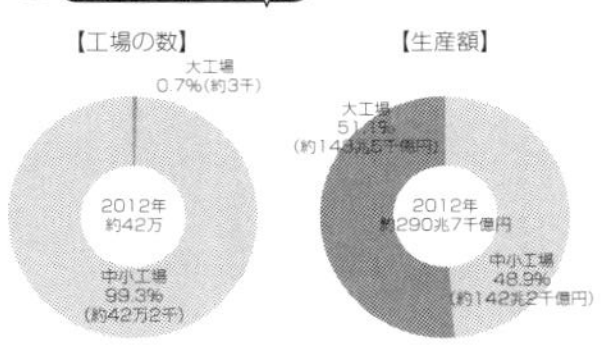

働く人が1～299人までの工場を（1 **中小**　　）工場，300人以上が働いている工場を（2 **大**　　）工場と言います。日本の工場数の大部分は（1）工場ですが生産額はほぼ同じです。

❷覚えよう！

工業にはネジなどを作る，（3 **金属**）工業，自動車やパソコンを作る（4 **機械**）工業，毛糸や服などを作る（5 **せんい**）工業，薬などを作る（6 **化学**）工業，即席麺《そくせきめん》などを作る，（7 **食料品**）工業があります。

❸覚えよう！

関東地方の南部から九州の北部にかけて，工業のさかんな地域が（8 **海岸**　）ぞいに広がっています。これを（9 **太平洋ベルト**　）と呼びます。現在は（8）から離れた内陸にも広がっています。

❹覚えよう！

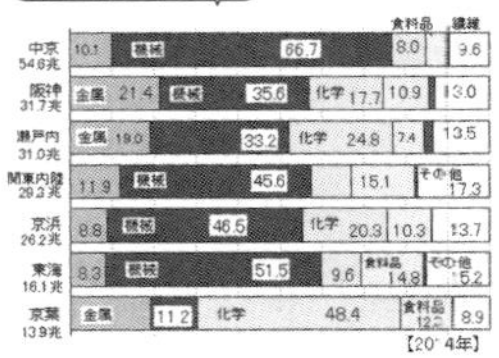

日本最大の工業地帯は名古屋の自動車工業を中心とする（10 **中京**　）工業地帯です。生産額は50兆円を超えるほどです。（11 **京浜**），（12 **阪神**）と合わせて三大工業地帯と呼んでいます。

❺覚えよう！

東京都大田区は多くの工場が集まっており，その90%が（13 **中小**　　）工場です。周囲の工場と協力しながら，難《むずか》しい注文にも対応します。現在では（14 **世界中**　　）から注文がくるほどです。

❻覚えよう！難

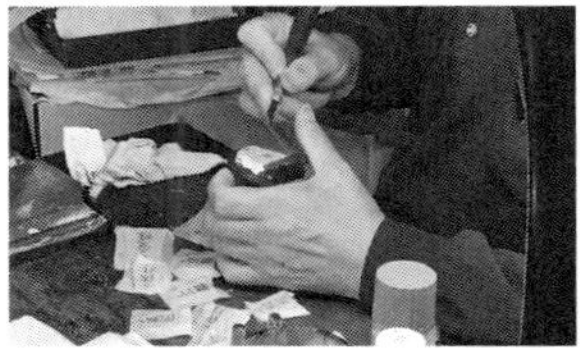

山形県天童市では（15 **将棋**）の駒《こま》の生産がさかんです。9割が生産されています。機械での生産が主流ですが，書き師や彫師《ほりし》といった（16 **職人**）が伝統工芸を支えています。

❼覚えよう！　輸入額75兆円（2018年）

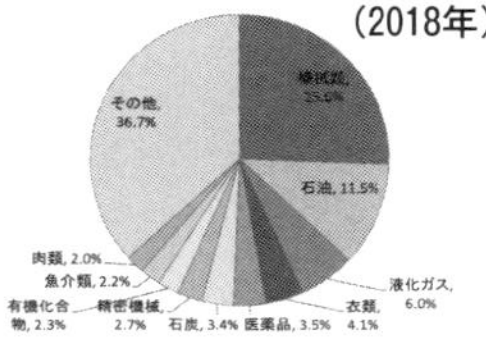

日本の輸入の特徴は，石油をはじめとする（17 **燃料**　）や（18 **原料**　）を輸入し，製品を作る（19 **加工**　　）貿易でしたが，海外での生産が増え，多くの工業製品も輸入されています。

❽考えよう？　輸出額78兆円（2018年）

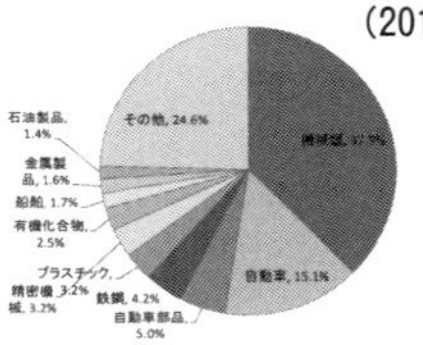

日本の輸出の特徴は，高い技術を生かした自動車，電化製品，集積回路などの（20 **機械製品**　）を輸出することです。昔は（21 **せんい**　　）品が主役でしたが1970年代から変化してきました。

❾考えよう？

貿易における様々な製品は船や飛行機で運びます。港には大きなクレーンが並び貨物船から（22 **コンテナ**　　）を積んだり，降ろしたりします。また日本各地にはトラックや列車で運びます。

❿チャレンジ✓

23）東京大田区にある工場マンションです。どのような目的がありますか。

様々な中小工場に作業する部屋を貸して，ものづくりを支えようとしている。

知っ得！　日本の3大貿易港は，千葉港，名古屋港，横浜港と言われますが，金額ベースにすると「成田国際空港」が1位となります。

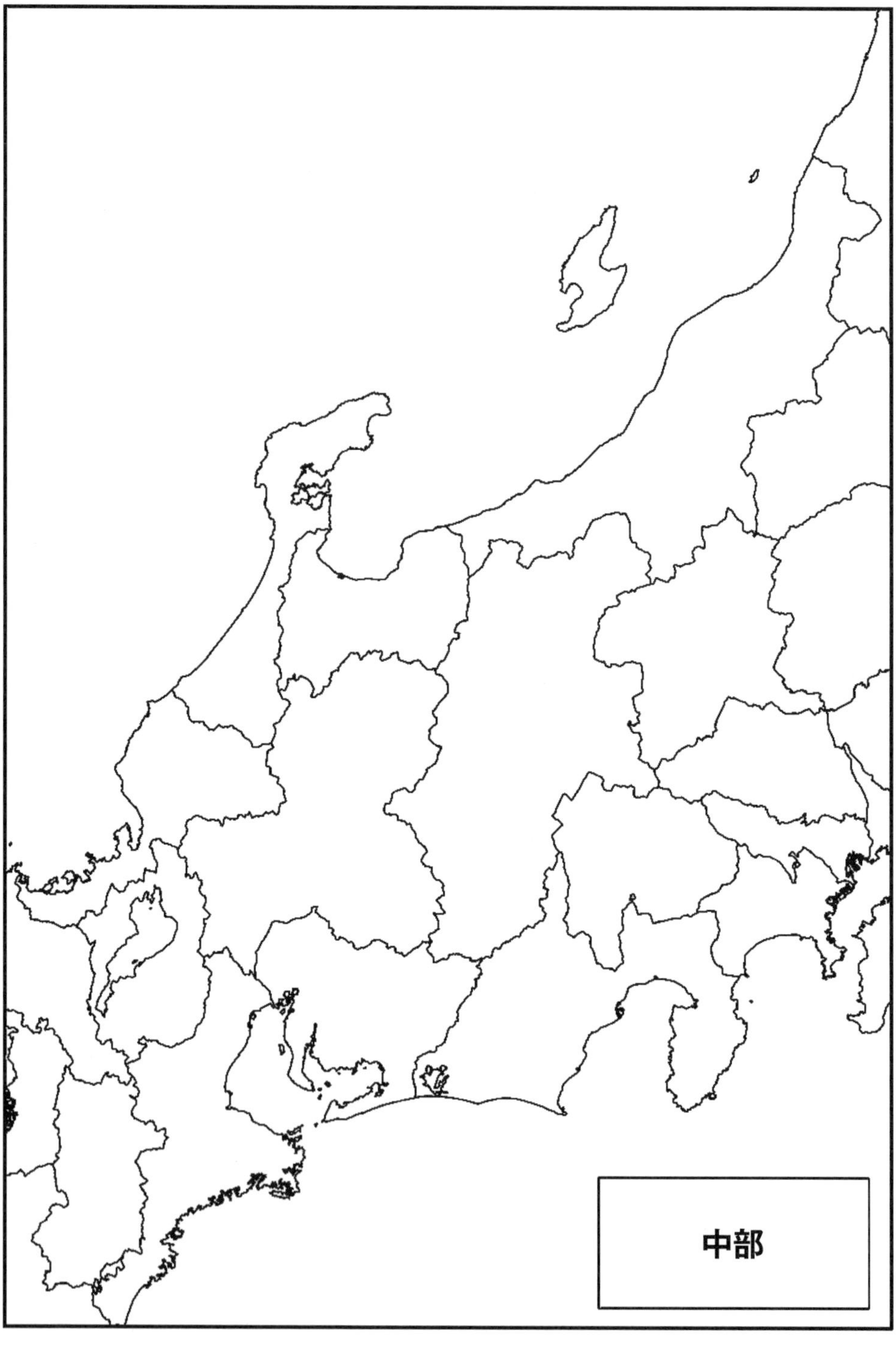
中部

第4章

産業編

・放送，新聞などの産業は，国民生活に大きな影響を及ぼしていることを理解します。大量の情報や情報通信技術の活用は，様々な産業を発展させ，国民生活を向上させていることを理解します。聞き取り調査をしたり映像や新聞などの各種資料で調べたりして，まとめるようにします。
・森林資源の分布や働きなどに着目して，森林はその育成や保護に従事している人々の様々な工夫と努力により，国土の保全など重要な役割を果たしていることを理解します。

情報化社会まるわかりワーク

情報や情報通信技術の活用が，産業を発展させ，国民生活を向上させていることを理解しよう

名前

❶ 覚えよう！

多くの人に情報を送る方法のことを（1　　　　　　）と言います。動画と音声で伝える（2　　　　　），音声で伝える（3　　　　　），文字で伝える（4　　　　　）が代表的な（1）です。

❷ 覚えよう！

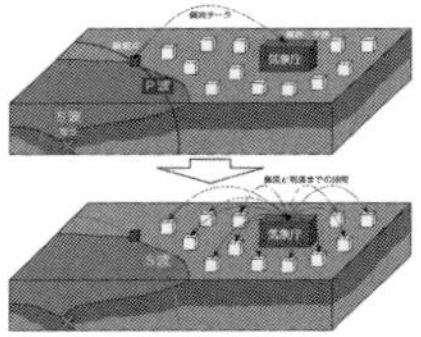

地震《じしん》発生時に大きなゆれの伝わる時間や震度を予測して伝えられる情報を（5　　　　　）と言います。速報は放送電波や（6　　　　　）回線，防災無線などを通じて瞬時《しゅんじ》に伝えられます。

❸ 覚えよう！

テレビのニュース番組は事故や事件の現場に（7　　　　）やカメラマンがかけつけ情報を集めます。局では放送内容を視聴者《しちょうしゃ》に（8　　　　），（9　　　　）伝えるように放送します。

❹ 覚えよう！

新聞は（7）が様々な情報を集め，朝刊は前日の午後５時ごろに編集がはじまり，情報の（10　　　　　）を確認し午前３時には大きな輪転機で印刷します。１時間に10万部以上が印刷されます。

❺ 覚えよう！

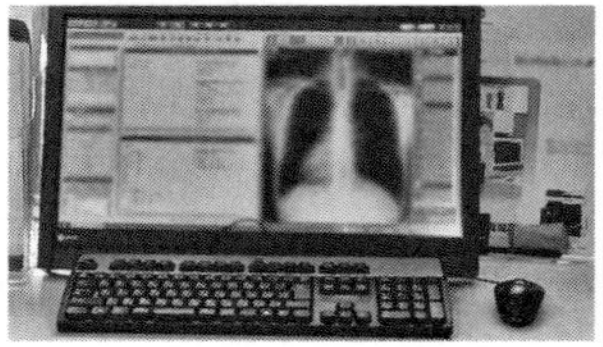

最近の病院では患者の情報が紙のカルテから（11　　　　）カルテにかわってきています。利点は患者のデータをパソコンの（12　　　　　　）で多くの部署《ぶしょ》や遠隔地と共有することができることです。

❻ 覚えよう！

救急車にあるパソコンを使うと情報（12）につながり，受け入れ可能な（13　　　　　）が表示されます。また最近では病院同士もつながり，電子カルテのやりとりもできます。

❼ 覚えよう！

離島《りとう》や過疎《かそ》地域《ちいき》などは大きな総合病院が不足しています。そこで（12）を利用して遠隔地でも診察《しんさつ》を受けることができるようになってきました。これを（14　　　　　　）と言います。

❽ 考えよう？

コンビニエンスストアのレジも（12）につながっています。商品についている（15　　　　）を読み取ると，いつ，どの商品が，どの店でどれだけ売れたのかが記録され本部に送られます。

❾ 考えよう？ 難

お金を預けている銀行にも（12）につながる（16　　　）と呼ばれる機械があります。この機械に（17　　　　　）を入れ暗証番号を入力することでお金の出し入れができます。

❿ チャレンジ✓

18）ネットワークにおける犯罪が年々増加しています。どのようなことに注意するとよいでしょうか。

ヒント　ATM／ネットワーク／緊急地震速報／マスメディア／インターネット／新聞紙／テレビ／素早く／電子／病院／バーコード／わかりやすく／遠隔医療／カード／ラジオ／記者／正確さ

情報や情報通信技術の活用が，産業を発展させ，国民生活を向上させていることを理解しよう

解答A

❶覚えよう!

多くの人に情報を送る方法のことを（1 **マスメディア** ）と言います。動画と音声で伝える（2 **テレビ** ），音声で伝える（3 **ラジオ** ），文字で伝える（4 **新聞紙** ）が代表的な（1 ）です。

❷覚えよう!

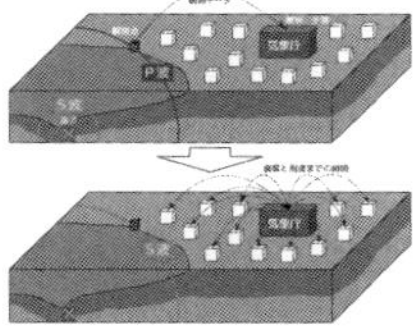

地震《じしん》発生時に大きなゆれの伝わる時間や震度を予測して伝えられる情報を（5 **緊急地震速報**）と言います。速報は放送電波や（6 **インターネット** ）回線，防災無線などを通じて瞬時《しゅんじ》に伝えられます。

❸覚えよう!

テレビのニュース番組は事故や事件の現場に（7 **記者** ）やカメラマンがかけつけ情報を集めます。
局では放送内容を視聴者《しちょうしゃ》に（8 **素早く**），（9 **わかりやすく**）伝えるように放送します。

❹覚えよう!

新聞は（7 ）が様々な情報を集め，朝刊は前日の午後5時ごろに編集がはじまり，情報の（10 **正確さ** ）を確認し午前3時には大きな輪転機で印刷します。1時間に10万部以上が印刷されます。

❺覚えよう!

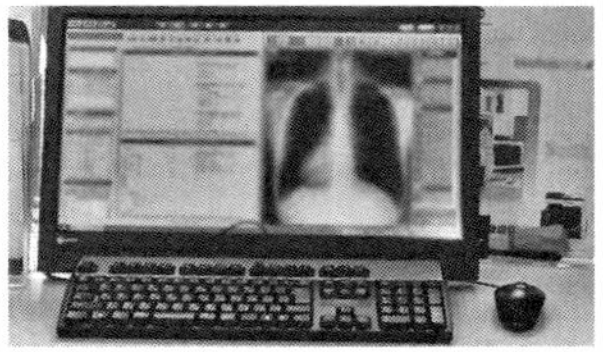

最近の病院では患者の情報が紙のカルテから（11 **電子** ）カルテにかわってきています。利点は患者のデータをパソコンの（12 **ネットワーク**）で多くの部署《ぶしょ》や遠隔地と共有することができることです。

❻覚えよう!

救急車にあるパソコンを使うと情報（12 ）につながり，受け入れ可能な（13 **病院** ）が表示されます。また最近では病院同士もつながり，電子カルテのやりとりもできます。

❼覚えよう!

離島《りとう》や過疎地域《かそちいき》などは大きな総合病院が不足しています。そこで（12 ）を利用して遠隔地でも診察《しんさつ》を受けることができるようになってきました。
これを（14 **遠隔医療** ）と言います。

❽考えよう?

コンビニエンスストアのレジも（12 ）につながっています。商品についている（15 **バーコード** ）を読み取ると，いつ，どの商品が，どの店でどれだけ売れたのかが記録され本部に送られます。

❾考えよう? 難

お金を預けている銀行にも（12 ）につながる（16 **ATM**）と呼ばれる機械があります。この機械に（17 **カード** ）を入れ暗証番号を入力することでお金の出し入れができます。

❿チャレンジ✓

18）ネットワークにおける犯罪が年々増加しています。どのようなことに注意するとよいでしょうか。

不用意にインターネットに個人情報を入力したりしないこと，発信内容に責任を持ったり，相手の著作権や肖像権を守ることが必要。

知っ得! 現在はポイントカードや電子マネーなどを使うことでもお客さんの情報を記録し，商品の仕入れなどに生かしています。

5年社会科ワークNo.18（森林）

森林まるわかりワーク

森林は，育成や保護に従事する人々の工夫と努力により国土の保全を果たしていることを理解しよう

名前

❶ 覚えよう！

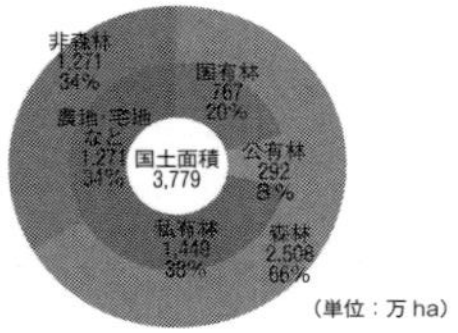

日本の森林の面積は国土の（1　　　　）を占めています。世界の平均が約3割であることを考えると日本は森林に恵《めぐ》まれた国であることがわかります。

❷ 覚えよう！

日本の森林は大きく２種類に分けられます。自然の力によってできた森林のことを（2　　　　）と言います。白神山地の（3　　　　）は，（4　　　　　　　）にも登録されています。

❸ 覚えよう！

人の手で植林してつくられた森林のことを（5　　　　）と言います。（5 ）は主に，（6　　　　）の生産のために育てられ，（7　　　　）やヒノキ，カラマツなどは成長が早く，建築用となります。

❹ 覚えよう！ 難

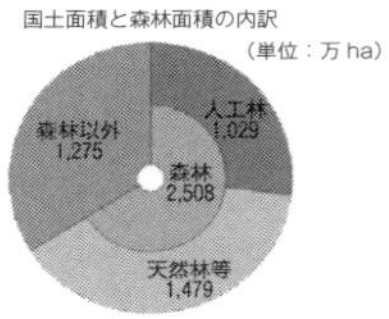

日本の森林の半分以上が，（2 ）です。以前は７割が（2 ）でしたが，戦後の（8　　　）のために多くの（2 ）が伐採《ばっさい》され，そこにスギやヒノキが植えられ（5 ）が増えていきました。

❺ 覚えよう！

丸太などの木材を生産する産業を（9　　　）と言います。苗木《なえぎ》を育てて（10　　　　　）し，成長を妨げないように（11　　　　）を刈ります。大きくなると（12　　　　　）し，節のない木材にします。

❻ 覚えよう！

太陽の光がよく届くように一部の木を切り倒《たお》し，木と木の間を広げ密集《みっしゅう》させないようにします。これを（13　　　　）と言います。切られた木は割《わ》り箸《ばし》などの木材製品に利用されています。

❼ 覚えよう！

スギなどは60年でチェーンソーで切り倒します。倒すときは木を傷つけないように周りの様子や風の方向を計算し倒します。その後（14　　　　　）にしてグラップルでトラックに積みます。

❽ 考えよう？

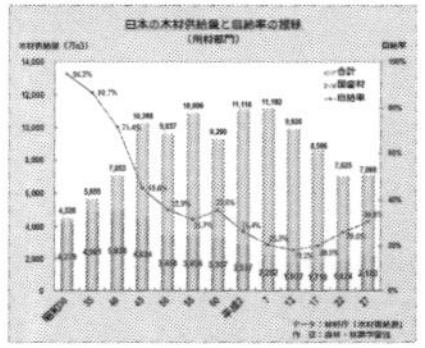

昔と比べ国内で使われる木材の量は減ってきています。その多くを（15　　　　　）に頼っています。そのため，林業で働く人が（16　　　　），手入れの行き届かない森林が増えています。

❾ 考えよう？

森林には（17　　）をたくわえる力があり（17 ）資源を守ります。また（18　　）や雪，砂の害から生活を守ります。さらに動物たちの（19　　　）としても欠かせないものです。

❿ 考えよう？

20）手入れがされずあれる森林が増えています。あなたはどう思いますか？

ヒント　すみか／天然林／人工林／約７割／世界自然遺産／木材／復興／植林／枝打ち／スギ／間伐／輸入／下草／減少し／水／丸太／風／ぶな／林業

5年社会科ワークNo.18（森林）

森林まるわかりワーク

森林は，育成や保護に従事する人々の工夫と努力により国土の保全を果たしていることを理解しよう

解答 A

❶ 覚えよう！

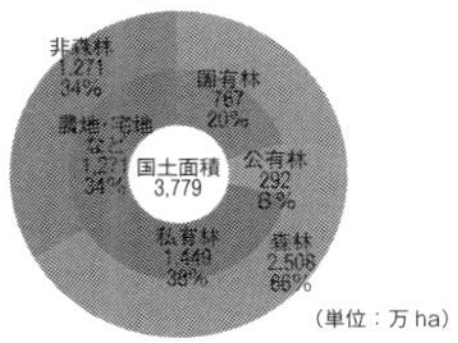

日本の森林の面積は国土の（1 **約7割**）を占めています。世界の平均が約3割であることを考えると日本は森林に恵《めぐ》まれた国であることがわかります。

❷ 覚えよう！

日本の森林は大きく２種類に分けられます。
自然の力によってできた森林のことを（2 **天然林**）と言います。白神山地の（3 **ぶな**）は，（4 **世界自然遺産**）にも登録されています。

❸ 覚えよう！

人の手で植林してつくられた森林のことを（5 **人工林**　）と言います。（5 ）は主に，（6 **木材**　　）の生産のために育てられ，（7 **スギ**　　）やヒノキ，カラマツなどは成長が早く，建築用となります。

❹ 覚えよう！ 難

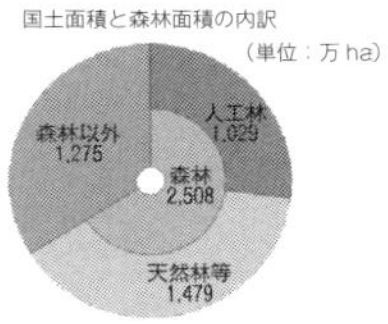

日本の森林の半分以上が，（2 ）です。以前は７割が（2 ）でしたが，戦後の（8 **復興**）のために多くの（2 ）が伐採《ばっさい》され，そこにスギやヒノキが植えられ（5 ）が増えていきました。

❺ 覚えよう！

丸太などの木材を生産する産業を（9 **林業**）と言います。苗木《なえぎ》を育てて（10 **植林**　　）し，成長を妨げないように（11 **下草**　　）を刈ります。大きくなると（12 **枝打ち**　　）し，節のない木材にします。

❻ 覚えよう！

太陽の光がよく届くように一部の木を切り倒《たお》し，木と木の間を広げ密集《みっしゅう》させないようにします。これを（13 **間伐**　　）と言います。切られた木は割《わ》り箸《ばし》などの木材製品に利用されています。

❼ 覚えよう！

スギなどは60年でチェーンソーで切り倒します。倒すときは木を傷つけないように周りの様子や風の方向を計算し倒します。その後（14 **丸太**　　　）にしてグラップルでトラックに積みます。

❽ 考えよう？

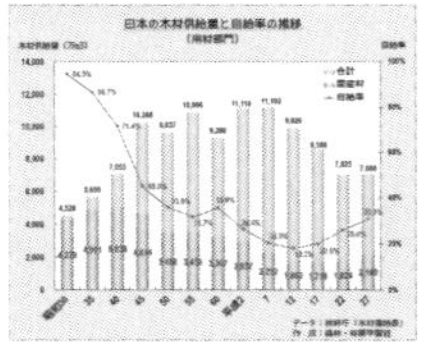

昔と比べ国内で使われる木材の量は減ってきています。その多くを（15 **輸入**　　　）に頼っています。そのため，林業で働く人が（16 **減少し**），手入れの行き届かない森林が増えています。

❾ 考えよう？

森林には（17 **水**）をたくわえる力があり（17 ）資源を守ります。また（18 **風**）や雪，砂の害から生活を守ります。さらに動物たちの（19 **すみか**）としても欠かせないものです。

❿ 考えよう？

20）手入れがされずあれる森林が増えています。あなたはどう思いますか？

輸入木材が増えることで国内の林業で働く人が減り，手つかずの森林が増えている。国産の木材の利用を呼びかけたり，ナショナル・トラスト運動のような森林を守ったりする活動が必要。

知っ得！ 住宅建築で最も多く使われるのが「スギ」で柔らかく加工しやすいのが特徴です。「ヒノキ」はより品質がよく高価な家の代名詞です。

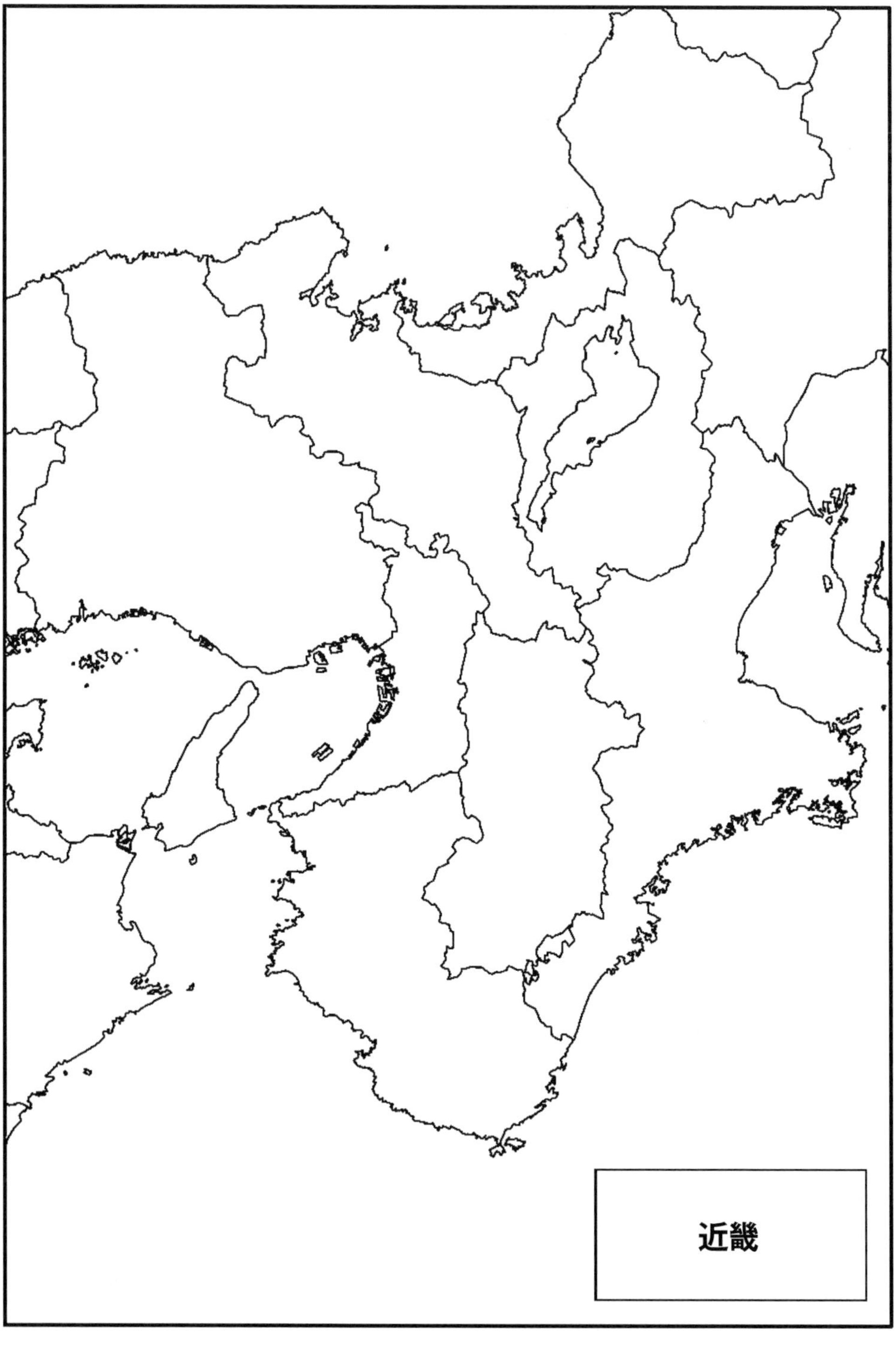
近畿

第5章

公害・災害編

関係機関や地域の人々の様々な努力により公害の防止や
生活環境の改善が図られてきたことを理解します。公害から国土の環境や
国民の健康な生活を守ることの大切さを理解します。
自然災害は国土の自然条件などと関連して発生していることや，
自然災害から国土を保全し国民生活を守るために，国や県などが
様々な対策や事業を進めていることを理解します。

5年社会科ワークNo.19（公害）

公害まるわかりワーク

公害の発生時期や経過，人々の協力や努力などに着目して，公害防止の取り組みを理解しよう

名前

❶覚えよう！ 	❷覚えよう！ 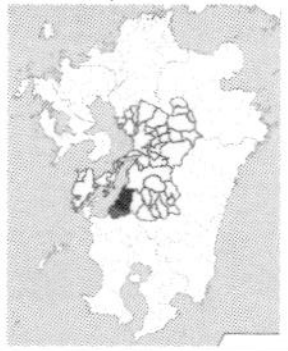	❸覚えよう！ 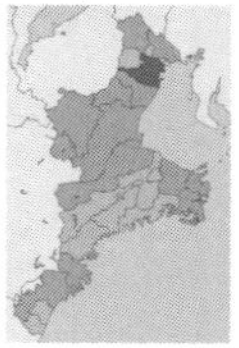	❹覚えよう！ 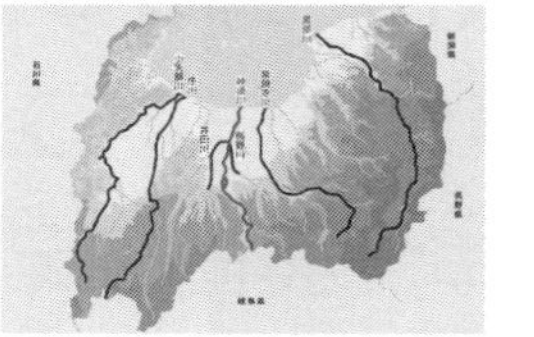	❺覚えよう！ 
工場などから出る（1　　　）や（2　　　）などの処理が不十分だと，空気や海の汚れがひどくなり住民などの多くの人の健康に被害《ひがい》が出ることがあり，これを（3　　）と言います。	四大（3 ）病の一つで熊本県（4　　　　）市で起きた，化学工場の排水に含まれた（5　　　　）が原因であるものを（4 ）病と言います。1953年ごろに多くの人々に知られました。	四大（3 ）病の一つで三重県（6　　　）市で起きた，工場の煙突《えんとつ》から出る（7　），亜硫酸《ありゅうさん》ガスが原因であるものを（8　　　　）と言います。1960年ごろから多くの人に知られました。	四大（3 ）病の一つで富山県（9　　　）川流域で起きた鉱山の廃水《はいすい》に含まれたカドミウムが原因であるものを（10　　　　）と言います。1955年ごろから多くの人に知られました。	四大（3 ）病の一つで新潟県（11　　　）川流域で起きた，化学工場の廃水に含まれた（5 ）が原因であるものを（12　　　）と言います。1965年ごろから多くの人に知られました。
❻覚えよう！ 	❼覚えよう！ 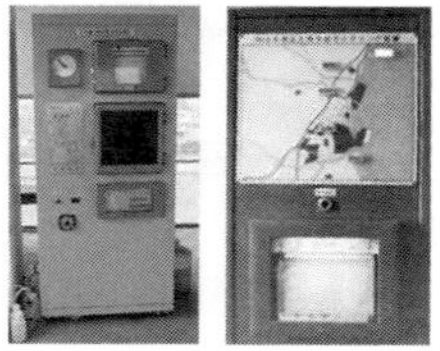	❽考えよう？ 	❾考えよう？難  	❿考えよう？  19）多くの市町村では「環境首都」をめざしています。それはどのようなものですか。
異臭魚や（13　　　　）による大気汚染などの被害を受けた（14　　）の運動によって（3 ）は明るみになります。自分たちの健康を守るために様々な調査を行い被害を訴《うった》えます。	四日市では（14 ）の要請《ようせい》を受けて，（15　　）は空気の汚《よご》れを観測する施設をつくりました（右側）。また小学校では空気清浄機《せいじょうき》（左側）を設置し，子どもたちの健康を守ろうとしました。	企業《きぎょう》は（3 ）をなくすために（16　　　　）開発を行って（13 ）や廃水を出さない設備をつくりました。このように（14 ），（15 ），企業が一体となって（3 ）を解決していきました。	全国各地で発生した（3 ）問題を受けて，国は1967年に，（17　　　　　）法を設けます。また1971年には（18　　）庁を設置して公害問題を解決する専門機関としました。	

ヒント　市／水俣／環境／廃水／煙／神通／四日市／イタイイタイ病／公害／阿賀野／四日市ぜんそく／ばいじん／水銀／住民／技術／公害対策基本／新潟水俣病／煙

公害まるわかりワーク

公害の発生時期や経過，人々の協力や努力などに着目して，公害防止の取り組みを理解しよう

解答A

❶覚えよう！

工場などから出る（1 煙 ）や（2 廃水 ）などの処理が不十分だと，空気や海の汚れがひどくなり住民などの多くの人の健康に被害《ひがい》が出ることがあり，これを（3 公害）と言います。

❷覚えよう！

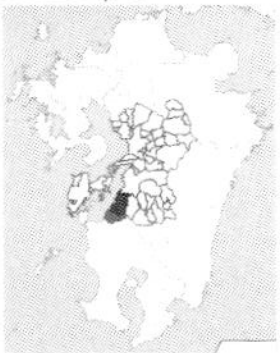

四大（3 ）病の一つで熊本県（4 水俣 ）市で起きた，化学工場の排水に含まれた（5 水銀 ）が原因であるものを（4 ）病と言います。1953年ごろに多くの人々に知られました。

❸覚えよう！

四大（3 ）病の一つで三重県（6 四日市）市で起きた，工場の煙突《えんとつ》から出る（7 煙），亜硫酸《ありゅうさん》ガスが原因であるものを（8 四日市ぜんそく）と言います。1960年ごろから多くの人に知られました。

❹覚えよう！

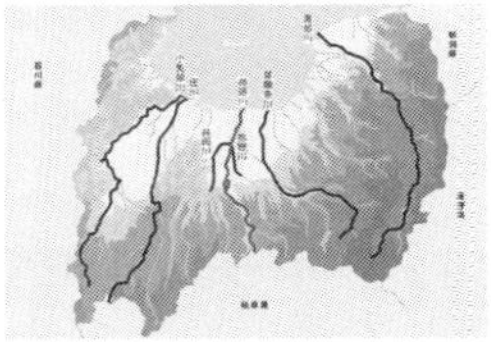

四大（3 ）病の一つで富山県（9 神通 ）川流域で起きた鉱山の廃水《はいすい》に含まれたカドミウムが原因であるものを（10 イタイイタイ病 ）と言います。1955年ごろから多くの人に知られました。

❺覚えよう！

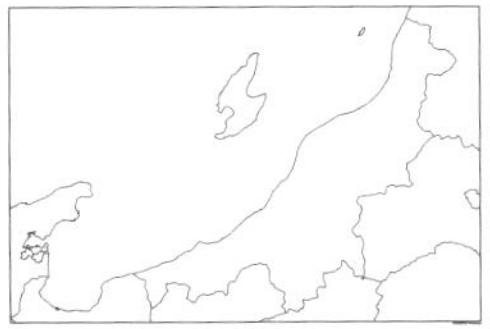

四大（3 ）病の一つで新潟県（11 阿賀野）川流域で起きた，化学工場の廃水に含まれた（5 ）が原因であるものを（12 新潟水俣病）と言います。1965年ごろから多くの人に知られました。

❻覚えよう！

異臭魚や（13 ばいじん）による大気汚染などの被害を受けた（14 住民）の運動によって（3 ）は明るみになります。自分たちの健康を守るために様々な調査を行い被害を訴《うった》えます。

❼覚えよう！

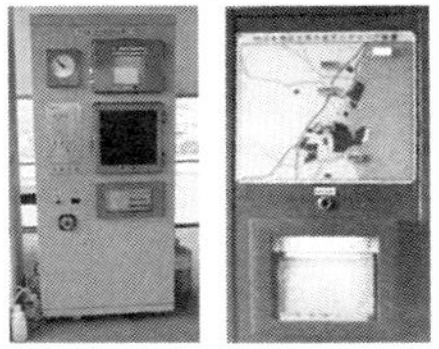

四日市では（14 ）の要請《ようせい》を受けて，（15 市 ）は空気の汚《よご》れを観測する施設をつくりました（右側）。また小学校では空気清浄機《せいじょうき》（左側）を設置し，子どもたちの健康を守ろうとしました。

❽考えよう？

企業《きぎょう》は（3 ）をなくすために（16 技術 ）開発を行って（13 ）や廃水を出さない設備をつくりました。このように（14 ），（15 ），企業が一体となって（3 ）を解決していきました。

❾考えよう？ 難

全国各地で発生した（3 ）問題を受けて，国は1967年に，（17 公害対策基本）法を設けます。また1971年には（18 環境）庁を設置して公害問題を解決する専門機関としました。

❿考えよう？

19）多くの市町村では「環境首都」をめざしています。それはどのようなものですか。

「環境首都」は，市町村が環境を大切にするまちとして日本全国や世界の手本となるように環境を守る取り組みをし，持続可能な都市をめざすことをさす。

知っ得！ 公害対策基本法では「大気汚染」「水質汚濁」「土壌汚染」「騒音」「振動」「地盤沈下」「悪臭」を公害としています。

5年社会科ワークNo.20（災害）

自然災害まるわかりワーク

自然災害から国土を保全し国民の生活を守るために行政が対策や事業を進めていることを理解しよう

名前

❶ 覚えよう！

1995年１月17日に発生した（1　　　　　　）大震災です。最大震度（2　　　）を記録し，6,400人以上の犠牲者を出す記録的な地震となりました。その後，耐震基準《たいしんきじゅん》が改正されました。

❷ 覚えよう！

2011年３月11日に発生した（3　　　　　）大震災です。東日本太平洋岸が（4　　　）で甚大《じんだい》な被害を受けました。犠牲者《ぎせいしゃ》18,000人以上の戦後最大の災害となりました。

❸ 覚えよう！

河川の（5　　　）や海水の浸入などを防ぐために，土砂やコンクリートでつくられた建造物を（6　　　）と言います。低地で堤防《ていぼう》に囲まれた地域《ちいき》を（7　　　）と言います。

❹ 覚えよう！

これは（8　　　）から人命を守るために人為的《じんいてき》に整備された施設です。（３）大震災では，（８）の高さが（9　　）mを越えたことを受け，現在避難施設《ひなんしせつ》の高さは高くなっています。

❺ 覚えよう！ 難

雪が降り積もる地方では道路に吹きだまりができたり，（10　　　　　）が悪くなることを防ぐために設置された柵《さく》を（11　　　　　）と言います。

❻ 覚えよう！

台風による（12　　　　）や地震による（13　　　　）を防いだり弱めたりするためにつくられた堤防を（14　　　　）と言います。大きいもので10m級の堤防がつくられているところもあります。

❼ 覚えよう！

大雨などで河川が溢《あふ》れてしまう，（15　　　　）を防ぐために，河川を分岐させ逃がす人工水路を（16　　　　）と言います。大都市では地下に大規模《だいきぼ》な（17　　　　）を建設し放水するものもあります。

❽ 考えよう？

外洋から打ち寄せる波を防ぎ，港の内部を安静に保つために海中に設置された構造物を（18　　　　）と言います。

❾ 考えよう？

大雨や地震などで起きる土砂災害防止のために土や石の流れをせきとめる働きのあるダムを（19　　　　）ダムと言います。

❿ 考えよう？

稲むらの火で有名な濱口梧陵

20）国や市による災害防止施設だけで，安心と言えるでしょうか。

ヒント　防雪柵／津波／堤防／津波／阪神・淡路／防波堤／視界／高波／東日本／氾濫／洪水／放水路／40／トンネル／砂防／7／輪中／防潮堤／津波

※①②写真：災害写真データベース

自然災害から国土を保全し国民の生活を守るために行政が対策や事業を進めていることを理解しよう

解答A

❶覚えよう！

1995年１月17日に発生した（1 **阪神・淡路**　　）大震災です。最大震度（2 **７**　　）を記録し，6,400人以上の犠牲者を出す記録的な地震となりました。その後，耐震基準《たいしんきじゅん》が改正されました。

❷覚えよう！

2011年３月11日に発生した（3 **東日本**　）大震災です。東日本太平洋岸が（4 **津波**）で甚大《じんだい》な被害を受けました。犠牲者《ぎせいしゃ》18,000人以上の戦後最大の災害となりました。

❸覚えよう！

河川の（5 **氾濫**）や海水の浸入などを防ぐために，土砂やコンクリートでつくられた建造物を（6 **堤防**）と言います。低地で堤防《ていぼう》に囲まれた地域《ちいき》を（7 **輪中**）と言います。

❹覚えよう！

これは（8 **津波**）から人命を守るために人為的《じんいてき》に整備された施設です。（3 ）大震災では，（8 ）の高さが（9 **40**）mを越えたことを受け，現在避難施設《ひなんしせつ》の高さは高くなっています。

❺覚えよう！難

雪が降り積もる地方では道路に吹きだまりができたり，（10 **視界**　　）が悪くなることを防ぐために設置された柵《さく》を（11 **防雪柵**　　）と言います。

❻覚えよう！

台風による（12 **高波**　）や地震による（13 **津波**　）を防いだり弱めたりするためにつくられた堤防を（14 **防潮堤**　）と言います。大きいもので10m級の堤防がつくられているところもあります。

❼覚えよう！

大雨などで河川が溢《あふ》れてしまう，（15 **洪水**　　）を防ぐために，河川を分岐させ逃がす人工水路を（16 **放水路**　　）と言います。大都市では地下に大規模《だいきぼ》な（17 **トンネル**）を建設し放水するものもあります。

❽考えよう？

外洋から打ち寄せる波を防ぎ，港の内部を安静に保つために海中に設置された構造物を（18 **防波堤**　　）と言います。

❾考えよう？

大雨や地震などで起きる土砂災害防止のために土や石の流れをせきとめる働きのあるダムを（19 **砂防**　　）ダムと言います。

❿考えよう？

稲むらの火で有名な濱口梧陵

20）国や市による災害防止施設だけで，安心と言えるでしょうか。

濱口梧陵が津波の危険を察知して，村人を避難させたように，災害を防ぐ施設（公助）だけに頼るのではなく，自分たちで日ごろから災害に備え，防ぐ力をもつことが必要である（自助）。

知っ得！　今後30年以内に起きる巨大地震の発生確率は南海トラフ，北海道の千島海溝ぞいの根室沖で80%を超えています。

※①②写真：災害写真データベース

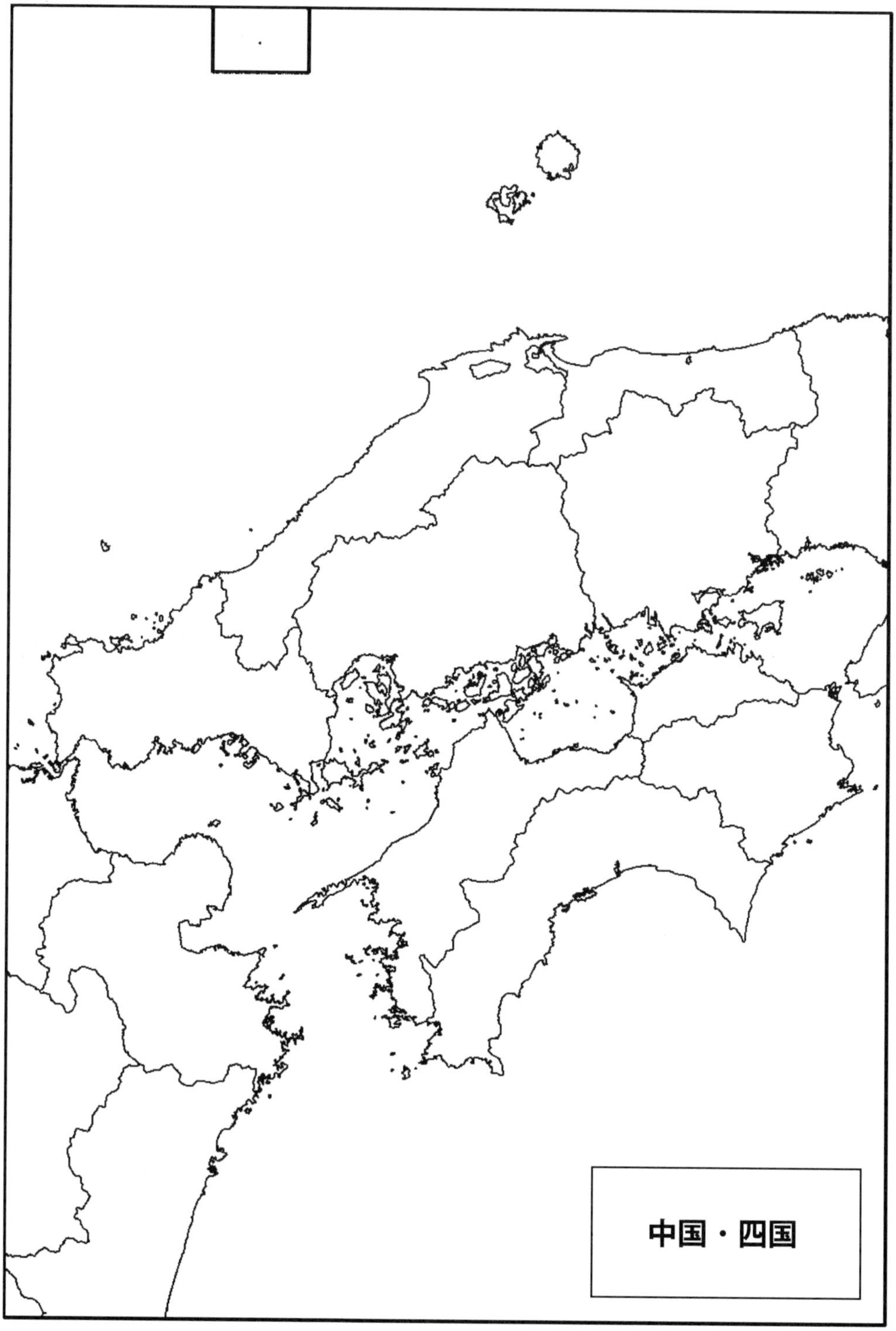
中国・四国

第6章

統計編

地図帳や地球儀，統計などの各種の基礎的資料を通して，我が国の国土の地理的環境の特色や産業の現状，社会の情報化と産業の関わりについて調べることが大切です。これらの活動を通して，適切に情報を集め，読み取り，白地図や年表，図表などにまとめる技能を身につけるようにします。

統計から情報を適切に調べてまとめよう

名前

❶ 小麦の生産（2018年）

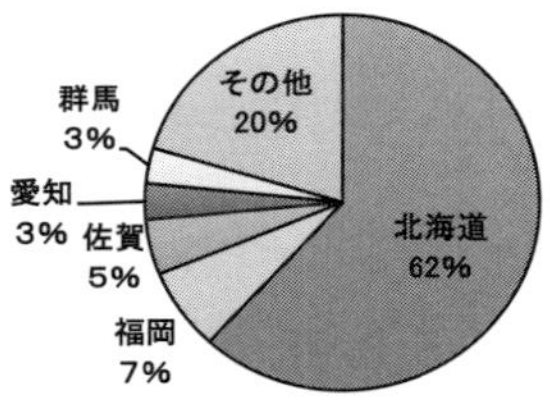

パンや麺類，お菓子など，小麦は色々な食べ物に使われています。小麦の生産の第１位は（1　　　　　）で，全体の約（2　　）割を占めています。しかし約９割は（3　　　）です。

❷ 米の生産（2017年）

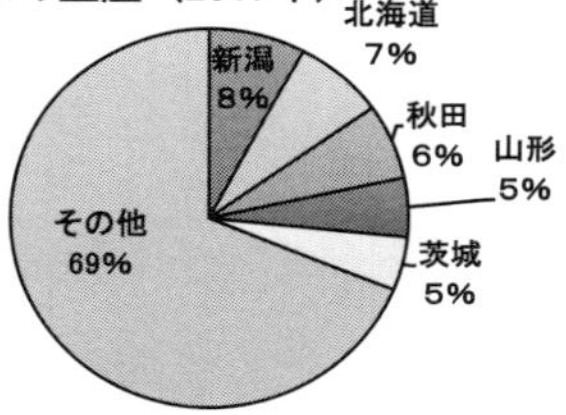

日本の主食である米は日本全国で栽培されていますが，上位は（4　　）日本が中心になっています。お米は国内で自給できていますが外国との取り決めで輸入もしなくてはいけません。

❸ さつまいもの生産（2017年）

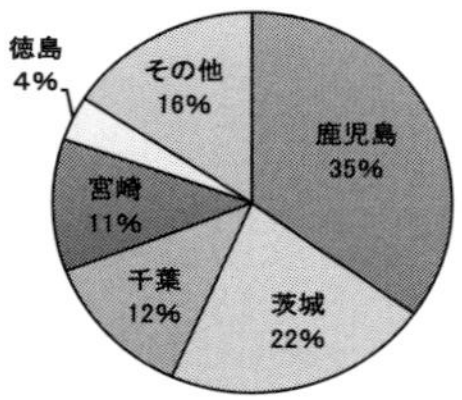

さつまいもは江戸時代に沖縄県から鹿児島県に入ってきたことからさつまいもと呼ばれています。したがって全国シェアの（5　　）%が鹿児島です。また上位（6　　）県で全国８割のシェアになります。

❹ じゃがいもの生産（2017年）

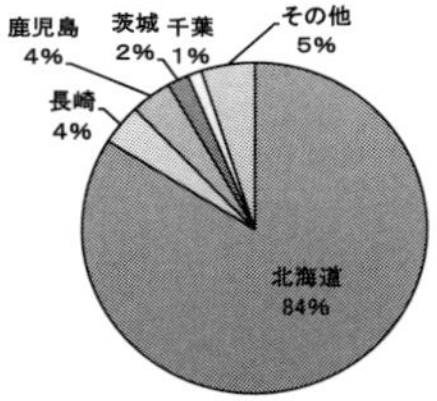

じゃがいもの生産量については８割以上が（7　　　　）です。じゃがいもは強い風や低い気温に強く，冷害で米や麦が凶作でも安定して収穫できることから（8　　　）時代から備蓄《びちく》作物として栽培《さいばい》されました。

❺ 大豆の生産（2017年）

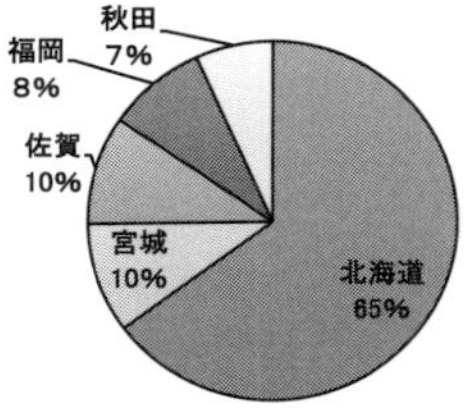

大豆生産の６割以上は（9　　　　）ですが，96%は（10　　　）に頼っています。国産の大豆は豆腐《とうふ》や納豆《なっとう》，醤油《しょうゆ》，味噌《みそ》などに多く使われ，（10 ）大豆はサラダ油などに多く使われています。

❻ 落花生の生産（2017年）

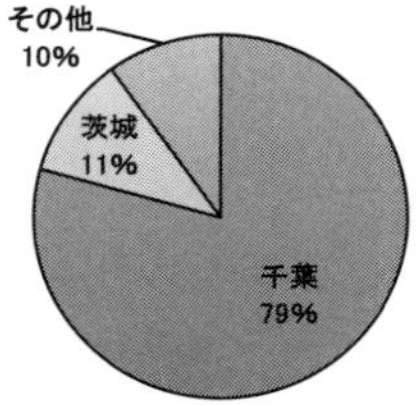

落花生の生産の８割は（11　　）県，２位の（12　　）県と合わせて９割を占めます。しかし，自給率は12%で，その多くは価格の安い（13　　）から輸入をしています。

❼ キャベツの生産（2017年）

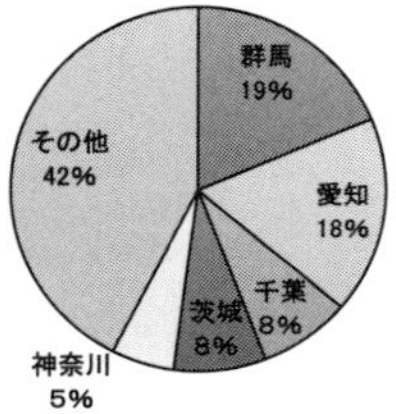

冬の野菜であるキャベツの生産量の１位は（14　　　）県ですが，春は千葉県，夏と秋は群馬県，冬は愛知県というように抑制栽培によって主たる産地は異なっています。

❽ きゅうりの生産（2017年）

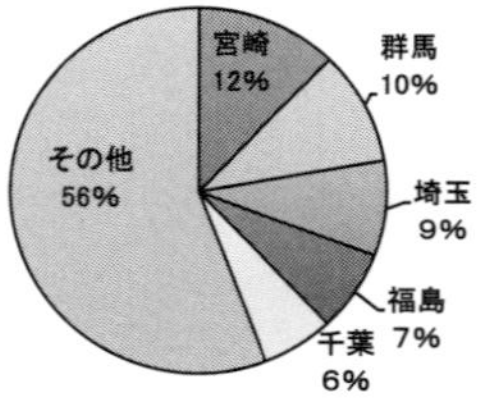

きゅうりの生産の１位は（15　　）県で，それ以外は東京近郊の県で多く栽培される（16　　　　）でつくられます。夏は露地栽培《ろじさいばい》，冬はビニールハウス栽培で生産されています。

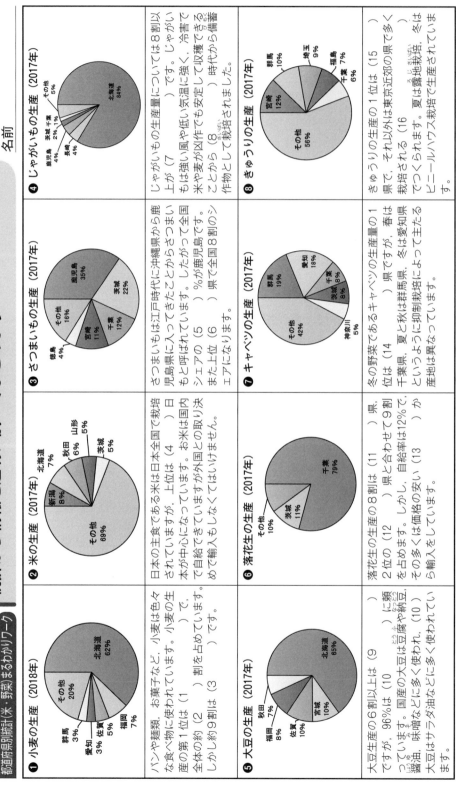

統計から情報を適切に調べてまとめよう

解答A

❶ 小麦の生産（2018年）

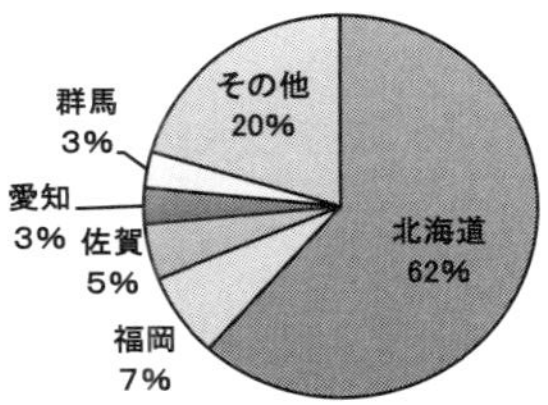

パンや麺類，お菓子など，小麦は色々な食べ物に使われています。小麦の生産の第１位は（１ **北海道**　　）で，全体の約（２ **６**　）割を占めています。しかし約９割は（３ **輸入**　）です。

❷ 米の生産（2017年）

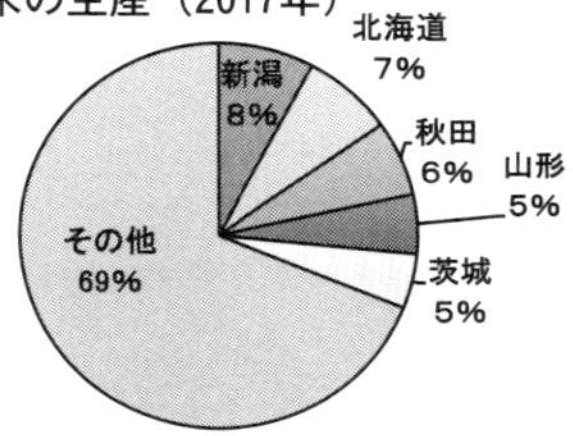

日本の主食である米は日本全国で栽培されていますが，上位は（４ **東**　）日本が中心になっています。お米は国内で自給できていますが外国との取り決めで輸入もしなくてはいけません。

❸ さつまいもの生産（2017年）

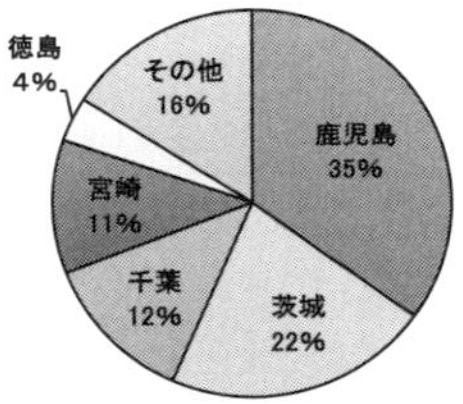

さつまいもは江戸時代に沖縄県から鹿児島県に入ってきたことからさつまいもと呼ばれています。したがって全国シェアの（５ **35**　）%が鹿児島です。また上位（６ **４**　）県で全国８割のシェアになります。

❹ じゃがいもの生産（2017年）

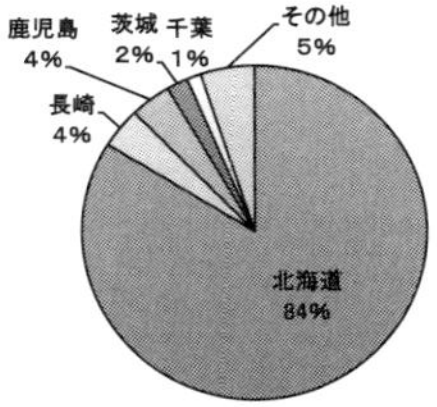

じゃがいもの生産量については８割以上が（７ **北海道**　　）です。じゃがいもは強い風や低い気温に強く，冷害で米や麦が凶作でも安定して収穫できることから（８ **明治**　　）時代から備蓄《びちく》作物として栽培《さいばい》されました。

❺ 大豆の生産（2017年）

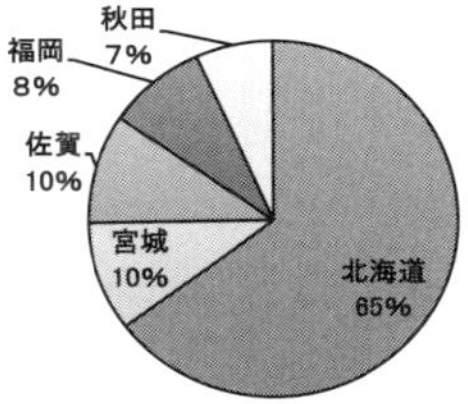

大豆生産の６割以上は（９ **北海道**　）ですが，96%は（10 **輸入**　　）に頼っています。国産の大豆は豆腐《とうふ》や納豆《なっとう》，醤油《しょうゆ》，味噌《みそ》などに多く使われ，（10 ）大豆はサラダ油などに多く使われています。

❻ 落花生の生産（2017年）

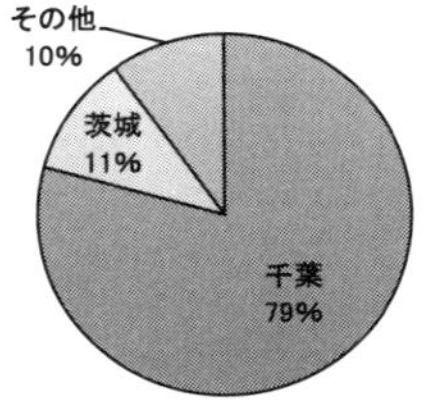

落花生の生産の８割は（11 **千葉**）県，２位の（12 **茨城**）県と合わせて９割を占めます。しかし，自給率は12%で，その多くは価格の安い（13 **中国**）から輸入をしています。

❼ キャベツの生産（2017年）

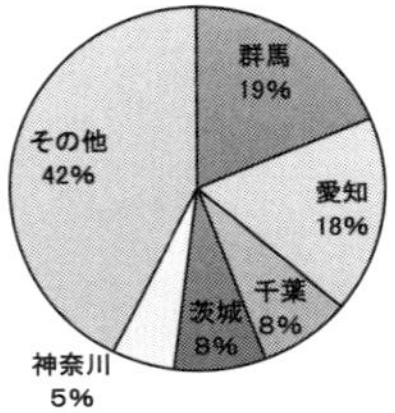

冬の野菜であるキャベツの生産量の１位は（14 **群馬**　　）県ですが，春は千葉県，夏と秋は群馬県，冬は愛知県というように抑制栽培によって主たる産地は異なっています。

❽ きゅうりの生産（2017年）

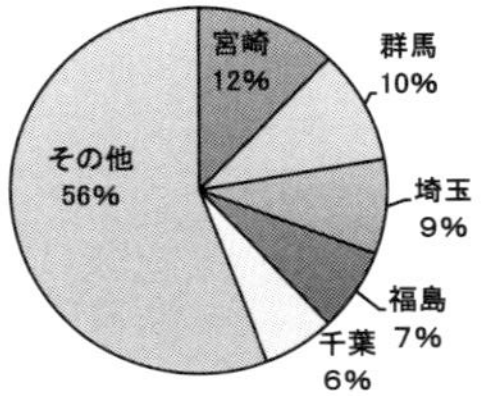

きゅうりの生産の１位は（15 **宮崎**）県で，それ以外は東京近郊の県で多く栽培される（16 **近郊農業**　　）でつくられます。夏は露地《ろじ》栽培《さいばい》，冬はビニールハウス栽培で生産されています。

5年社会科ワークNo.22（統計②）
都道府県別統計(野菜)まるわかりワーク

統計から情報を適切に調べてまとめよう

名前

❶ すいかの生産（2017年）

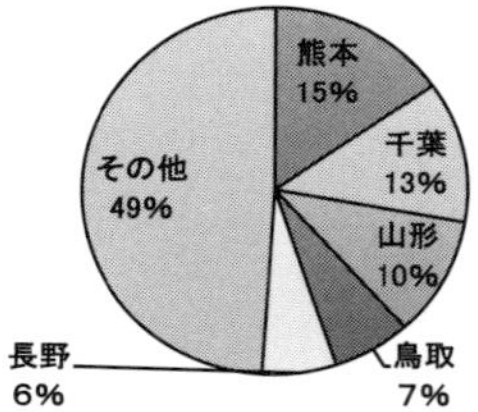

すいかの生産の１位は（1　　　　　）県です。すいかは夏の食べ物のイメージがありますが，（1 ）県ではビニールハウスで栽培し，はやいものだと２月から収穫が始まります。

❷ だいこんの生産（2017年）

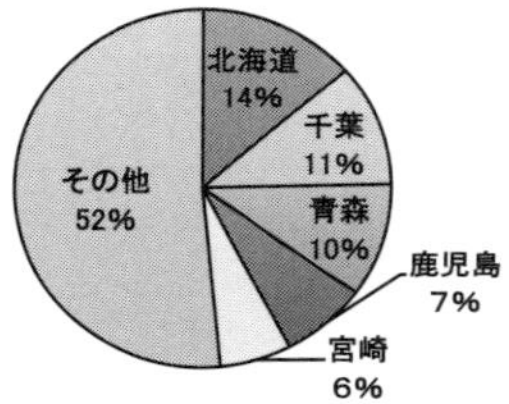

だいこん生産の１位は（2　　　　　）です。出荷時期により春だいこん，夏だいこん，秋冬だいこんに区分されます。だいこんは涼しい気候を好む野菜なので夏場は（2 ）のだいこんが多く見られます。

❸ なたねの生産（2017年）

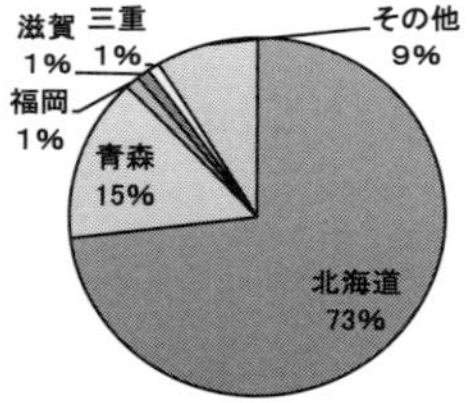

なたね生産の７割以上が（3　　　　　）ですが，国産のものはごくわずかで99.6%は輸入に頼っています。なたねは油として使われ国産のものは高額で取り引きされます。またバイオ燃料としても注目されています。

❹ にんじんの生産（2017年）

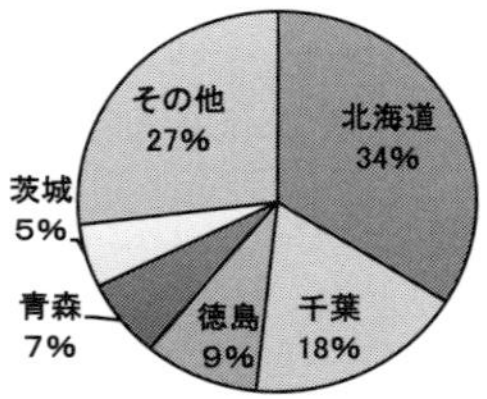

にんじんは生産量の上位３県で全体の（4　　　）割以上を占めています。しかし，季節によって産地が異なり，春・夏は徳島県，夏・秋は北海道，冬は（5　　　　　）県で生産・出荷が行われています。

❺ ねぎの生産（2017年）

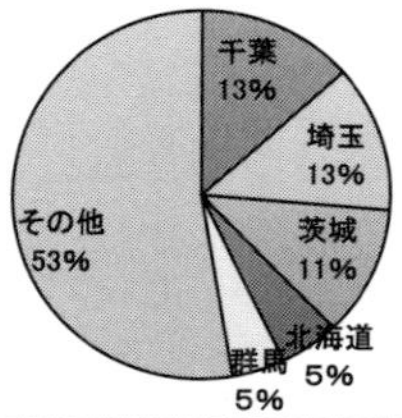

ねぎの生産の半分は関東地方を中心とする（6　　　　　）が占めています。埼玉県の（7　　　　）ねぎや京都府の（8　　　　）ねぎ，群馬県の下仁田ねぎなどがブランドねぎとして有名です。

❻ はくさいの生産（2017年）

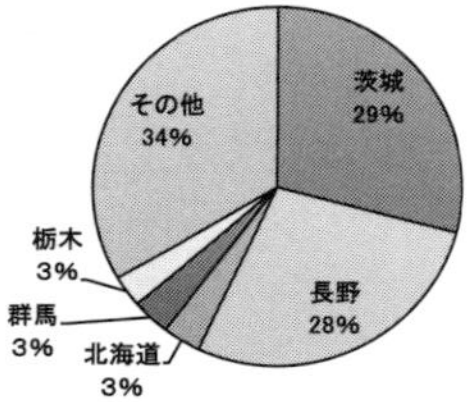

はくさいの生産は（9　　　　　）県と長野県で５割を占めています。茨城県の八千代町では大規模なはくさい栽培が行われ冬場の出荷が最盛期《さいせいき》です。長野県では（10　　　　　）栽培が行われ夏場が最盛期です。

❼ ピーマンの生産（2017年）

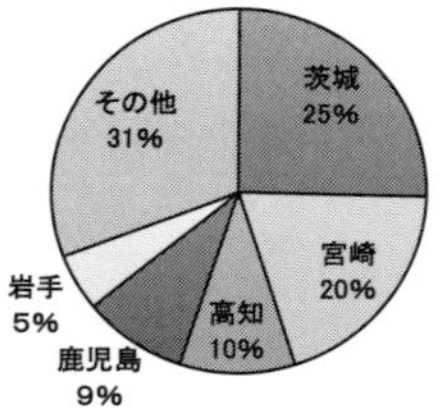

ピーマンの生産１位は（11　　　）県で，全体の（12　　　）分の１を占めます。茨城県産は主に夏から秋にかけて流通し，宮崎県，高知県など西日本産は（13　　　）から春に流通しています。

❽ ほうれん草の生産（2017年）

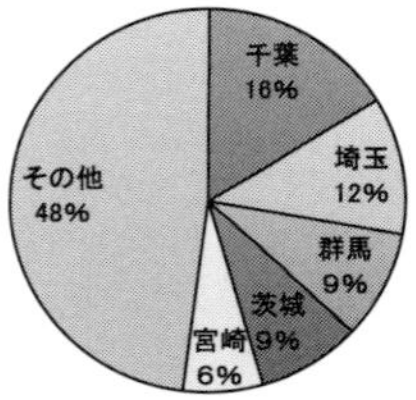

ほうれん草の生産の１位は（14　　　）県で，ほぼ半数が関東で生産されています。ほうれん草はすぐにいたむために大都市の周辺で栽培する（15　　　）農業がさかんです。

統計から情報を適切に調べてまとめよう

解答A

❶ すいかの生産（2017年）

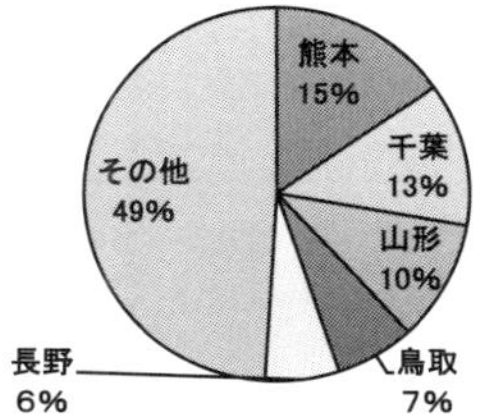

すいかの生産の１位は（1 **熊本**　）県です。すいかは夏の食べ物のイメージがありますが，（1 ）県ではビニールハウスで栽培し，はやいものだと２月から収穫が始まります。

❷ だいこんの生産（2017年）

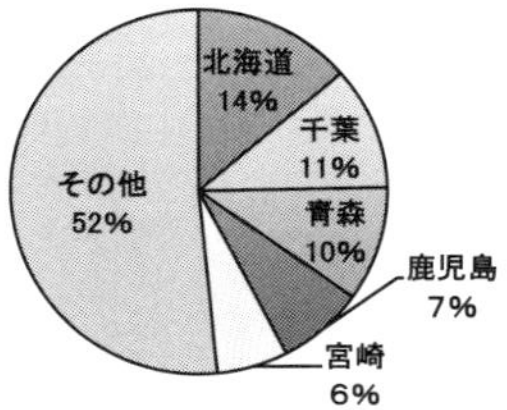

だいこん生産の１位は（2 **北海道**　）です。出荷時期により春だいこん，夏だいこん，秋冬だいこんに区分されます。だいこんは涼しい気候を好む野菜なので夏場は（2 ）のだいこんが多く見られます。

❸ なたねの生産（2017年）

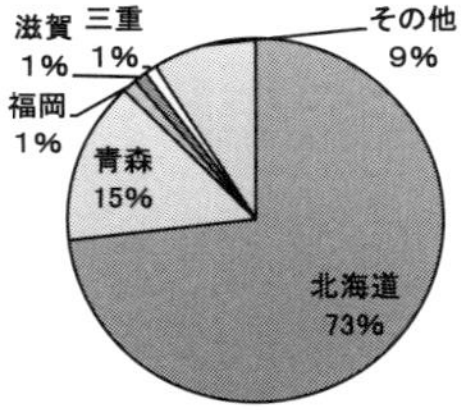

なたね生産の７割以上が（3 **北海道**　）ですが，国産のものはごくわずかで99.6%は輸入に頼っています。なたねは油として使われ国産のものは高額で取り引きされます。またバイオ燃料としても注目されています。

❹ にんじんの生産（2017年）

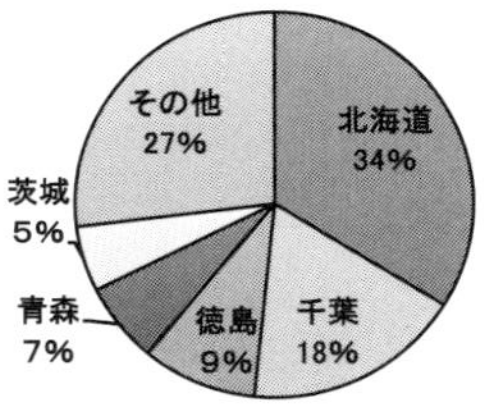

にんじんは生産量の上位３県で全体の（4 **6**　）割以上を占めています。しかし，季節によって産地が異なり，春・夏は徳島県，夏・秋は北海道，冬は（5 **千葉**　）県で生産・出荷が行われています。

❺ ねぎの生産（2017年）

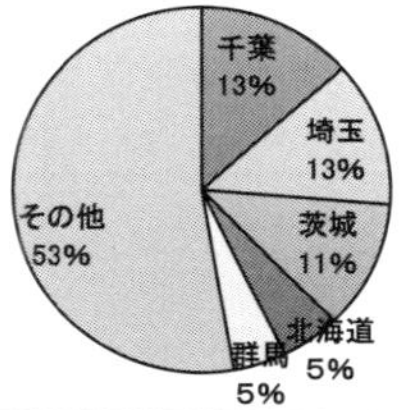

ねぎの生産の半分は関東地方を中心とする（6 **5県**　）が占めています。埼玉県の（7 **深谷**　）ねぎや京都府の（8 **九条**　）ねぎ，群馬県の下仁田ねぎなどがブランドねぎとして有名です。

❻ はくさいの生産（2017年）

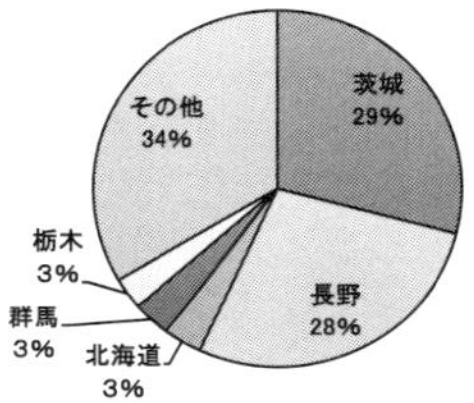

はくさいの生産は（9 **茨城**　）県と長野県で５割を占めています。茨城県の八千代町では大規模なはくさい栽培が行われ冬場の出荷が最盛期《さいせいき》です。長野県では（10 **促成**　）栽培が行われ夏場が最盛期です。

❼ ピーマンの生産（2017年）

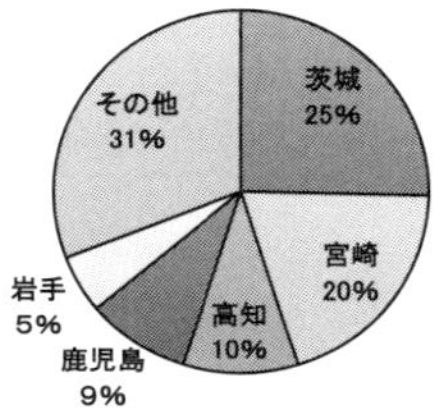

ピーマンの生産１位は（11 **茨城**）県で，全体の（12 **4**　）分の１を占めます。茨城県産は主に夏から秋にかけて流通し，宮崎県，高知県など西日本産は（13 **冬**　）から春に流通しています。

❽ ほうれん草の生産（2017年）

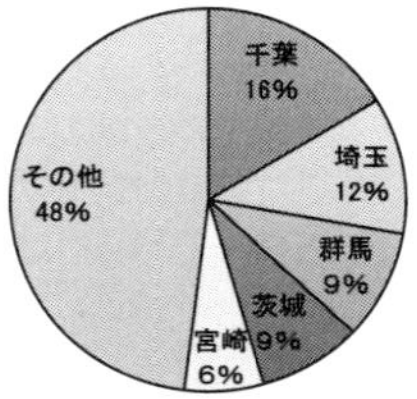

ほうれん草の生産の１位は（14 **千葉**）県で，ほぼ半数が関東で生産されています。ほうれん草はすぐにいたむために大都市の周辺で栽培する（15 **近郊**）農業がさかんです。

5年社会科ワークNo.23（統計③）
都道府県別統計（果物）まるわかりワーク

統計から情報を適切に調べてまとめよう

名前

❶ お茶の生産（2017年）

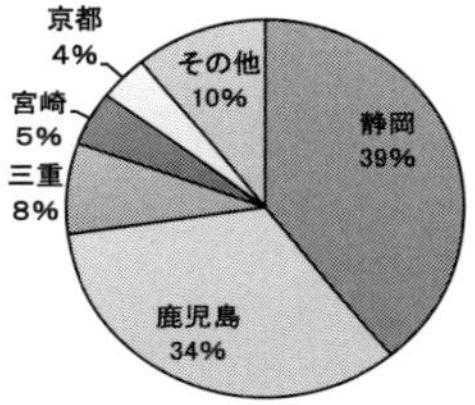

お茶の生産は（1　　　　　）県と鹿児島県で全体の約４分の３を占めています。特に静岡県の（2　　　　　）台地は日本一の生産地になっています。緑茶，烏龍茶《うーろんちゃ》，紅茶はすべて同じお茶の葉でつくられます。

❷ いちごの生産（2017年）

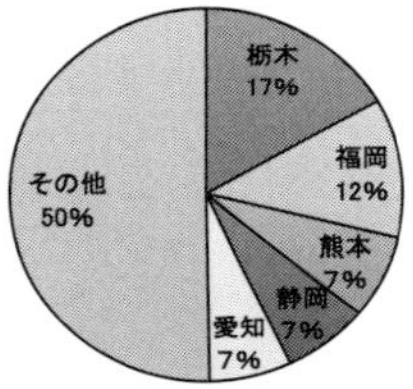

いちごの生産の１位は（3　　　　）県で「とちおとめ」などのブランドが有名です。栃木県では全域的に栽培されています。２位の（4　　　　）県は「あまおう」などのブランドが有名です。

❸ うめの生産（2017年）

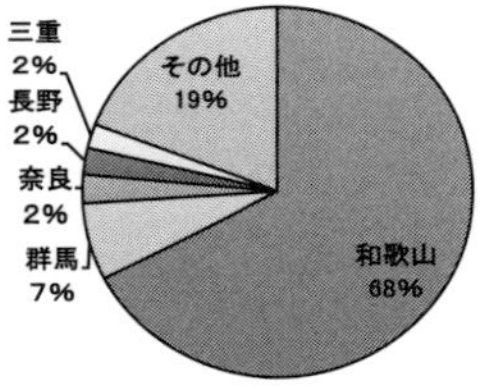

うめの生産は約７割が（5　　　　）県です。ここでは江戸時代はじめに紀州藩が梅栽培を広げたと言われています。特に「南高梅」と呼ばれる品種が最高級品として親しまれています。

❹ メロンの生産（2017年）

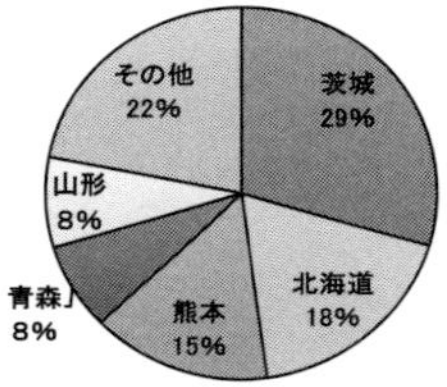

メロンの生産の１位は（6　　　　）県です。「アンデスメロン」「イバラキング」などの品種が有名です。北海道では（7　　　　）メロンが全国的に有名で初せりの際には数百万円を記録します。

❺ 柿の生産（2017年）

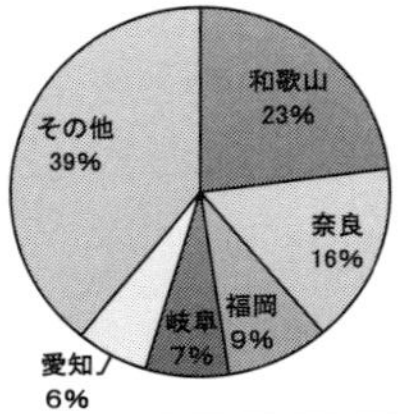

柿の生産の１位は（8　　　　　）県で２位が奈良県です。柿は温暖な地方でないと甘く育たないため東北や北海道は渋柿《しぶがき》がごく少数出荷されているだけです。渋柿は防腐剤として利用されます。

❻ さくらんぼの生産（2017年）

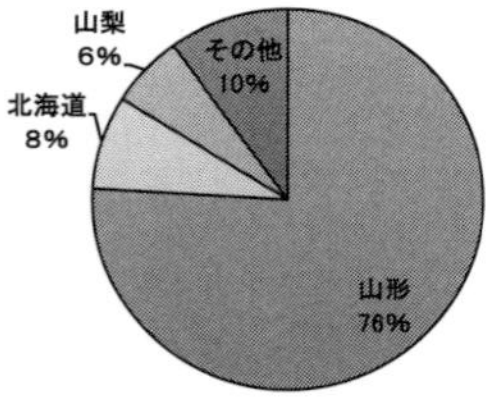

さくらんぼの生産は（9　　　　）県が圧倒的なシェアを占めています。明治時代に北海道から広まりました。山形県の中でも特に東根市が有数の産地になっており，「佐藤錦《さとうにしき》」というブランドが有名です。

❼ みかんの生産（2017年）

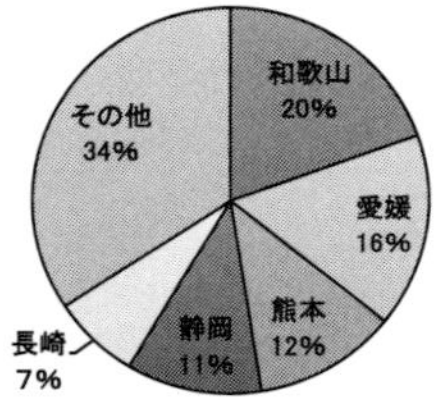

みかん生産の１位は（10　　　　）県で「有田みかん」が有名です。２位の愛媛県は長きにわたり１位でしたが，近年は「いよかん」，「デコポン」などのみかん以外の柑橘類《かんきつるい》に力を入れています。

❽ ももの生産（2017年）

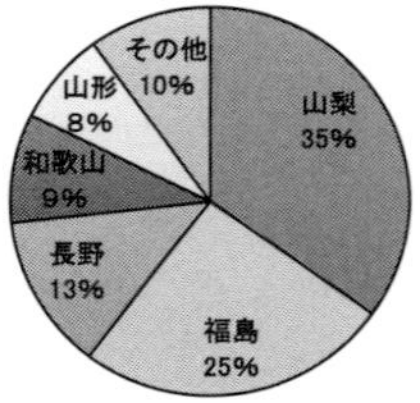

ももといえば「桃《もも》太郎」で有名な岡山県のイメージがあります。以前は生産１位でしたが現在は工業化が進み，第１位は（11　　　　　）県となっています。笛吹市は日本有数のもも・ぶどうの産地です。

統計から情報を適切に調べてまとめよう

解答 A

❶ お茶の生産（2017年）

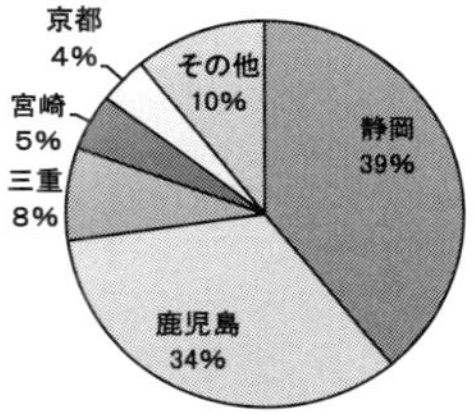

お茶の生産は（1 **静岡**　　）県と鹿児島県で全体の約４分の３を占めています。特に静岡県の（2 **牧之原**　　）台地は日本一の生産地になっています。緑茶，烏龍茶《うーろんちゃ》，紅茶はすべて同じお茶の葉でつくられます。

❷ いちごの生産（2017年）

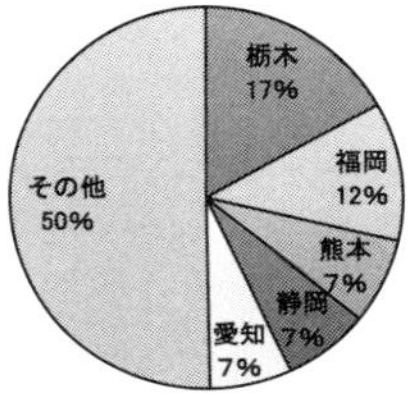

いちごの生産の１位は（3 **栃木**　）県で「とちおとめ」などのブランドが有名です。栃木県では全域的に栽培されています。２位の（4 **福岡**　　）県は「あまおう」などのブランドが有名です。

❸ うめの生産（2017年）

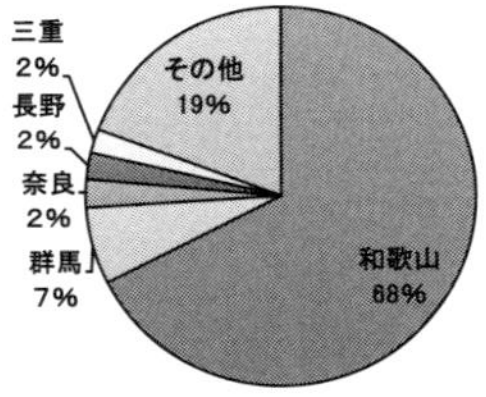

うめの生産は約７割が（5 **和歌山**）県です。ここでは江戸時代はじめに紀州藩が梅栽培を広げたと言われています。特に「南高梅」と呼ばれる品種が最高級品として親しまれています。

❹ メロンの生産（2017年）

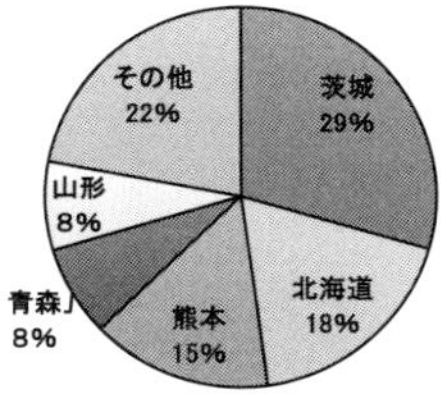

メロンの生産の１位は（6 **茨城**　）県です。「アンデスメロン」「イバラキング」などの品種が有名です。北海道では（7 **夕張**　　）メロンが全国的に有名で初せりの際には数百万円を記録します。

❺ 柿の生産（2017年）

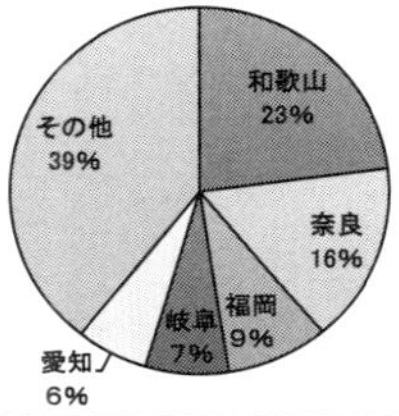

柿の生産の１位は（8 **和歌山**　）県で２位が奈良県です。柿は温暖な地方でないと甘く育たないため東北や北海道は渋柿《しぶがき》がごく少数出荷されているだけです。渋柿は防腐剤として利用されます。

❻ さくらんぼの生産（2017年）

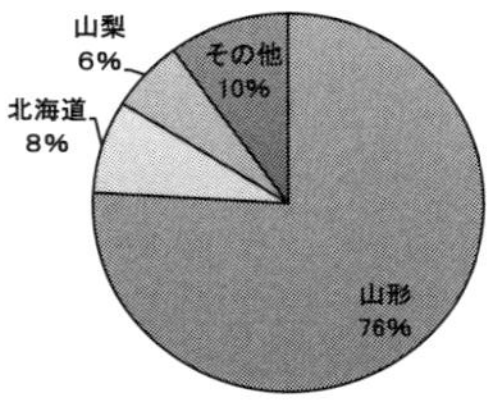

さくらんぼの生産は（9 **山形**　）県が圧倒的なシェアを占めています。明治時代に北海道から広まりました。山形県の中でも特に東根市が有数の産地になっており，「佐藤錦《さとうにしき》」というブランドが有名です。

❼ みかんの生産（2017年）

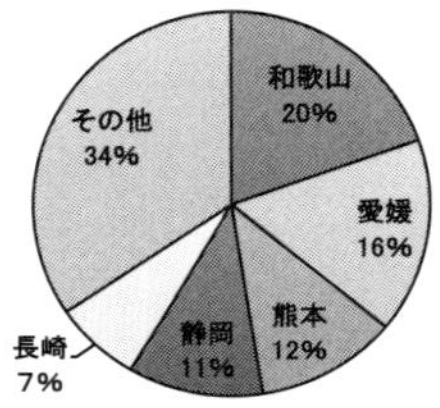

みかん生産の１位は（10 **和歌山**）県で「有田みかん」が有名です。２位の愛媛県は長きにわたり１位でしたが，近年は「いよかん」，「デコポン」などのみかん以外の柑橘類《かんきつるい》に力を入れています。

❽ ももの生産（2017年）

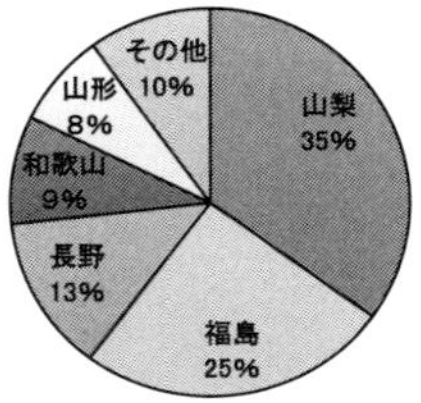

ももといえば「桃《もも》太郎」で有名な岡山県のイメージがあります。以前は生産１位でしたが現在は工業化が進み，第１位は（11 **山梨**　　）県となっています。笛吹市は日本有数のもも・ぶどうの産地です。

5年社会科ワークNo.24（統計④）

都道府県別統計(果物・畜産)まるわかりワーク

統計から情報を適切に調べてまとめよう

名前

❶ りんごの生産（2017年）

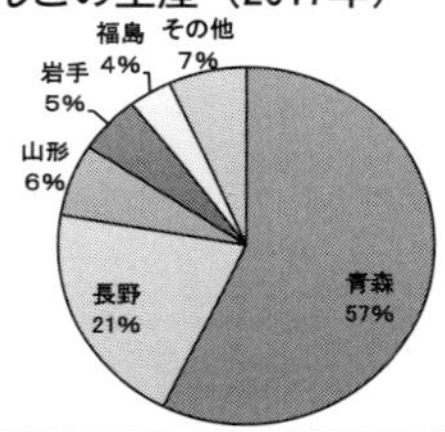

りんごの生産は（1　　　　）県が半数以上を占めています。２位が長野県で両県で全体の約（2　　）割にもなります。りんごが日本に入ってきたのは明治時代になってからで，青森では３本の苗から始まりました。

❷ 菊の生産（2017年）

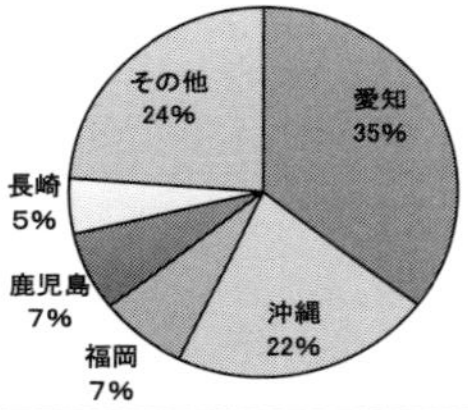

菊《きく》の生産の１位は（3　　　　）県で，２位が（4　　　　）県です。菊は日照時間が短くなると開花します。ビニールハウスに電灯をつけて開花時期を遅らせて栽培する（5　　　　　　）菊がさかんです。

❸ パンジーの生産（2017年）

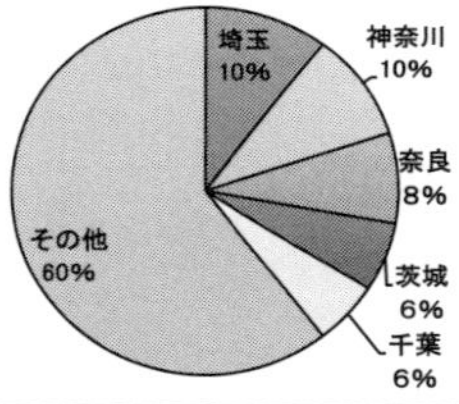

パンジーの生産は（6　　　　　）周辺の県に集中しています。パンジーのような花は大都市で多く売れるために近郊《きんこう》農業《のうぎょう》がさかんになります。品種改良が進み，現在では夏以外はいつでも開花しています。

❹ 洋蘭の生産（2017年）

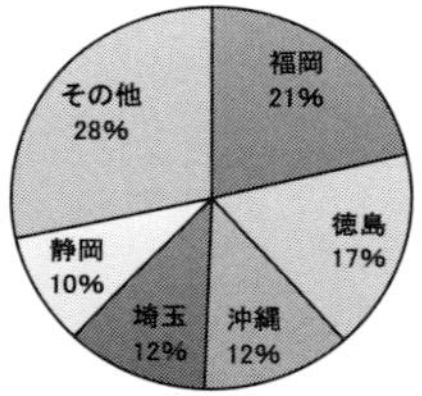

洋蘭《ようらん》の生産第１位は（7　　　　　　）県です。その多くは胡蝶蘭《こちょうらん》と呼ばれる品種で祝花として多く流通しています。もともとは熱帯地方の花で幼い苗を輸入して，開花まで人口栽培しています。

❺ ブロイラーの飼育羽数（2018年）

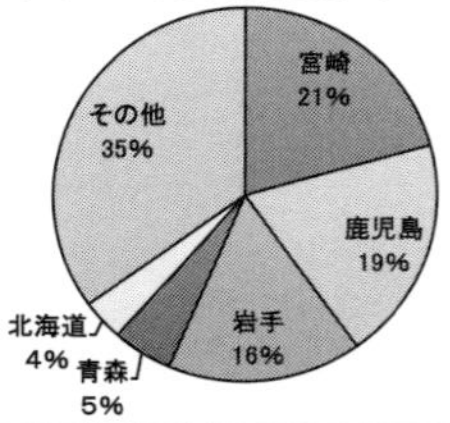

ブロイラーは通常の鳥より短期間で育つように改良された若鶏《わかどり》の総称《そうしょう》です。生産量全体の３分の１は（8　　　　）地方です。他に「地鶏」や「銘柄鶏《めいがらどり》」がありますがブロイラーが90%を占めます。

❻ 豚の飼育頭数（2018年）

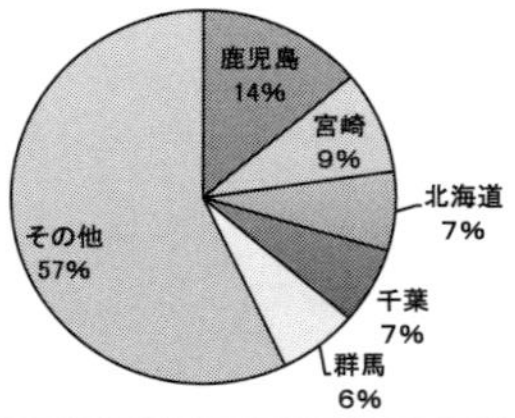

豚《ぶた》の飼育頭数は１位が（9　　　　）県，２位が（10　　　）県で全体の約４分の１を（11　　　）地方が占めています。鶏や豚，肉牛などのえさは濃厚《のうこう》飼《し》料《りょう》と呼ばれ約９割を輸入に頼っています。

❼ 肉牛の飼育頭数（2018年）

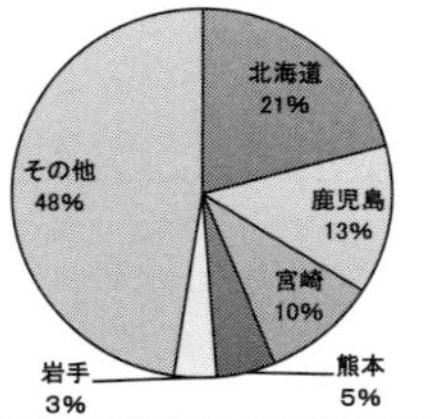

肉牛飼育頭数の１位は（12　　　　）で２位が（13　　　　）県です。牛は冷涼《れいりょう》な気候を好むので北海道や鹿児島県，宮崎県，熊本県のシラス台地で飼育されています。しかし輸入も多く自給率は40%程度です。

❽ 乳牛の飼育頭数（2018年）

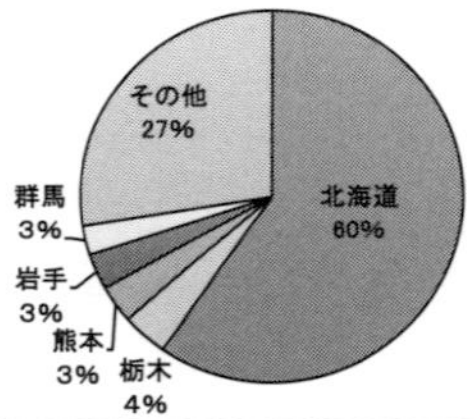

乳牛の飼育頭数の全体の６割が（14　　　）です。牧草地が広いことと夏でも冷涼な気候で家畜の飼育に適しているからです。乳がよく出るホルスタイン種が飼育されています。

5年社会科ワークNo.24（統計④）
都道府県別統計（果物・畜産）まるわかりワーク

統計から情報を適切に調べてまとめよう

解答 A

❶ りんごの生産（2017年）

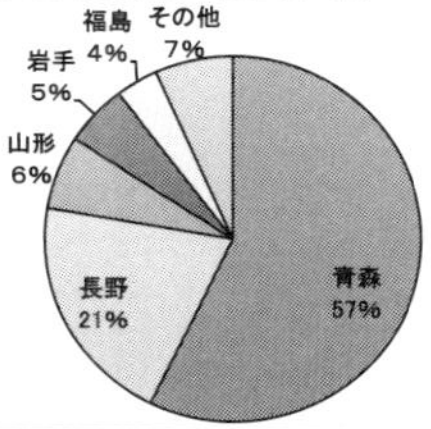

りんごの生産は（1 **青森** ）県が半数以上を占めています。２位が長野県で両県で全体の約（２ **８** ）割にもなります。りんごが日本に入ってきたのは明治時代になってからで，青森では３本の苗から始まりました。

❷ 菊の生産（2017年）

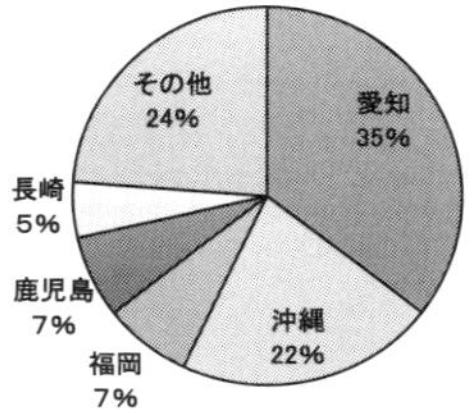

菊《きく》の生産の１位は（3 **愛知** ）県で，２位が（4 **沖縄** ）県です。菊は日照時間が短くなると開花します。ビニールハウスに電灯をつけて開花時期を遅らせて栽培する（5 **電照** ）菊がさかんです。

❸ パンジーの生産（2017年）

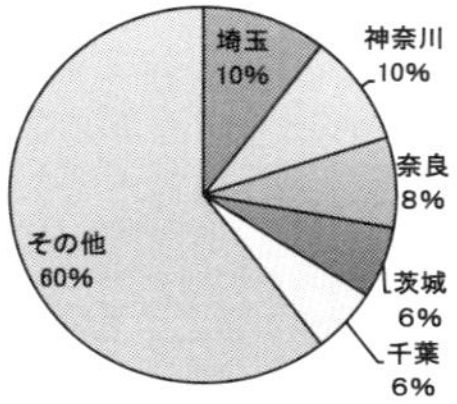

パンジーの生産は（6 **東京** ）周辺の県に集中しています。パンジーのような花は大都市で多く売れるために近郊《きんこう》農業《のうぎょう》がさかんになります。品種改良が進み，現在では夏以外はいつでも開花しています。

❹ 洋蘭の生産（2017年）

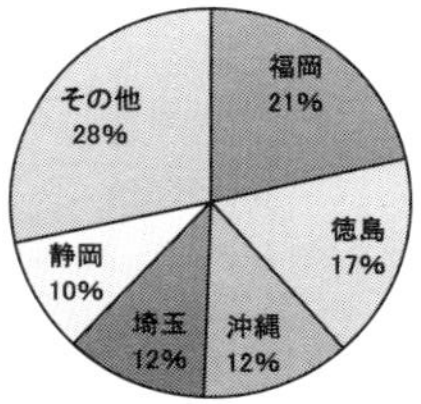

洋蘭《ようらん》の生産第１位は（7 **福岡** ）県です。その多くは胡蝶蘭《こちょうらん》と呼ばれる品種で祝花として多く流通しています。もともとは熱帯地方の花で幼い苗を輸入して，開花まで人口栽培しています。

❺ ブロイラーの飼育羽数（2018年）

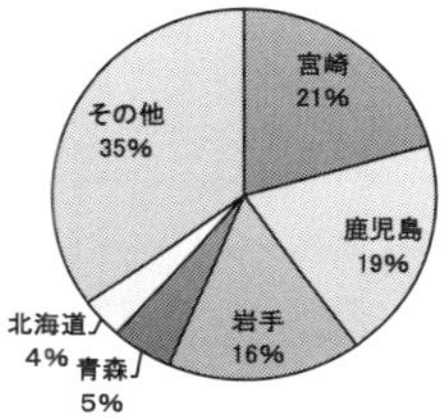

ブロイラーは通常の鳥より短期間で育つように改良された若鶏《わかどり》の総称《そうしょう》です。生産量全体の３分の１は（8 **九州** ）地方です。他に「地鶏」や「銘柄鶏《めいがらどり》」がありますがブロイラーが90%を占めます。

❻ 豚の飼育頭数（2018年）

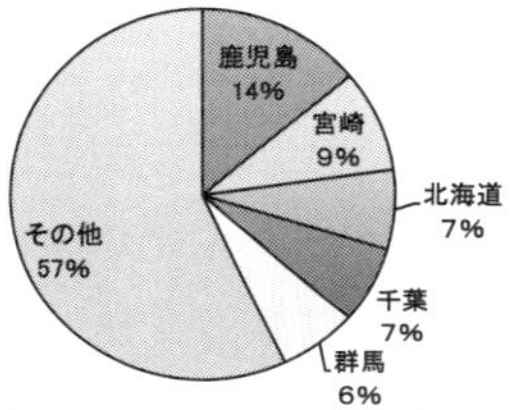

豚《ぶた》の飼育頭数は１位が（9 **鹿児島**）県，２位が（10 **宮崎**）県で全体の約４分の１を（11 **九州**）地方が占めています。鶏や豚，肉牛などのえさは濃厚《のうこう》飼《し》料《りょう》と呼ばれ約９割を輸入に頼っています。

❼ 肉牛の飼育頭数（2018年）

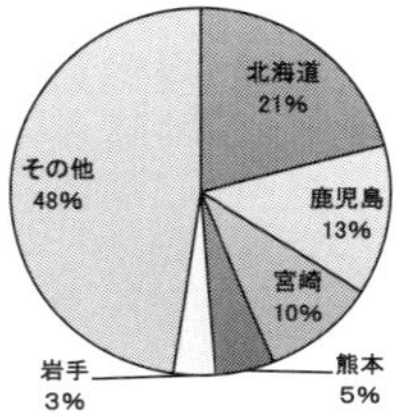

肉牛飼育頭数の１位は（12 **北海道**）で２位が（13 **鹿児島**）県です。牛は冷涼《れいりょう》な気候を好むので北海道や鹿児島県，宮崎県，熊本県のシラス台地で飼育されています。しかし輸入も多く自給率は40%程度です。

❽ 乳牛の飼育頭数（2018年）

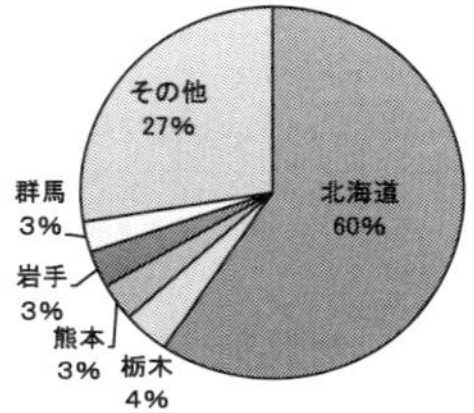

乳牛の飼育頭数の全体の６割が（14 **北海道**）です。牧草地が広いことと夏でも冷涼な気候で家畜の飼育に適しているからです。乳がよく出るホルスタイン種が飼育されています。

5年社会科ワークNo.25（統計⑤）

都道府県別統計(魚介類)まるわかりワーク

統計から情報を適切に調べてまとめよう

名前

❶ 漁業生産量（2016年）

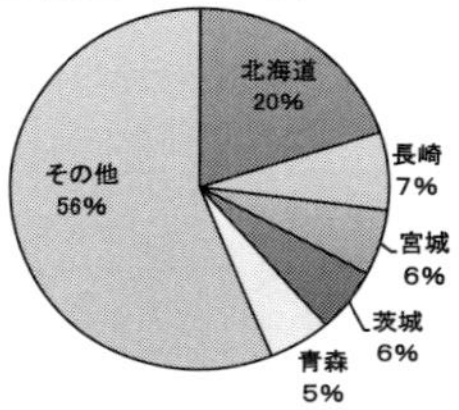

全国の漁業生産量の１位は北海道で宮城，茨城，青森など太平洋の好漁場，（1　　　　）付近の都道府県が中心となっています。長崎県は北海道についで海岸線が長く複雑な地形から好漁場になっています。

❷ いかの漁獲量（2016年）

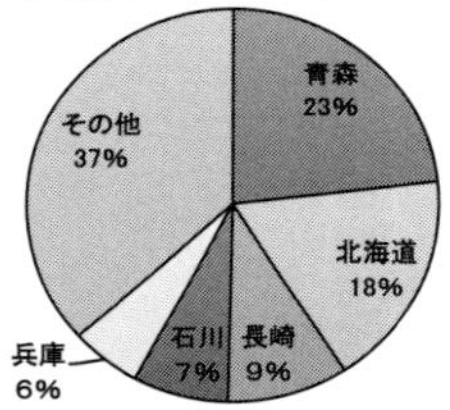

いかの漁獲量の１位は（2　　　　），次いで北海道となっています。
石川県や兵庫県でも漁獲量が高く，（3　　　　）側でのいか漁がさかんです。いかにはアオリイカ，ヤリイカ，ホタルイカなどがあります。

❸ かつおの漁獲量（2016年）

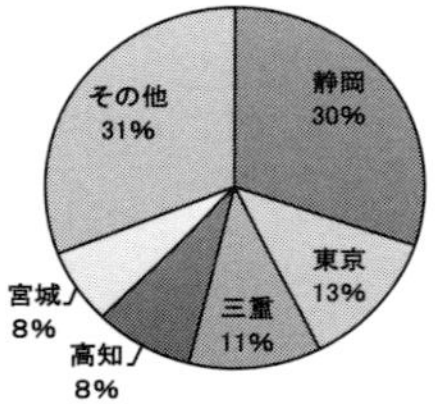

かつおの漁獲量の１位は（4　　　）県です。かつおは回遊魚で日本近海の太平洋を春に黒潮にのって北上し，秋にＵターンをして戻ります。静岡でも（5　　　　　）港はかつおの水あげ量日本一です。

❹ さんまの漁獲量（2016年）

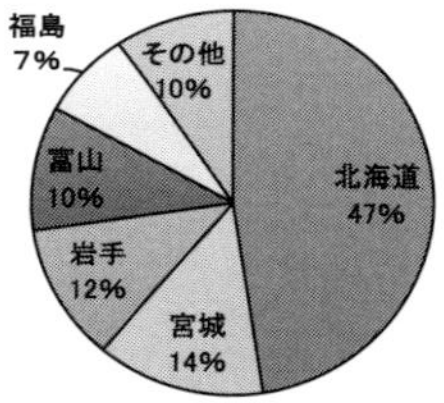

さんまの漁獲量１位は（6　　　　）で全体の約半分を占めています。さんまは回遊魚で８月ごろから太平洋の公海から根室沖，秋にかけて千葉沖まで南下しますが中国や台湾の乱獲で量が減っています。

❺ まいわしの漁獲量（2016年）

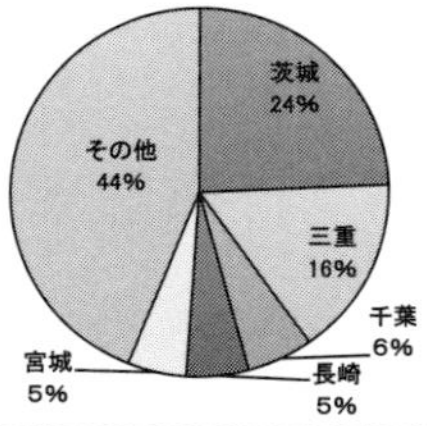

まいわしは秋ごろになると黒潮域への南下を始めます。漁獲高の１位は，（7　　　　）県で，続いて三重県，千葉県と続きます。日本では伝統的に食されていて，大衆魚として親しまれています。

❻ まぐろの漁獲量（2016年）

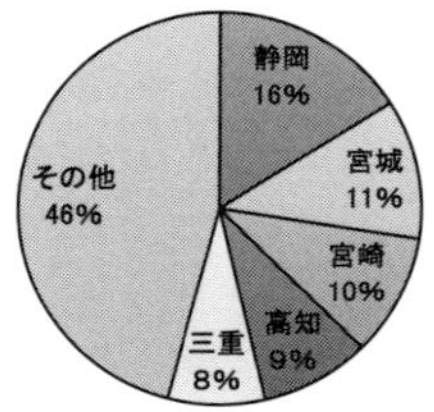

まぐろの漁獲１位は（8　　　）県です。特に遠洋漁業の基地である（9　　　）港はまぐろの水あげ第１位の港です。まぐろ漁船は1年以上かけてまぐろを釣りあげ冷凍して港に戻ってきます。

❼ かきの養殖（2016年）

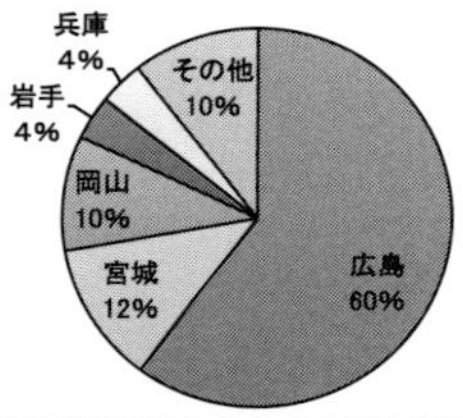

かきの養殖《ようしょく》の１位は（10　　　）県で半数以上を占めています。広島湾《わん》には多くの河川が流れ込み，多くの島々や岬《みさき》が閉鎖的《へいさてき》であるために餌《えさ》となるプランクトンが豊富です。

❽ ほたてがいの養殖（2016年）

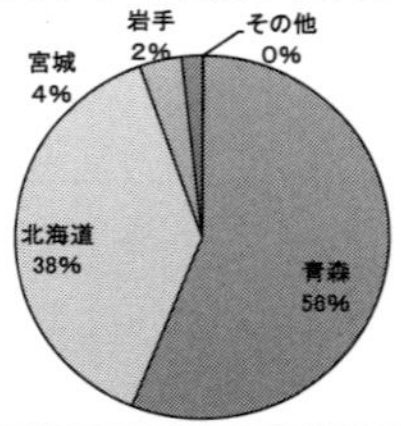

ほたてがいの養殖は（11　　　　）県と（12　　　　）で２分しています。養殖はほたてをロープで吊るし２～３年間成長させる垂下式《すいかしき》です。稚貝《ちがい》をまいて４年間自然に育てる地まきの栽培漁業もあります。

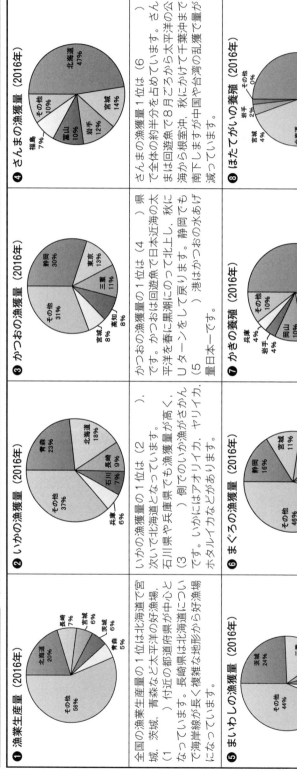

統計から情報を適切に調べてまとめよう

解答 A

❶ 漁業生産量（2016年）

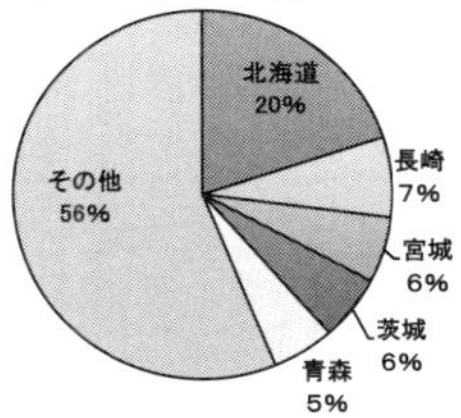

全国の漁業生産量の１位は北海道で宮城，茨城，青森など太平洋の好漁場，（1 **三陸沖**）付近の都道府県が中心となっています。長崎県は北海道についで海岸線が長く複雑な地形から好漁場になっています。

❷ いかの漁獲量（2016年）

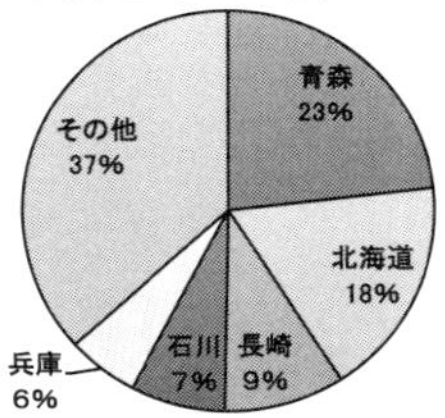

いかの漁獲量の１位は（2 **青森**　），次いで北海道となっています。石川県や兵庫県でも漁獲量が高く，（3 **日本海**　）側でのいか漁がさかんです。いかにはアオリイカ，ヤリイカ，ホタルイカなどがあります。

❸ かつおの漁獲量（2016年）

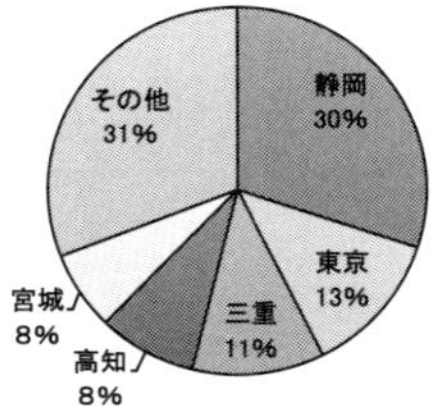

かつおの漁獲量の１位は（4 **静岡**）県です。かつおは回遊魚で日本近海の太平洋を春に黒潮にのって北上し，秋にＵターンをして戻ります。静岡でも（5 **焼津**　　　）港はかつおの水あげ量日本一です。

❹ さんまの漁獲量（2016年）

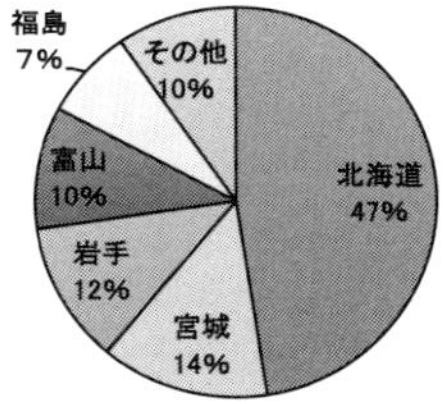

さんまの漁獲量１位は（6 **北海道**　）で全体の約半分を占めています。さんまは回遊魚で８月ごろから太平洋の公海から根室沖，秋にかけて千葉沖まで南下しますが中国や台湾の乱獲で量が減っています。

❺ まいわしの漁獲量（2016年）

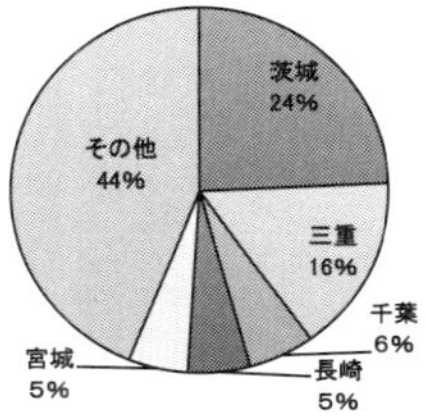

まいわしは秋ごろになると黒潮域への南下を始めます。漁獲高の１位は，（7 **茨城**　　）県で，続いて三重県，千葉県と続きます。日本では伝統的に食されていて，大衆魚として親しまれています。

❻ まぐろの漁獲量（2016年）

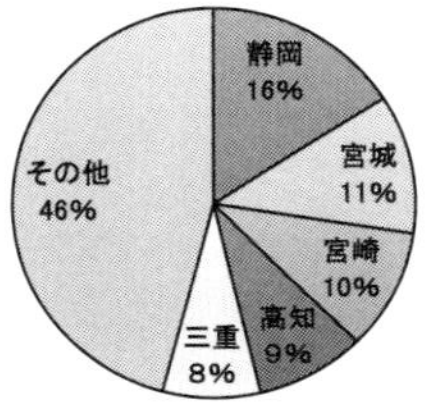

まぐろの漁獲１位は（8 **静岡**）県です。特に遠洋漁業の基地である（9 **焼津**）港はまぐろの水あげ第１位の港です。まぐろ漁船は1年以上かけてまぐろを釣りあげ冷凍して港に戻ってきます。

❼ かきの養殖（2016年）

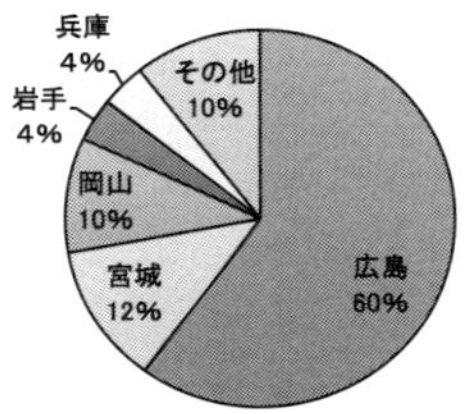

かきの養殖《ようしょく》の１位は（10 **広島**）県で半数以上を占めています。広島湾《わん》には多くの河川が流れ込み，多くの島々や岬《みさき》が閉鎖的《へいさてき》であるために餌《えさ》となるプランクトンが豊富です。

❽ ほたてがいの養殖（2016年）

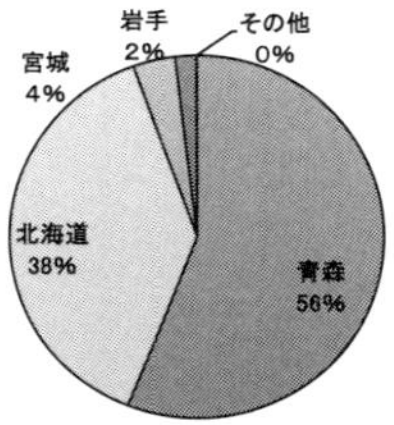

ほたてがいの養殖は（11 **青森**　）県と（12 **北海道**　）で２分しています。養殖はほたてをロープで吊るし２～３年間成長させる垂下式《すいかしき》です。稚貝《ちがい》をまいて４年間自然に育てる地まきの栽培漁業もあります。

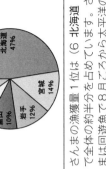

5年社会科ワークNo.26（統計⑥）
都道府県別統計(工業)まるわかりワーク

統計から情報を適切に調べてまとめよう

名前

❶ 森林率（2017年）

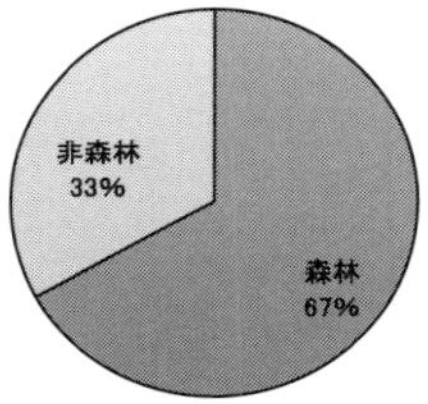

日本の森林は約2,510万 ha あります。国土面積に占めている森林面積は約（1　　　）%で先進国の中ではフィンランド，スウェーデンに次いで3位となっています。アメリカは33.2%です。

❷ 人工林率（2017年）

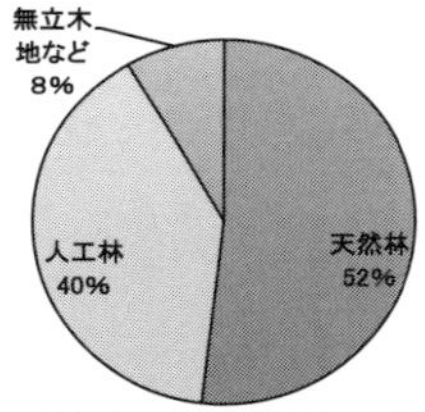

日本の国土面積は3,779万 ha で森林は約2,510万 ha ありそのうち約5割の約1,300万 ha が（2　　　　　），1,000万 ha が（3　　　　　）で，残りが無立木地《むりゅうぼくち》や竹林です。

❸ 原木の生産（2016年）

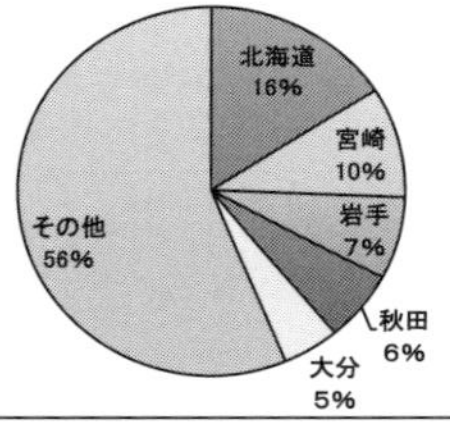

原木とは木材製品に加工する前の原料，材料となるもとの木であり生産の1位は（4　　　　）です。北海道ではカラマツが多く植林されていますが，全国的には（5　　　　）が多く植林され使われています。

❹ 工業出荷額（2016年）

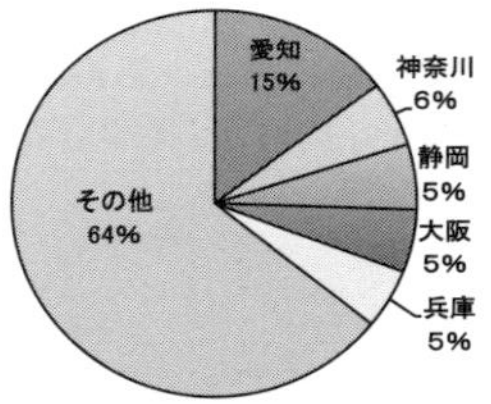

工業出荷額の第1位は（6　　　　）県です。これは日本を代表する工業である（7　　　　）産業が発達しているためと言えます。2位以降も太平洋岸にそった都市が中心で（8　　　　）と呼んでいます。

❺ 自動車の生産（2016年）

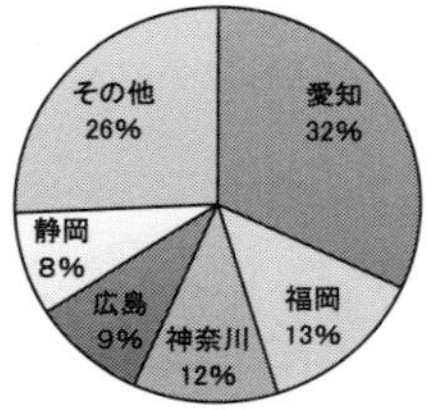

自動車産業といえばトヨタ自動車のある（9　　）県が第1位で（10　　）市が有名です。福岡県や神奈川県には日産の工場，広島県にはマツダの工場，静岡県にはヤマハやスズキの工場があります。

❻ 石油・石炭製品の生産（2016年）

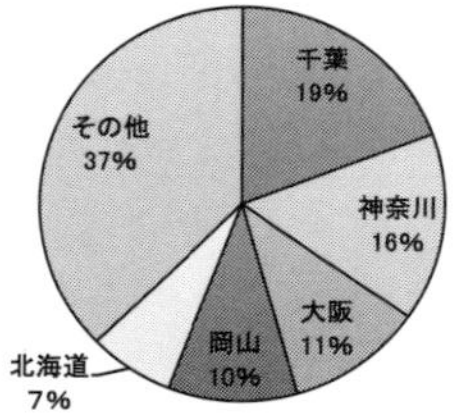

石油製品とは輸入した原油を精製して石油やガソリンを，石炭製品は石炭を加工してコークスや練炭などをつくるものです。1位は（11　　　　）県で，（12　　　　）工業地域を形成しています。

❼ 集積回路の生産（2016年）

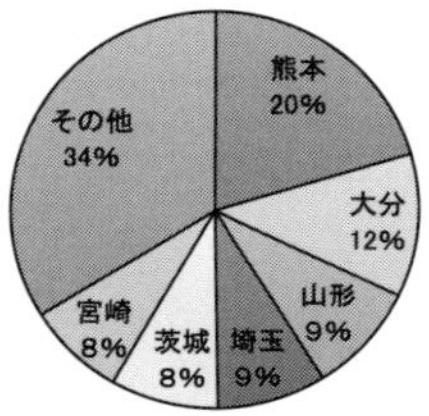

集積回路はICとも言われシリコンなどの半導体チップ上に電子部品をまとめたものです。グラフからわかるように（13　　　　）地方がさかんでシリコンアイランドとも呼ばれています。

❽ 鉄鋼の生産（2016年）

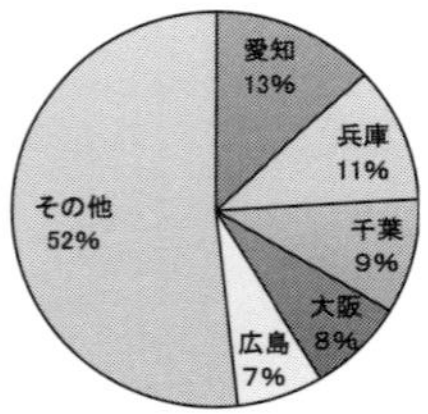

鉄鋼《てっこう》は様々な鉄製品のもととなる鋼鉄であり（14　　　　）県など自動車産業がさかんな地域で多く生産されています。「産業の米」とも言われ，重工業を代表する基幹産業の一つです。

統計から情報を適切に調べてまとめよう

解答A

❶ 森林率（2017年）

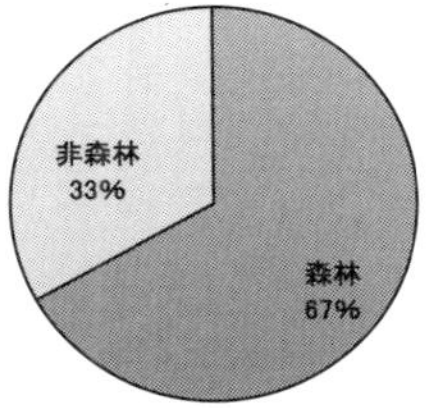

日本の森林は約2,510万 ha あります。国土面積に占めている森林面積は約（1 **67**　　）%で先進国の中ではフィンランド，スウェーデンに次いで3位となっています。アメリカは33.2%です。

❷ 人工林率（2017年）

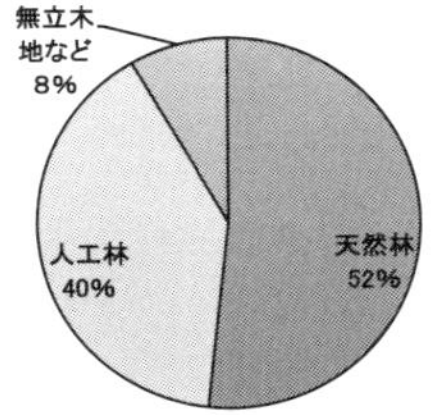

日本の国土面積は3,779万 ha で森林は約2,510万 ha ありそのうち約5割の約1,300万 ha が（2 **天然林**　　），1,000万 ha が（3 **人工林**　　）で，残りが無《む》立木《りゅうぼく》地《ち》や竹林です。

❸ 原木の生産（2016年）

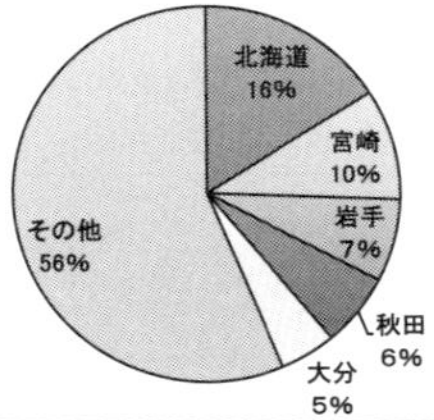

原木とは木材製品に加工する前の原料，材料となるもとの木であり生産の1位は（4 **北海道**　　）です。北海道ではカラマツが多く植林されていますが，全国的には（5 **スギ**　　）が多く植林され使われています。

❹ 工業出荷額（2016年）

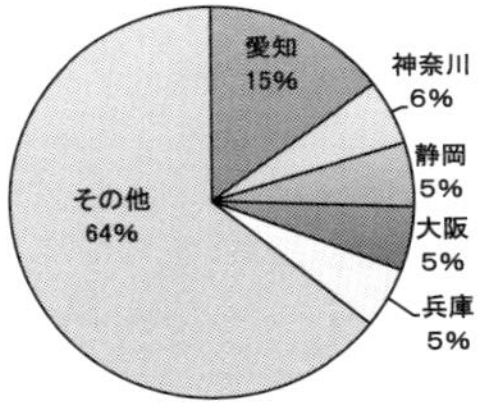

工業出荷額の第1位は（6 **愛知**　）県です。これは日本を代表する工業である（7 **自動車**　）産業が発達しているためと言えます。2位以降も太平洋岸にそった都市が中心で（8 **太平洋ベルト**　　）と呼んでいます。

❺ 自動車の生産（2016年）

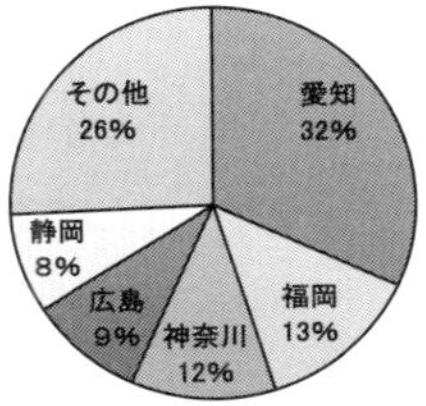

自動車産業といえばトヨタ自動車のある（9 **愛知**）県が第1位で（10 **豊田**）市が有名です。福岡県や神奈川県には日産の工場，広島県にはマツダの工場，静岡県にはヤマハやスズキの工場があります。

❻ 石油・石炭製品の生産（2016年）

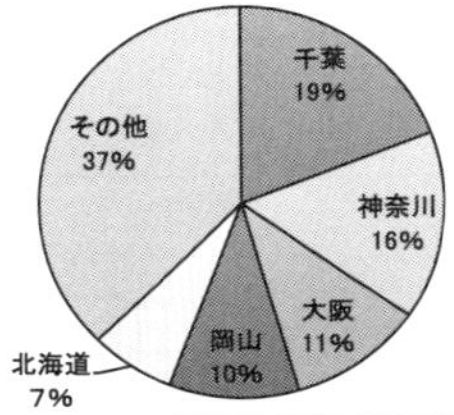

石油製品とは輸入した原油を精製して石油やガソリンを，石炭製品は石炭を加工してコークスや練炭などをつくるものです。1位は（11 **千葉**　　）県で，（12 **京葉**　　）工業地域を形成しています。

❼ 集積回路の生産（2016年）

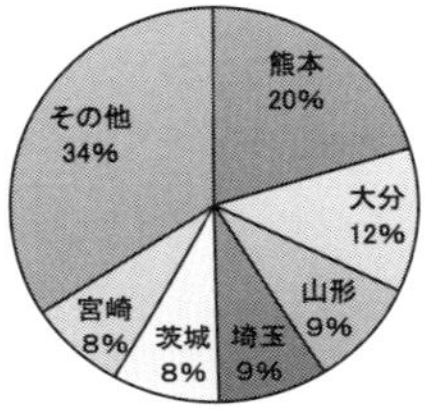

集積回路は IC とも言われシリコンなどの半導体チップ上に電子部品をまとめたものです。グラフからわかるように（13 **九州**　　）地方がさかんでシリコンアイランドとも呼ばれています。

❽ 鉄鋼の生産（2016年）

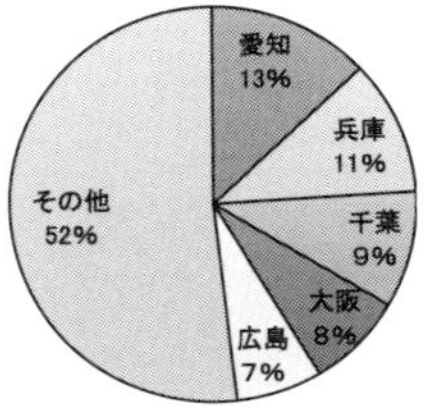

鉄鋼《てっこう》は様々な鉄製品のもととなる鋼鉄であり（14 **愛知**　　）県など自動車産業がさかんな地域で多く生産されています。「産業の米」とも言われ，重工業を代表する基幹産業の一つです。

5年社会科ワークNo.27（統計⑦）

輸入先(食料品)統計まるわかりワーク

統計から情報を適切に調べてまとめよう

名前

❶ 日本の輸入先（2017年）

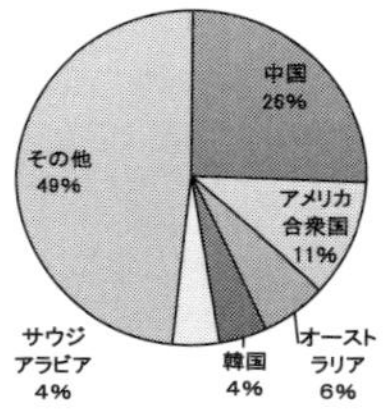

日本の貿易の輸入先は2002年まではアメリカがトップでしたが，その後は，（1　　　　）がトップを継続《けいぞく》しています。労働賃金《ちんぎん》の安い中国に工場を建てて現地にて製造する方法が増えているからです。

❷ 小麦の輸入先（2017年）

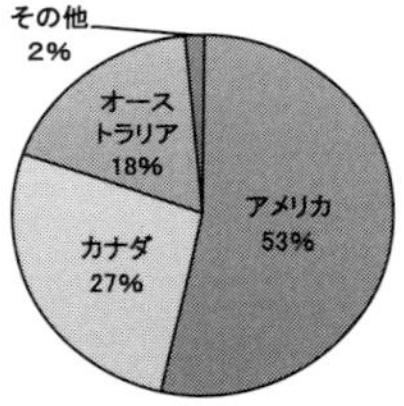

小麦の国内生産は13.2%で，86.8%を輸入に頼っています。その約半分が（2　　　　　）からの輸入です。パンや麺，お菓子などに使われています。ばら積み船に大量の小麦をそのまま積んで運びます。

❸ とうもろこし輸入先（2017年）

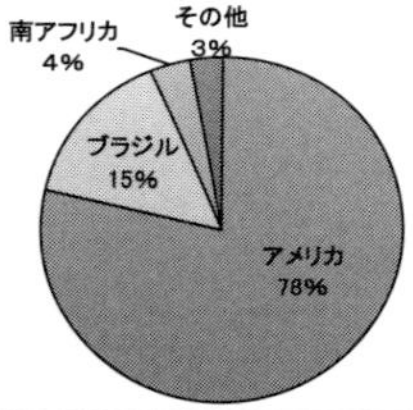

とうもろこしの国内生産はわずか0.001%でほぼ100%を輸入に頼っています。その８割が（3　　　　　）です。輸入の７割が（4　　　　　）のえさとなり，その他が，お菓子やお酒などに使われます。

❹ 大豆の輸入先（2017年）

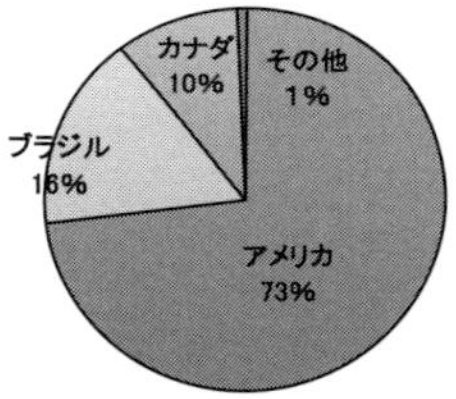

大豆の国内生産は7.3%で，残りを輸入に頼っています。
そのうち，（5　　　）%をアメリカに頼っています。豆腐や味噌など伝統食である大豆ですが飼料や食用油の原料として多く使われています。

❺ 牛肉の輸入先（2017年）

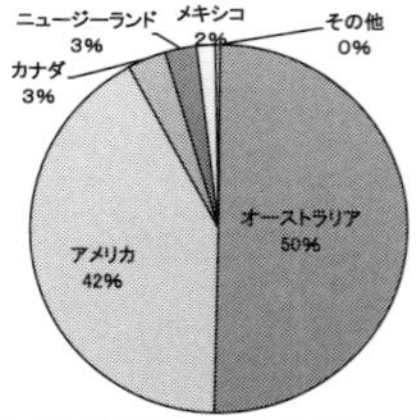

牛肉の国内生産は36.6%で約６割を輸入に頼っています。そのうち半分は（6　　　　　）でもう半分弱が（7　　　　）です。オーストラリア産は牧草で，アメリカ産は穀物《こくもつ》で育てられています。

❻ エビの輸入先（2017年）

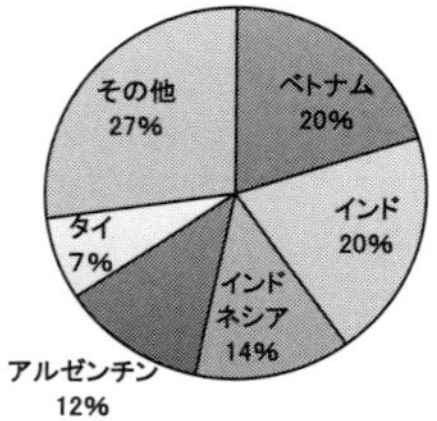

エビの国内漁獲量は8.7%で，９割を，（8　　　　）に頼っています。そのほとんどが（9　　）アジアの国々です。エビは（10　　　）がさかんですが施設造成のための自然破壊が問題になっています。

❼ まぐろ類の輸入先（2017年）

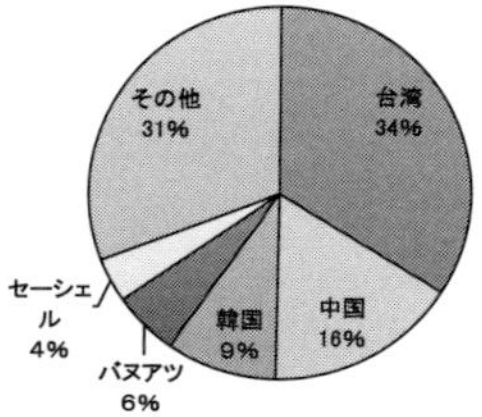

まぐろ類の国内漁獲の割合は全体の約45%で多くは静岡県の（11　　）港で水あげされます。（12　　）や中国で水あげされたまぐろは冷凍まぐろとして静岡県の清水港に入ります。

❽ コーヒー豆の輸入先（2017年）

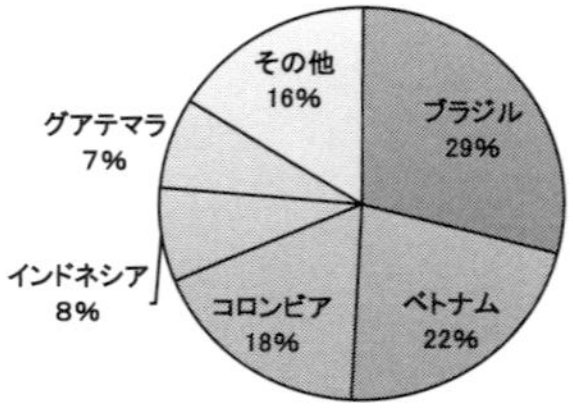

コーヒー豆は日本ではほとんど生産されていません。ほぼ全てを外国からの輸入に頼っています。
上位は（13　　　　），ベトナム，コロンビアと（14　　）付近の国々になっています。

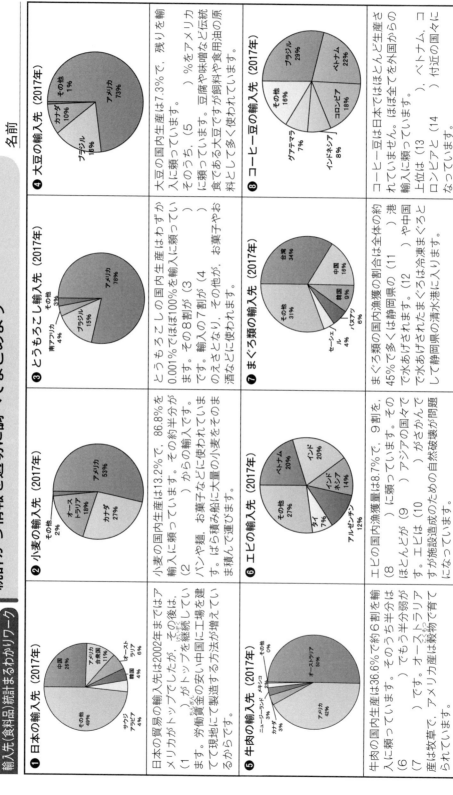

統計から情報を適切に調べてまとめよう

解答A

❶ 日本の輸入先（2017年）

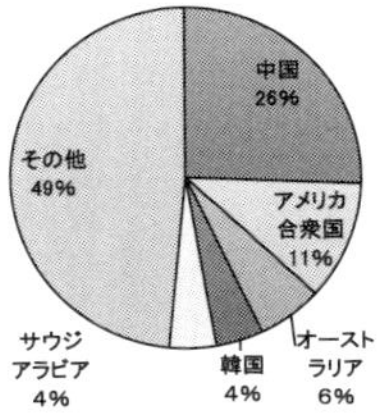

日本の貿易の輸入先は2002年まではアメリカがトップでしたが，その後は，（1 **中国**　）がトップを継続《けいぞく》しています。労働賃金《ちんぎん》の安い中国に工場を建てて現地にて製造する方法が増えているからです。

❷ 小麦の輸入先（2017年）

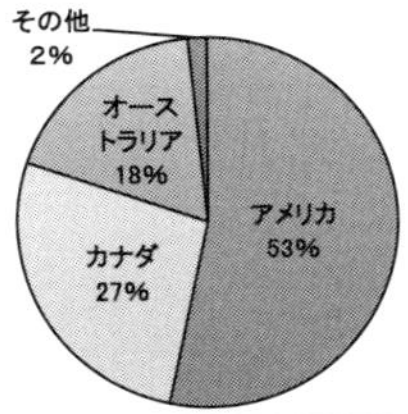

小麦の国内生産は13.2%で，86.8%を輸入に頼っています。その約半分が（2 **アメリカ**　）からの輸入です。パンや麺，お菓子などに使われています。ばら積み船に大量の小麦をそのまま積んで運びます。

❸ とうもろこし輸入先（2017年）

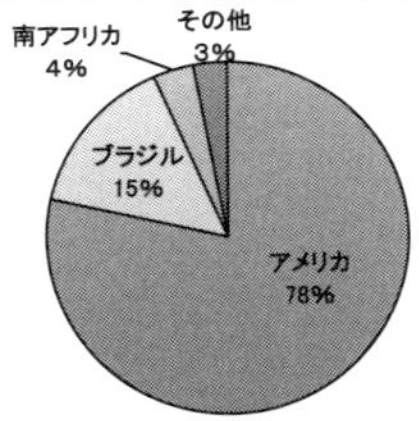

とうもろこしの国内生産はわずか0.001%でほぼ100%を輸入に頼っています。その８割が（3 **アメリカ**　）です。輸入の７割が（4 **家畜**　）のえさとなり，その他が，お菓子やお酒などに使われます。

❹ 大豆の輸入先（2017年）

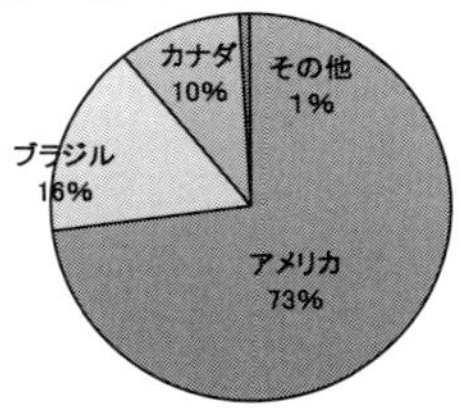

大豆の国内生産は7.3%で，残りを輸入に頼っています。
そのうち，（5 **73**　）%をアメリカに頼っています。豆腐や味噌など伝統食である大豆ですが飼料や食用油の原料として多く使われています。

❺ 牛肉の輸入先（2017年）

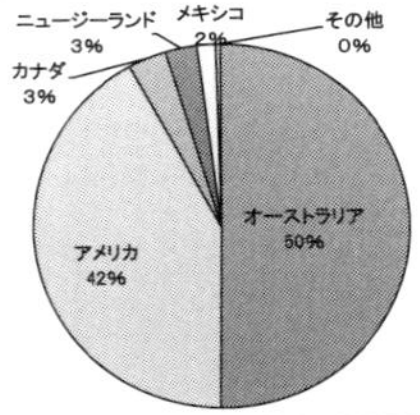

牛肉の国内生産は36.6%で約６割を輸入に頼っています。そのうち半分は（6 **オーストラリア**）でもう半分弱が（7 **アメリカ**）です。オーストラリア産は牧草で，アメリカ産は穀物《こくもつ》で育てられています。

❻ エビの輸入先（2017年）

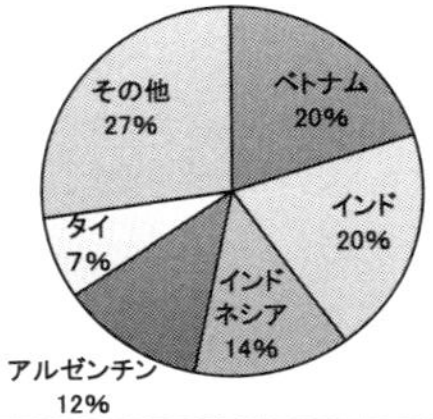

エビの国内漁獲量は8.7%で，９割を，（8 **輸入**　）に頼っています。そのほとんどが（9 **東南**）アジアの国々です。エビは（10 **養殖**　）がさかんですが施設造成のための自然破壊が問題になっています。

❼ まぐろ類の輸入先（2017年）

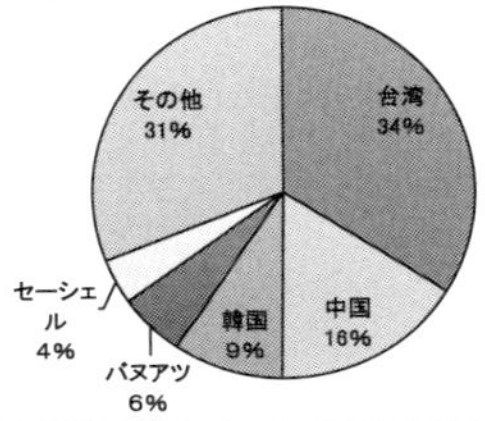

まぐろ類の国内漁獲の割合は全体の約45%で多くは静岡県の（11 **焼津**）港で水あげされます。（12 **台湾**）や中国で水あげされたまぐろは冷凍まぐろとして静岡県の清水港に入ります。

❽ コーヒー豆の輸入先（2017年）

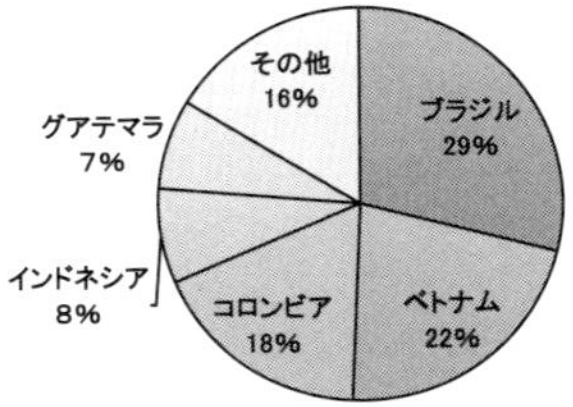

コーヒー豆は日本ではほとんど生産されていません。ほぼ全てを外国からの輸入に頼っています。
上位は（13 **ブラジル**），ベトナム，コロンビアと（14 **赤道**）付近の国々になっています。

統計から情報を適切に調べてまとめよう

名前

❶ 綿花の輸入先（2015年）

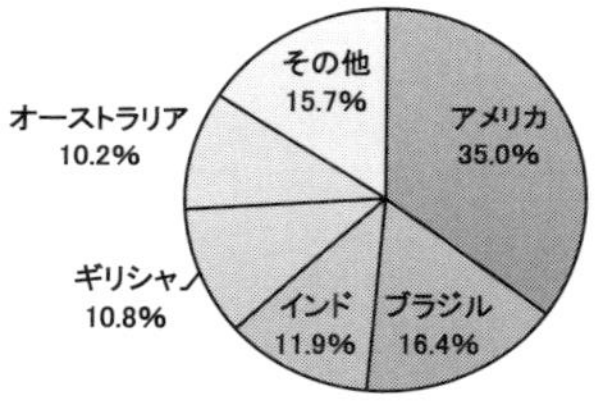

綿花はわたの原料です。かつては輸出世界一のこともありましたが，現在は安い外国産に負け日本ではほとんど生産されていません。
全体の３割を（1　　　　）に頼っています。

❷ 羊毛の輸入先（2015年）

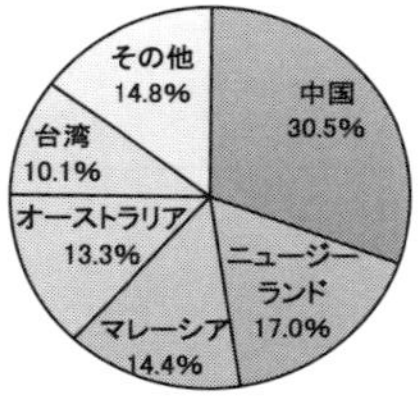

羊毛のほとんどを輸入に頼っています。かつては日本でも生産されていましたが海外の安価な羊毛が主流です。第１位は（2　　　）で，オーストラリアは（3　　　）となっています。

❸ 丸太の輸入先（2017年）

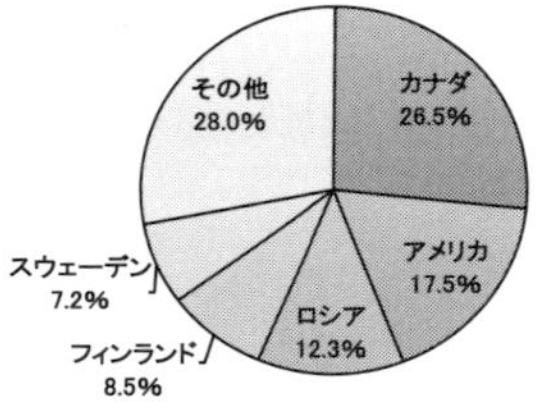

丸太の国内自給は80.9%と高水準ですが，製品として加工されての輸入を含むと木材自給率は36.1%です。国土の広い（4　　　　）やフィンランドなど（5　　　　）の国から輸入しています。

❹ 天然ゴムの輸入先（2017年）

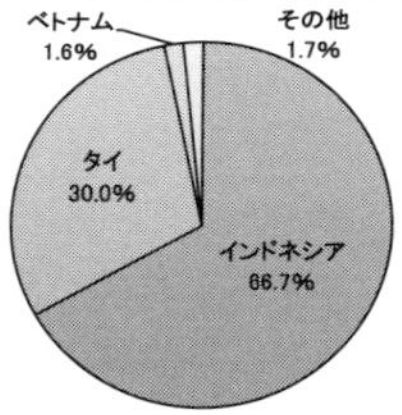

天然ゴムは年中高温多湿の気候の中で育ちます。そのため国産ゴムはありません。100%輸入に頼っていますが１位は（6　　　　　），２位（7　　　）で赤道直下の国々です。

❺ 原油の輸入先（2017年）

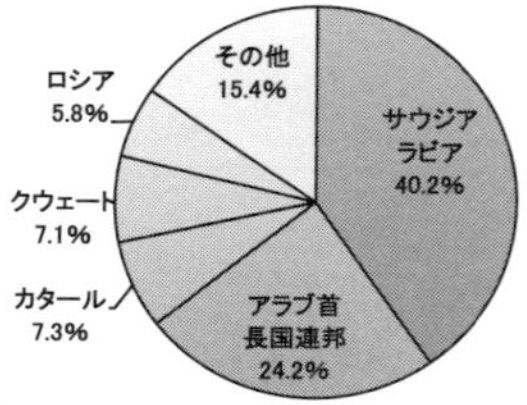

原油は日本では新潟でわずかに産出するだけでほぼ全てを輸入しています。全体の７割近くを中東の（8　　　　）（9　　　　　）が占めています。全体でも８割近くが中東の国々です。

❻ 天然ガスの輸入先（2017年）

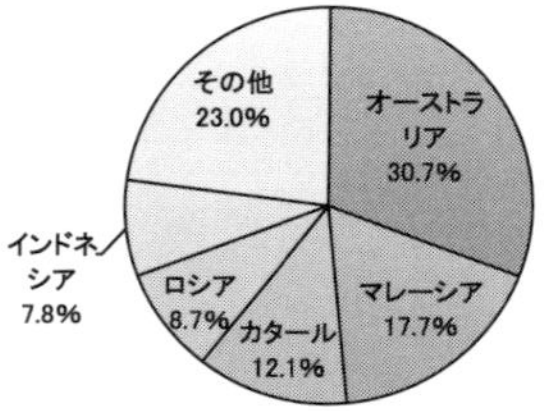

天然ガスは化石燃料の炭化水素ガスです。気体で産出しますが，輸入の際には冷却して液化されます。これをLNGと呼びます。輸入先の第１位は（10　　　　　　）です。

❼ 石炭の輸入先（2017年）

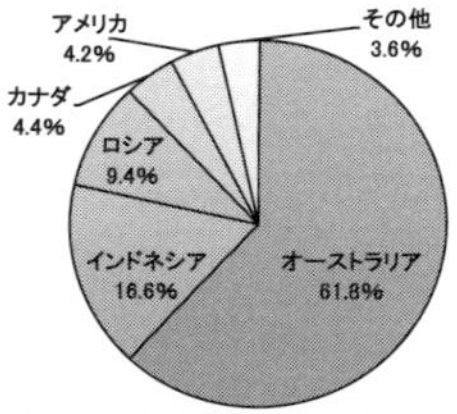

かつては多くの石炭を産出していましたが石油が主力となると石炭産業は衰《すい》退《たい》しました。現在では火力発電の燃料として重要視されています。半分以上を（11　　　　　　）に頼っています。

❽ 鉄鉱石の輸入先（2017年）

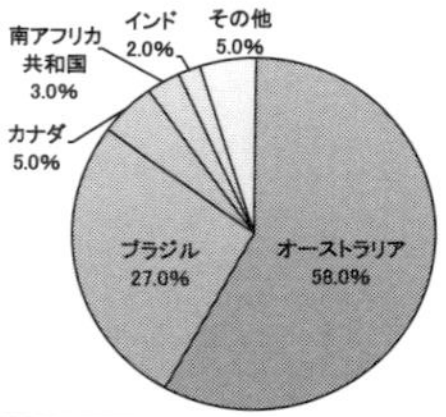

鉄鉱石は鉄の原料になる鉱石です。ほぼすべてを輸入に頼り，オーストラリアと（12　　　　　）で全体の８割を占めます。日本独自の砂鉄から鉄をつくる「たたら製鉄」というものもあります。

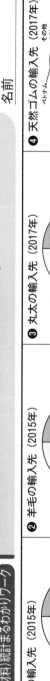

統計から情報を適切に調べてまとめよう

解答 A

❶ 綿花の輸入先（2015年）

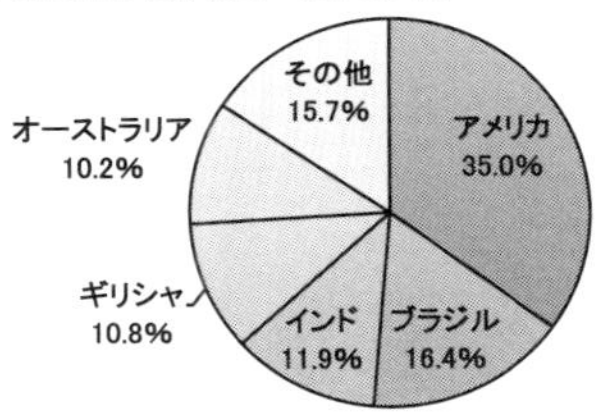

綿花はわたの原料です。かつては輸出世界一のこともありましたが，現在は安い外国産に負け日本ではほとんど生産されていません。
全体の３割を（1 **アメリカ**）に頼っています。

❷ 羊毛の輸入先（2015年）

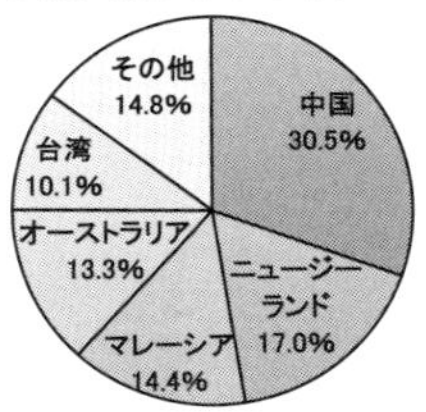

羊毛のほとんどを輸入に頼っています。かつては日本でも生産されていましたが海外の安価な羊毛が主流です。第１位は（2 **中国**　）で，オーストラリアは（3 **4位**　）となっています。

❸ 丸太の輸入先（2017年）

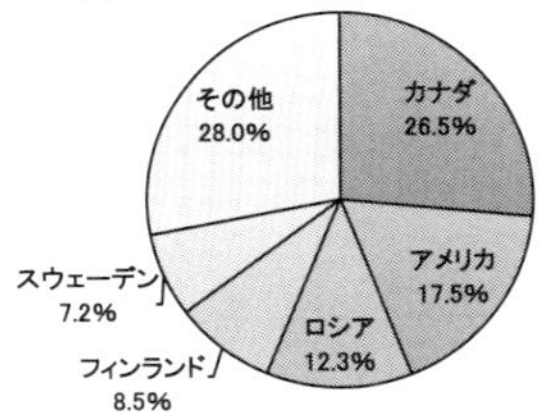

丸太の国内自給は80.9%と高水準ですが，製品として加工されての輸入を含むと木材自給率は36.1%です。国土の広い（4 **カナダ**　　）やフィンランドなど（5 **北欧**　　）の国から輸入しています。

❹ 天然ゴムの輸入先（2017年）

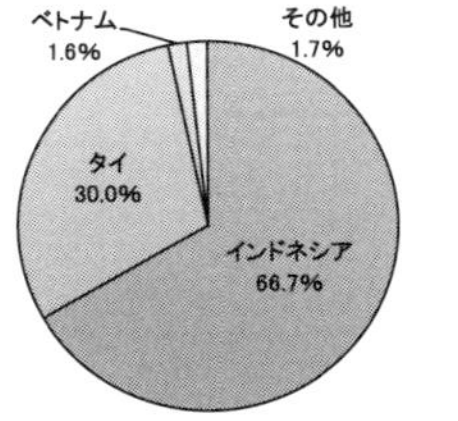

天然ゴムは年中高温多湿の気候の中で育ちます。そのため国産ゴムはありません。100%輸入に頼っていますが１位は（6 **インドネシア**　　），２位（7 **タイ**　　）で赤道直下の国々です。

❺ 原油の輸入先（2017年）

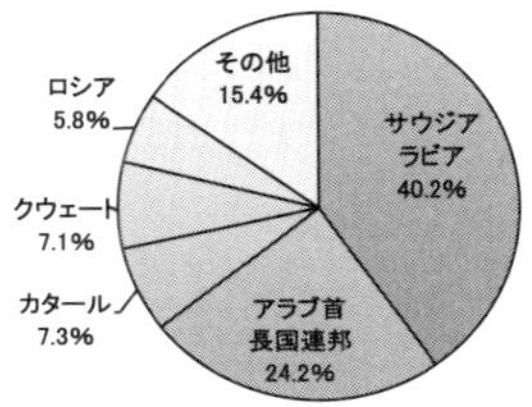

原油は日本では新潟でわずかに産出するだけでほぼ全てを輸入しています。全体の７割近くを中東の（8 **サウジアラビア**　）（9 **アラブ首長国連邦**　）が占めています。全体でも８割近くが中東の国々です。

❻ 天然ガスの輸入先（2017年）

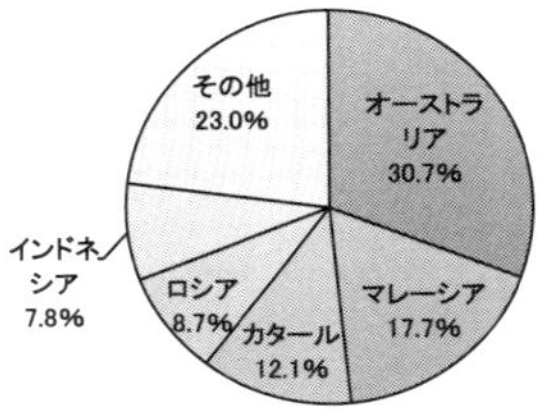

天然ガスは化石燃料の炭化水素ガスです。気体で産出しますが，輸入の際には冷却して液化されます。これをLNGと呼びます。輸入先の第１位は（10 **オーストラリア**　　）です。

❼ 石炭の輸入先（2017年）

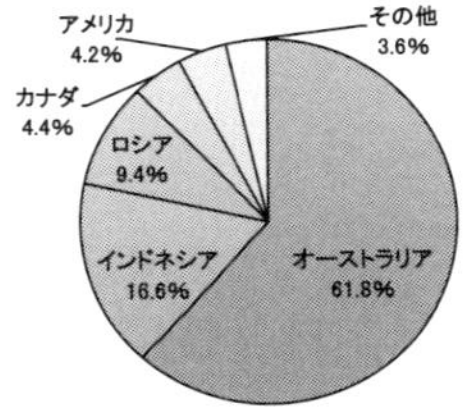

かつては多くの石炭を産出していましたが石油が主力となると石炭産業は衰《すい》退《たい》しました。現在では火力発電の燃料として重要視されています。半分以上を（11 **オーストラリア**　　）に頼っています。

❽ 鉄鉱石の輸入先（2017年）

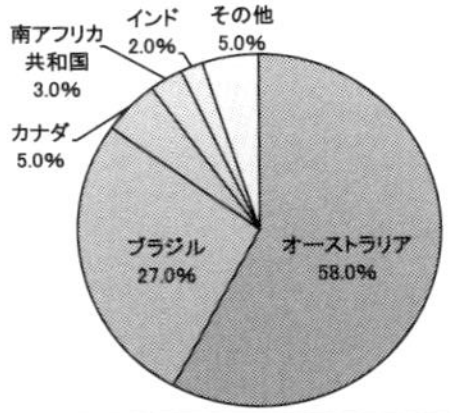

鉄鉱石は鉄の原料になる鉱石です。ほぼすべてを輸入に頼り，オーストラリアと（12 **ブラジル**　　）で全体の８割を占めます。日本独自の砂鉄から鉄をつくる「たたら製鉄」というものもあります。

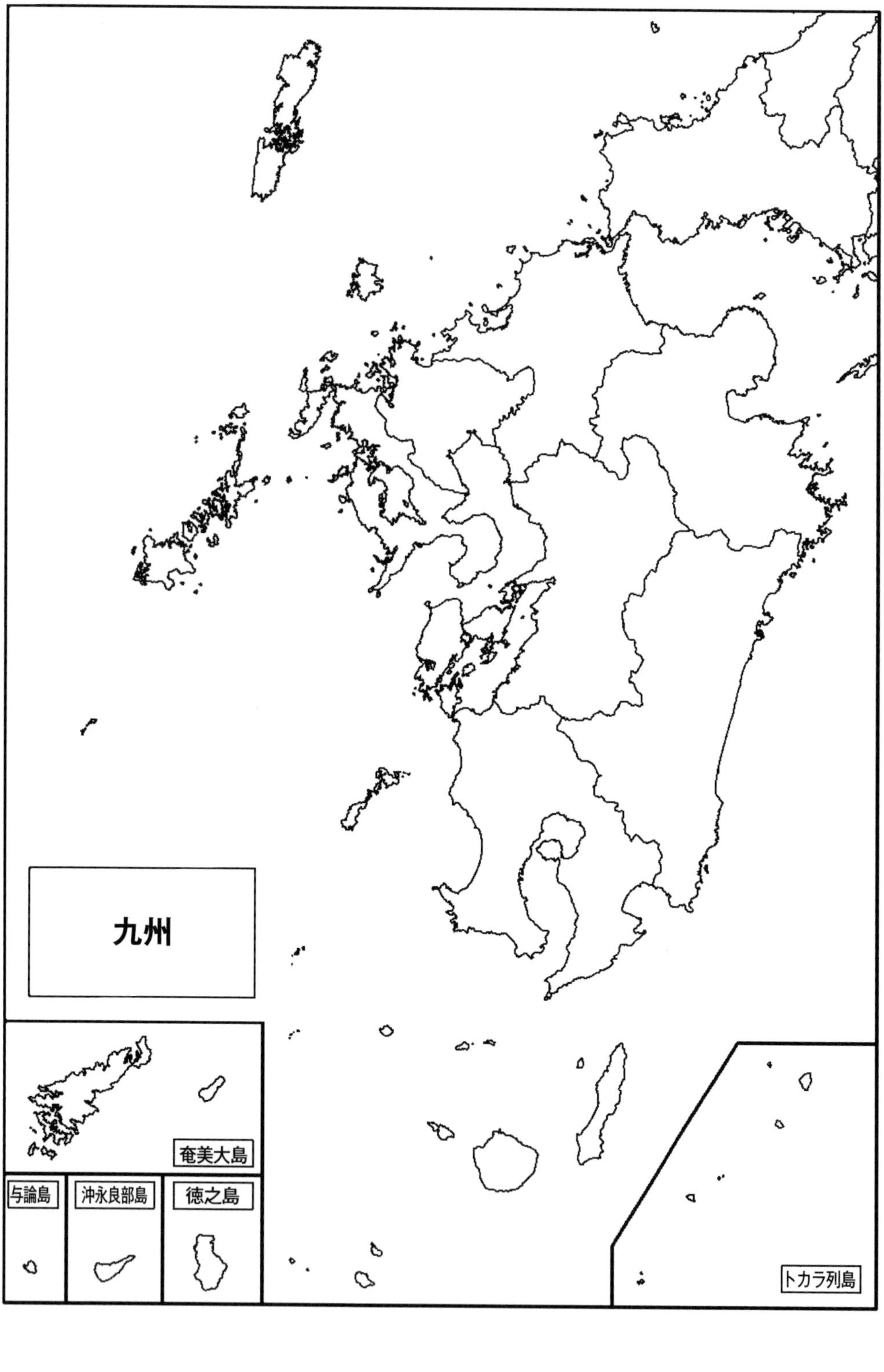
九州
奄美大島
与論島
沖永良部島
徳之島
トカラ列島

第７章

都道府県編

我が国が47の都道府県によって構成されていることがわかり，都道府県の名称と位置を地図帳で確かめ，日本地図（白地図）上で指摘できるようにします。第５学年では，我が国の位置と領土の範囲，地形や気候の概要，農業や水産業，工業のさかんな地域，貿易や運輸などについて都道府県を通してまとめます。

5年社会科ワークNo.29（県庁所在地）

都道府県まるわかりワーク

各都道府県の県庁所在地の名称を答えよう

名前

①		㉕	
②		㉖	
③		㉗	
④		㉘	
⑤		㉙	
⑥		㉚	
⑦		㉛	
⑧		㉜	
⑨		㉝	
⑩		㉞	
⑪		㉟	
⑫		㊱	
⑬		㊲	
⑭		㊳	
⑮		㊴	
⑯		㊵	
⑰		㊶	
⑱		㊷	
⑲		㊸	
⑳		㊹	
㉑		㊺	
㉒		㊻	
㉓		㊼	
㉔			

各都道府県の県庁所在地の名称を答えよう

解答A

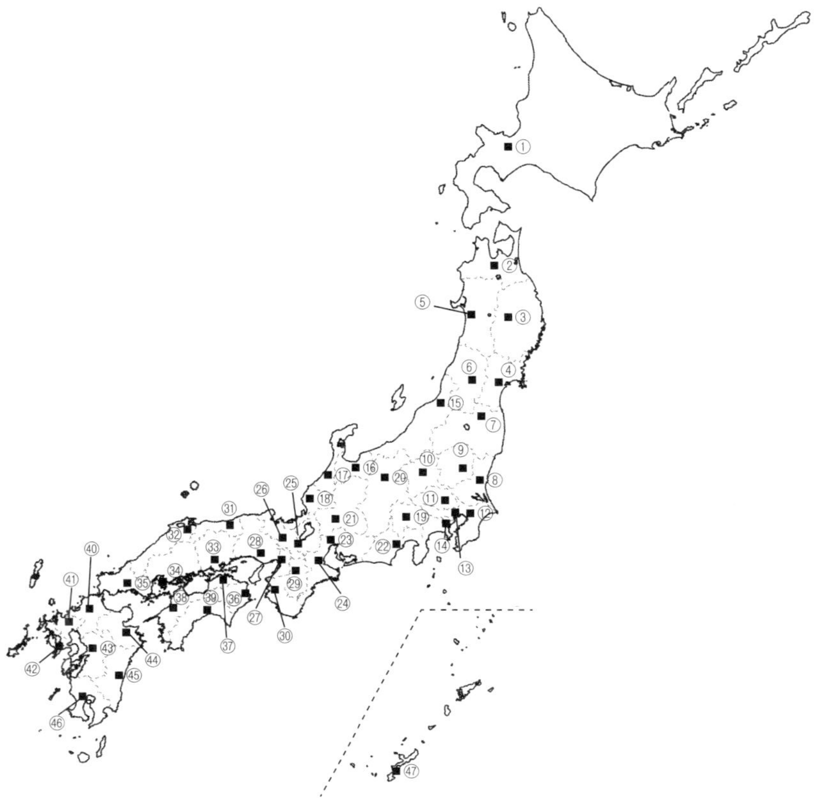

① 札幌市	㉕ 大津市
② 青森市	㉖ 京都市
③ 盛岡市	㉗ 大阪市
④ 仙台市	㉘ 神戸市
⑤ 秋田市	㉙ 奈良市
⑥ 山形市	㉚ 和歌山市
⑦ 福島市	㉛ 鳥取市
⑧ 水戸市	㉜ 松江市
⑨ 宇都宮市	㉝ 岡山市
⑩ 前橋市	㉞ 広島市
⑪ さいたま市	㉟ 山口市
⑫ 千葉市	㊱ 徳島市
⑬ 東京	㊲ 高松市
⑭ 横浜市	㊳ 松山市
⑮ 新潟市	㊴ 高知市
⑯ 富山市	㊵ 福岡市
⑰ 金沢市	㊶ 佐賀市
⑱ 福井市	㊷ 長崎市
⑲ 甲府市	㊸ 熊本市
⑳ 長野市	㊹ 大分市
㉑ 岐阜市	㊺ 宮崎市
㉒ 静岡市	㊻ 鹿児島市
㉓ 名古屋市	㊼ 那覇市
㉔ 津市	

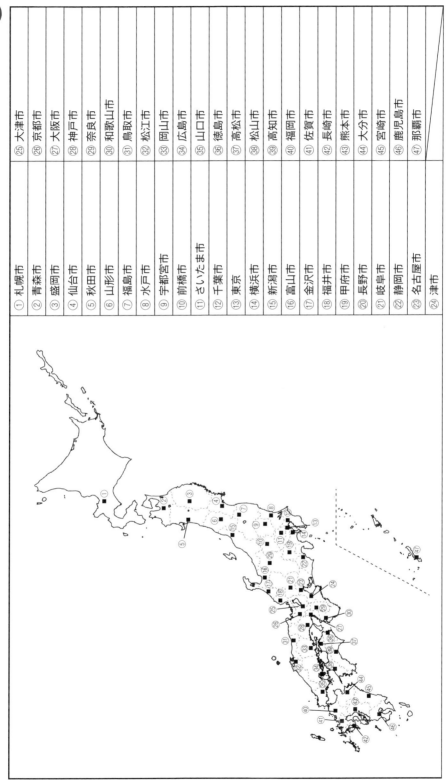

5年社会科ワークNo.30（北海道）

北海道まるわかりワーク

北海道の地理を調べてまとめよう

名前

北海道の県庁所在地は（A　　　）市です。人口196万人をほこる国内5位の大都市です。毎年6mもの（1　　　）が降りますが年間200億円の予算で雪対策を進めています。しかしその（1）を利用して毎年200万人以上の観光客を集める（2　　　）まつりが開催されます。

（4　　　　）平野には川の長さ全国3位の石狩川が流れており（B　　　　）市までの流域ではゆめぴりかなどの（5　　　）がさかんです。

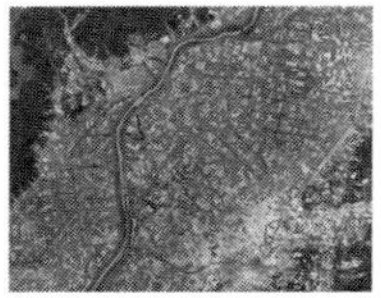

（C　　　　）市沖には毎年1月下旬ごろにオホーツク海北部から（6　　　）が接岸します。その時期にオホーツク（6）まつりも開催《かいさい》されます。

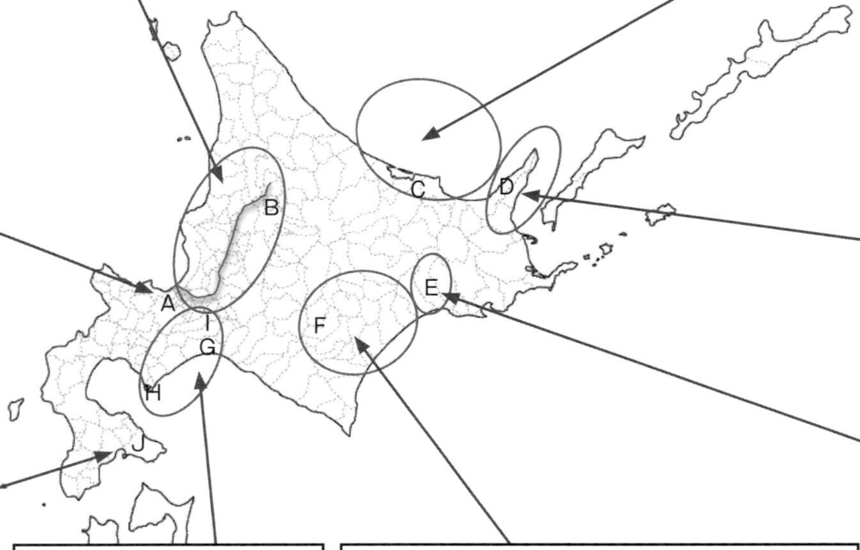

（D　　　）半島は人の手が入ることなく昔からの自然が残され，シマフクロウやオジロワシなど希少な動植物も数多く存在することが評価され（7　　　　）にも登録されています。

（J　　　　　　）は北海道で3番目の人口です。北海道新幹線が開業し，新青森から，（3　　　）トンネルを抜け，新函館北斗駅を結んでいます。

（G　　　　）市を中心として，（H　　　）市，（I　　　）空港の周辺は北海道工業地域と呼ばれています。

（F　　　）市を中心とする（9　　　）平野では（10　　　）農業が進み，じゃがいもや小豆，大豆などが栽培されています。

（E　　　　）湿原は日本最大の湿原です。水鳥の生息地として湿地を守る（8　　　　　　）条約に登録されています。

北海道の地理を調べてまとめよう

解答A

北海道の県庁所在地は（A 札幌）市です。人口196万人をほこる国内5位の大都市です。毎年6ｍもの（1 雪　）が降りますが年間200億円の予算で雪対策を進めています。しかしその（1 ）を利用して毎年200万人以上の観光客を集める（2 雪　）まつりが開催されます。

（4 石狩　　）平野には川の長さ全国3位の石狩川が流れており（B 旭川　　）市までの流域ではゆめぴりかなどの（5 稲作）がさかんです。

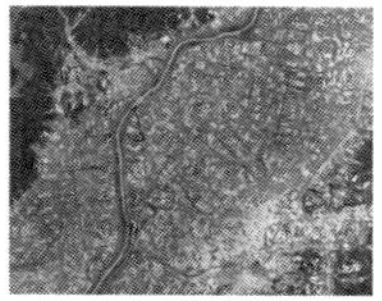

（C 網走　）市沖には毎年1月下旬ごろにオホーツク海北部から（6 流氷）が接岸します。その時期にオホーツク（6 ）まつりも開催《かいさい》されます。

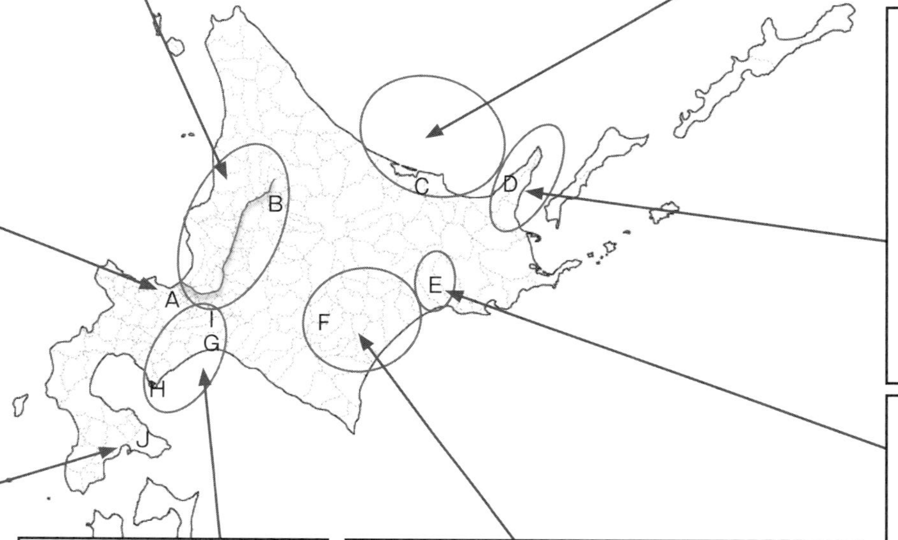

（D 知床）半島は人の手が入ることなく昔からの自然が残され，シマフクロウやオジロワシなど希少な動植物も数多く存在することが評価され（7 世界自然遺産　　）にも登録されています。

（J 函館市　　）は北海道で3番目の人口です。北海道新幹線が開業し，新青森から，（3 青函）トンネルを抜け，新函館北斗駅を結んでいます。

（G 苫小牧）市を中心として，（H 室蘭）市，（I 千歳）空港の周辺は北海道工業地域と呼ばれています。

（F 帯広）市を中心とする（9 十勝）平野では（10 畑作）農業が進み，じゃがいもや小豆，大豆などが栽培されています。

（E 釧路　）湿原は日本最大の湿原です。水鳥の生息地として湿地を守る（8 ラムサール　）条約に登録されています。

東北まるわかりワーク

東北の地理を調べてまとめよう

名前

青森県（A　　　）市を中心に（1　　　　）の生産がさかんです。日本一の生産で全国の半分以上を占めています。

秋田県と青森県の県境にある（2　　　）山地は人の手がほとんど入っていない原生的なブナ林が東アジア最大級の規模で分布し多様な植物群が見られることから（3　　　　　）に登録されています。

秋田県の男鹿半島周辺では仮面をつけてわらの衣《い》装《しょう》をまとった神の使いが家々を回る風習があり，これを（4　　　　）と呼んでいます。

山形県に北部の（5　　）平野の最上川流域では（6　　）がさかんです。また東部の山形盆地では果《か》樹《じゅ》栽培がさかんであり，（7　　　　　）の栽培が全国一です。

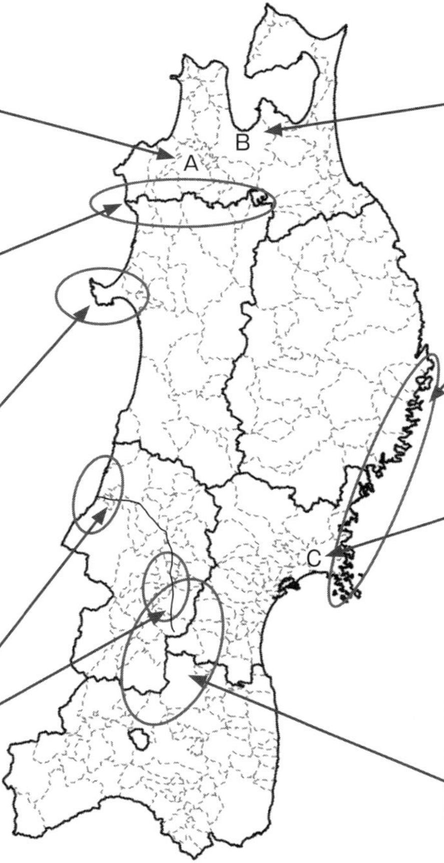

（B　　）市では東北三大祭りの一つ（8　　　）祭が開催されます。毎年200万人以上の観光客が訪れます。

岩手県の三陸海岸は入り江がギザギザになっており（9　　　）海岸と呼ばれています。また東日本大震災では大きな被害を受けました。

災害写真データベース

三陸沖は（10　　　）と（11　　）がぶつかる好漁場で，（C　　　）は全国有数の水産都市です。またかきの（12　　）もさかんです。

国土交通省国土画像情報

福島県，山形県，宮城県の山間部の温泉街では湯治客のお土産として，子どもの遊び道具としてつくられていた伝統（13　　　　）が有名です。江戸時代後期ごろからあり，産地によって特徴《とくちょう》が違います。

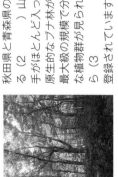

東北まるわかりワーク

東北の地理を調べてまとめよう

解答 A

青森県（A 弘前　）市を中心に（1 りんご　　）の生産がさかんです。日本一の生産で全国の半分以上を占めています。

秋田県と青森県の県境にある（2 白神　）山地は人の手がほとんど入っていない原生的なブナ林が東アジア最大級の規模で分布し多様な植物群が見られることから（3 世界自然遺産　）に登録されています。

秋田県の男鹿半島周辺では仮面をつけてわらの衣《い》装《しょう》をまとった神の使いが家々を回る風習があり，これを（4 なまはげ　）と呼んでいます。

山形県に北部の（5 庄内）平野の最上川流域では（6 稲作）がさかんです。また東部の山形盆地では果樹《かじゅ》栽培がさかんであり，（7 さくらんぼ　　）の栽培が全国一です。

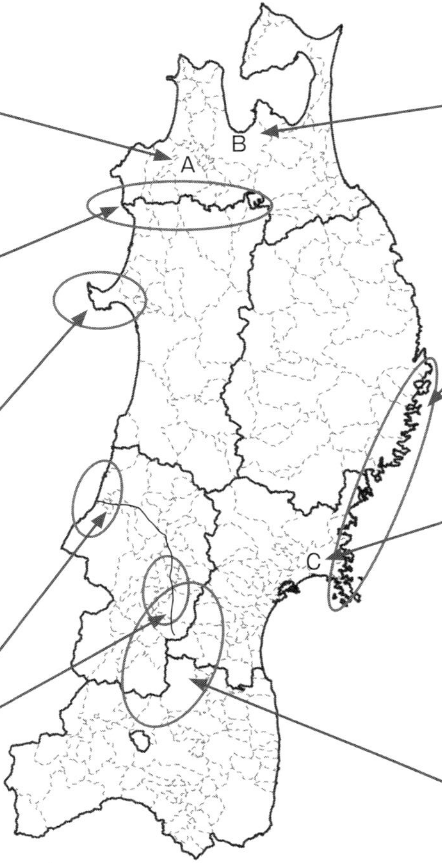

（B 青森）市では東北三大祭りの一つ（8 ねぶた）祭が開催されます。毎年200万人以上の観光客が訪れます。

岩手県の三陸海岸は入り江がギザギザになっており（9 リアス式）海岸と呼ばれています。また東日本大震災では大きな被害を受けました。

災害写真データベース

三陸沖は（10 親潮）と（11 黒潮）がぶつかる好漁場で，（C 石巻市）は全国有数の水産都市です。またかきの（12 養殖）もさかんです。

国土交通省国土画像情報

福島県，山形県，宮城県の山間部の温泉街では湯治客のお土産として，子どもの遊び道具としてつくられていた伝統（13 こけし　）が有名です。江戸時代後期ごろからあり，産地によって特徴《とくちょう》が違います。

5年社会科ワークNo.32（関東）

関東まるわかりワーク

関東を調べてまとめよう

名前

群馬県の（A　　）村では夏の冷涼な気候を生かした高原（1　　　）の栽培がさかんです。標高1,000～1,500mの高地で栽培され，群馬県の（1）の生産は日本一です。

栃木県南部では（2　　　）の生産がさかんです。特にとちおとめと呼ばれる品種は日本一の生産量をほこります。ほとんどはビニールハウスの促成栽培で栽培されています。

茨城県南部は（4　　）の生産がさかんです。ピーマン，れんこん，はくさい，こまつな，カリフラワーなどが全国一で大都市向けの生産がさかんです。

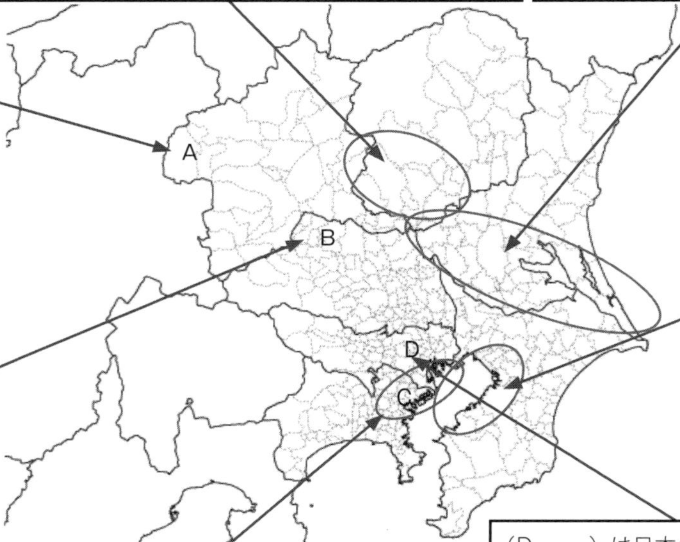

千葉県は全域で都市型の（5　　）の生産がさかんで，かぶやさやいんげん，ほうれん草，落花生の生産は第1位です。また東京湾岸に広がる（6　　）工業地域は（7　　　）コンビナートが形成され化学工業が発達しています。

埼玉県は最もねぎの生産が多く特に（B　　）市は全国一の生産量で「（B）ねぎ」として全国に知られています。

東京都大田区，神奈川県川崎市，（C　　）市を中心に東京都，神奈川県，埼玉県に広がる工業地帯を（3　　）工業地帯と呼びます。

（D　　）は日本の首都であり，政治や経済の中心です。東京都市部（8　）区と26の市と3町1村の他，太平洋上の島も含まれます。（9　　　）諸島は世界自然遺産に登録されています。

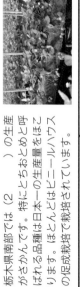

関東まるわかりワーク

関東を調べてまとめよう

解答 A

群馬県の（A **嬬恋**）村では夏の冷涼な気候を生かした高原（1 **キャベツ**）の栽培がさかんです。標高1,000～1,500mの高地で栽培され，群馬県の（1 ）の生産は日本一です。

栃木県南部では（2 **いちご**）の生産がさかんです。特にとちおとめと呼ばれる品種は日本一の生産量をほこります。ほとんどはビニールハウスの促成栽培で栽培されています。

茨城県南部は（4 **野菜**）の生産がさかんです。ピーマン，れんこん，はくさい，こまつな，カリフラワーなどが全国一で大都市向けの生産がさかんです。

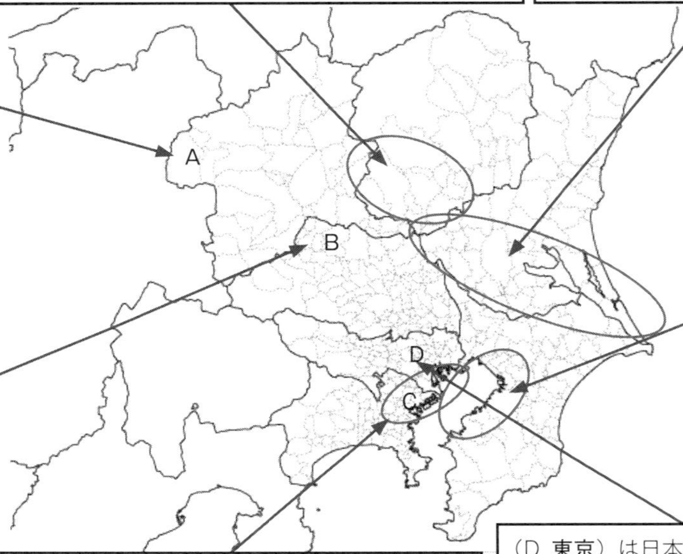

千葉県は全域で都市型の（5 **野菜**）の生産がさかんで，かぶやさやいんげん，ほうれん草，落花生の生産は第1位です。また東京湾岸に広がる（6 **京葉**）工業地域は（7 **石油化学**）コンビナートが形成され化学工業が発達しています。

埼玉県は最もねぎの生産が多く特に（B **深谷**）市は全国一の生産量で「（B ）ねぎ」として全国に知られています。

東京都大田区，神奈川県川崎市，（C **横浜**）市を中心に東京都，神奈川県，埼玉県に広がる工業地帯を（3 **京浜**）工業地帯と呼びます。

（D **東京**）は日本の首都であり，政治や経済の中心です。東京都市部（8 **23**）区と26の市と3町1村の他，太平洋上の島も含まれます。（9 **小笠原**）諸島は世界自然遺産に登録されています。

5年社会科ワークNo.33（中部）

中部地方まるわかりワーク

中部を調べてまとめよう

名前

富山県の富山平野では稲作がさかんに行われていますが，（1　　）平野では，（2　　　　）の栽培が全国一です。岐阜県との県境には世界遺産である五箇山の（3　　）集落があります。

新潟県の（6　　）平野は日本一の（7　）の産地です。特に魚沼地方の「コシヒカリ」はトップブランドです。また気候は典型的な（8　　　　）気候で豪雪地帯となります。

石川県は（9　　）半島に位置する県です。伝統文化がさかんで加賀地方の九谷焼や，美しい漆塗りの漆器である（10　　）が有名です。

福井県若狭湾は（4　　）式海岸です。越前ガニなど豊富な海産物が水あげされます。また県内には（5　　）発電所が15基設置されています。鯖江市は眼鏡のフレーム生産が全国の9割を占めます。

岐阜県はほうちょうやはさみの生産が全国一です。（C　　）市では和紙の生産が有名です。白川郷の合掌造《がっしょうづく》りは世界遺産です。

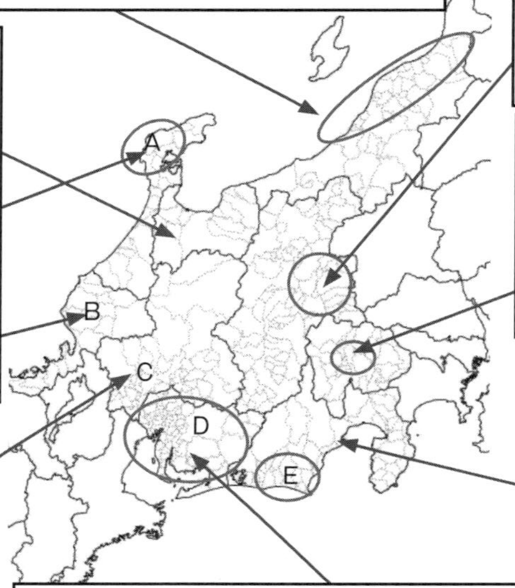

長野県は山々に囲まれた内陸県で気候は（12　　　）気候です。浅間山，八ヶ岳などの山岳地帯ではレタスなどの（13　　）野菜，もも，（14　　　），ぶどうなどの果樹栽培がさかんです。

山梨県は山に囲まれた甲府盆地に人口が集中しており（15　　）栽培がさかんです。中でも，ももや（16　　　）は全国一の生産量です。

愛知県（D　　）市はトヨタ自動車が本社を置く自動車産業のまちです。愛知県，岐阜県南部，三重県北部に広がる（11　　）工業地帯は日本最大の製造品出荷額です。

静岡県（E　　）市はかつおやまぐろの水あげ量が全国一です。また牧之原台地では，（17　　）の生産がさかんで全国一です。日本最大の（18　　）山は古代からの信仰《しんこう》の対象や芸術の源泉ということから世界文化遺産に登録されています。

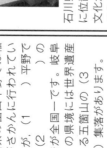

中部地方まるわかりワーク

中部を調べてまとめよう

解答 A

富山県の富山平野では稲作がさかんに行われていますが，（1 **砺波**）平野では，（2 **チューリップ**）の栽培が全国一です。岐阜県との県境には世界遺産である五箇山の（3 **合掌造り**）集落があります。

新潟県の（6 **越後**）平野は日本一の（7 **米**）の産地です。特に魚沼地方の「コシヒカリ」はトップブランドです。また気候は典型的な（8 **日本海側式**）気候で豪雪地帯となります。

石川県は（9 **能登**）半島に位置する県です。伝統文化がさかんで加賀地方の九谷焼や，美しい漆塗りの漆器である（10 **輪島塗**　）が有名です。

長野県は山々に囲まれた内陸県で気候は（12 **内陸性**）気候です。浅間山，八ヶ岳などの山岳地帯ではレタスなどの（13 **高原**）野菜，もも，（14 **りんご**），ぶどうなどの果樹栽培がさかんです。

山梨県は山に囲まれた甲府盆地に人口が集中しており（15 **果樹**　）栽培がさかんです。中でも，ももや（16 **ぶどう**　）は全国一の生産量です。

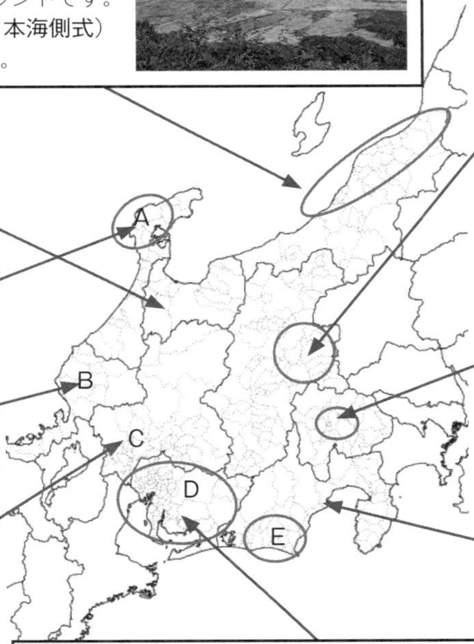

福井県若狭湾は（4 **リアス**　　）式海岸です。越前ガニなど豊富な海産物が水あげされます。また県内には（5 **原子力**）発電所が15基設置されています。鯖江市は眼鏡のフレーム生産が全国の９割を占めます。

岐阜県はほうちょうやはさみの生産が全国一です。（C **美濃**）市では和紙の生産が有名です。白川郷の合掌造《がっしょうづく》りは世界遺産です。

愛知県（D **豊田**）市はトヨタ自動車が本社を置く自動車産業のまちです。愛知県，岐阜県南部，三重県北部に広がる（11 **中京**）工業地帯は日本最大の製造品出荷額です。

静岡県（E **焼津**）市はかつおやまぐろの水あげ量が全国一です。また牧之原台地では，（17 **お茶**）の生産がさかんで全国一です。日本最大の（18 **富士**）山は古代からの信仰《しんこう》の対象や芸術の源泉ということから世界文化遺産に登録されています。

近畿まるわかりワーク

近畿を調べてまとめよう

名前

兵庫県（A　　）市の中央には日本標準時子午線が通過しています。（1　　）港は日本の五大港の一つです。1995年に発生した（2　　　　）大震災では震度７を記録し，6,000人以上の犠牲者を出しました。

京都では絹を平織りにしてつくる織物，ちりめんを全国の７割，生産しています。（6　　　　）ちりめんが有名です。歴史が古い街で八坂神社で行われる（7　　　　）祭は，1,100年の歴史があります。

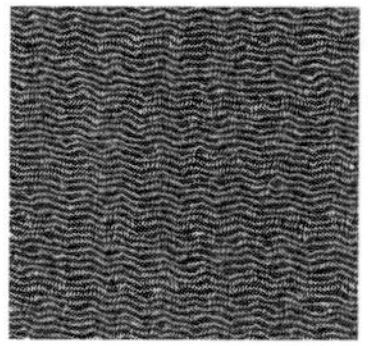

三大工業地帯の一つである，（B　　）工業地帯の中心地が大阪です。（8　　）工業がさかんで東大阪市の工場密度は全国1位です。また（9　　）の収穫量が千葉県について第２位です。大阪では菊菜と呼ばれています。

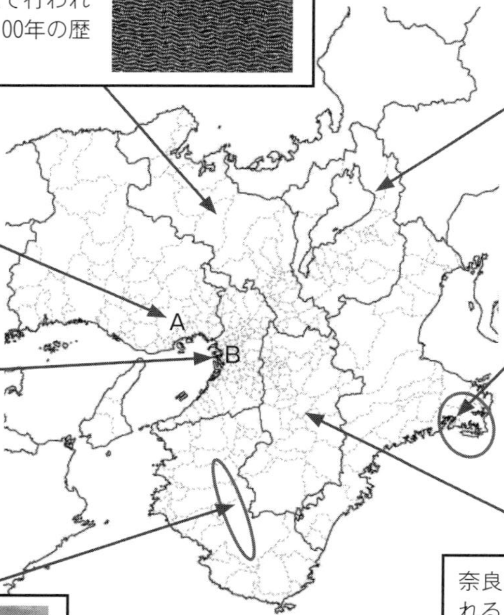

滋賀県には日本一の面積をほこる湖，（10　　）湖があります。湖水は上水道として利用され大阪や京都に水を供給しています。全国有数の内陸工業県で製造業がさかんです。

三重県志摩半島南部にある英虞《あご》湾《わん》はリアス式海岸で（11　　）の養殖やのりの養殖がさかんです。また（12　　）えびの漁獲高が高いことで有名です。

和歌山県は果樹栽培がさかんで，うめや柿，（3　　　）の生産が全国一です。県内には（4　　）山地が連なり，森林の大部分は私有林でその６割に（5　　）やヒノキの人工林が植えられています。

奈良県中南部で生産される（13　　）杉は国産材ブランドの一つで高級建築用材です。歴史《い》的な神社や仏閣《ぶっかく》，遺跡《せき》が多く，（14　　）産業がさかんです。

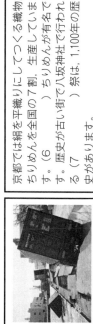

近畿まるわかりワーク

近畿を調べてまとめよう

解答A

兵庫県（A **明石**）市の中央には日本標準時子午線が通過しています。（1 **神戸**）港は日本の五大港の一つです。1995年に発生した（2 **阪神・淡路**）大震災では震度７を記録し，6,000人以上の犠牲者を出しました。

京都では絹を平織りにしてつくる織物，ちりめんを全国の７割，生産しています。（6 **丹後**　　）ちりめんが有名です。歴史が古い街で八坂神社で行われる（7 **祇園**　　　）祭は，1,100年の歴史があります。

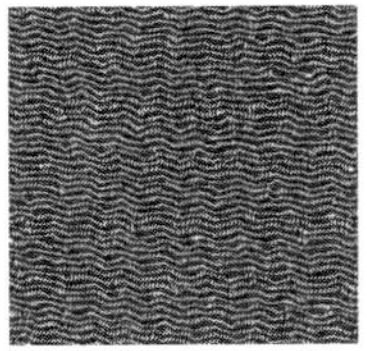

三大工業地帯の一つである，（B **阪神**）工業地帯の中心地が大阪です。（8 **金属**）工業がさかんで東大阪市の工場密度は全国1位です。また（9 **春菊**）の収穫量が千葉県についで第２位です。大阪では菊菜と呼ばれています。

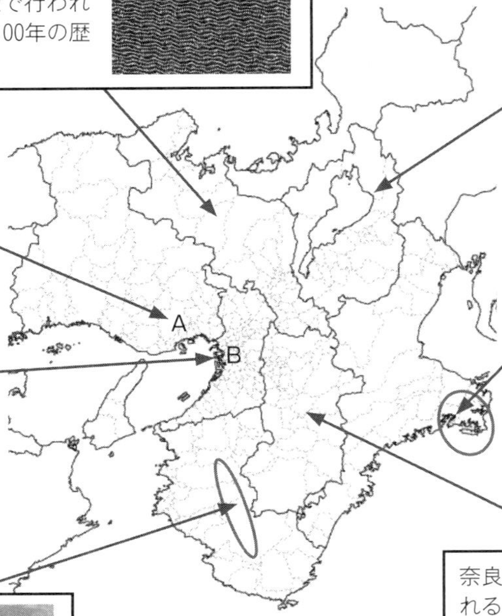

滋賀県には日本一の面積をほこる湖，（10 **琵琶**）湖があります。湖水は上水道として利用され大阪や京都に水を供給しています。全国有数の内陸工業県で製造業がさかんです。

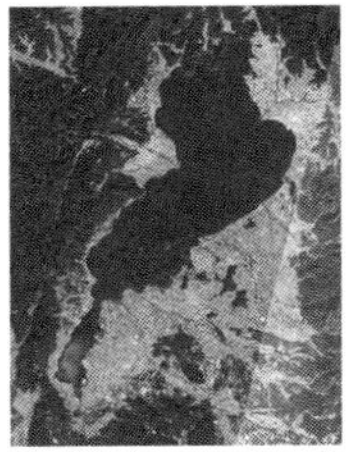

三重県志摩半島南部にある英虞《あご》湾《わん》はリアス式海岸で（11 **真珠**）の養殖やのりの養殖がさかんです。また（12 **伊勢**）えびの漁獲高が高いことで有名です。

和歌山県は果樹栽培がさかんで，うめや柿，（3 **みかん**）の生産が全国一です。県内には（4 **紀伊**）山地が連なり，森林の大部分は私有林でその６割に（5 **スギ**）やヒノキの人工林が植えられています。

奈良県中南部で生産される（13 **吉野**）杉は国産材ブランドの一つで高級建築用材です。歴史的な神社や仏閣《ぶっかく》，遺《い》跡《せき》が多く，（14 **観光**）産業がさかんです。

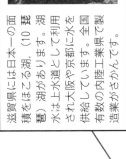

5年社会科ワークNo.35（中国・四国）

中国・四国まるわかりワーク

中国・四国を調べてまとめよう

名前

山口県の中央に位置する台地，秋吉台は日本最大級の（1　　　　）台地です。地上の草原には白く露出する石灰岩柱が羊の群れのように点在し，台地の下には鍾乳洞《しょうにゅうどう》が発達しています。

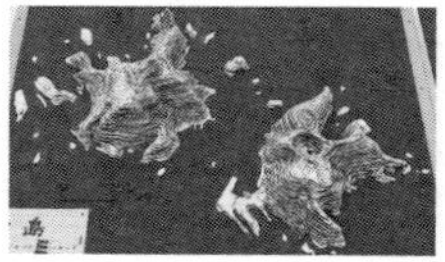

島根県・竹島資料室

島根県宍道湖でとれる（5　　　　）は全国一です。北西に位置する（A　　　　）は日本固有の領土です。

鳥取県は（6　　　　）が一番少ない県です。（7　　　　）梨の栽培や紅ズワイガニの漁獲が全国一です。

広島県は（8　　　　）の養殖がさかんで全国一です。自動車産業や造船など（9　　　　）工業地域の中核となっています。厳島神社や原爆ドームは世界遺産です。

岡山県では（10　　　　）ややももの栽培がさかんで国内産のマスカットの９割を生産しています。瀬戸内海沿岸《えんがん》は（B　　　　）市を中心に工業が発展《はってん》しています。

香川県は日本で一番（11　　　　）県です。県全体が平野で人口密度が全国11位です。また雨量や川の流水量も少ないことから各地に14,619の（12　　　　）がつくられています。岡山県との間に（13　　　　）が架けられています。

徳島県の（14　　　　）踊りは約400年の歴史をもつ日本の伝統芸能です。
鳴門市と兵庫県南あわじ市の間にある鳴門海峡《かいきょう》では速い潮流が流れることで（15　　　　）が発生します。

（16　　　　）の通り道でもある高知県は台風の上陸数が鹿児島につぎ２番目に多い県です。漁業では（17　　　　）の一本づりがさかんです。温暖《おんだん》な気候を利用した野菜の（18　　　　）栽培が有名で，（19　　　　）やにらの生産は全国一です。

愛媛県では柑橘類が生産され（2　　　　）の生産は全国２位，いよかんの生産は全国１位です。真珠《しんじゅ》やはまちなどの養殖がさかんで（3　　　　）の養殖が全国一です。傾斜地《けいしゃち》が多く，（4　　　　）や段々畑《だんだんばたけ》が数多くあります。

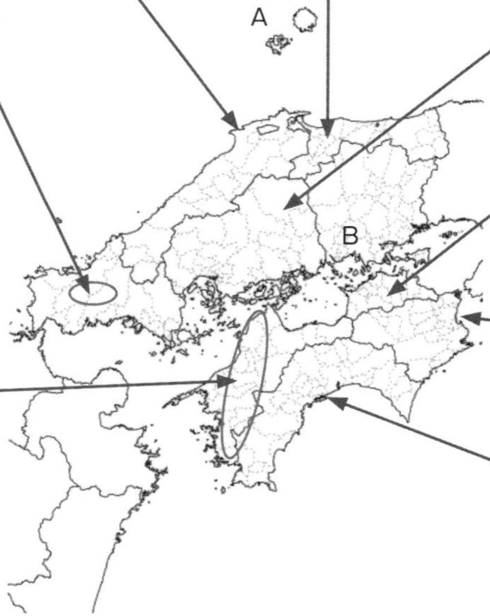

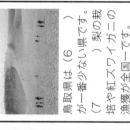

中国・四国を調べてまとめよう

解答A

山口県の中央に位置する台地，秋吉台は日本最大級の（1 **カルスト**）台地です。地上の草原には白く露出する石灰岩柱が羊の群れのように点在し，台地の下には鍾乳洞《しょうにゅうどう》が発達しています。

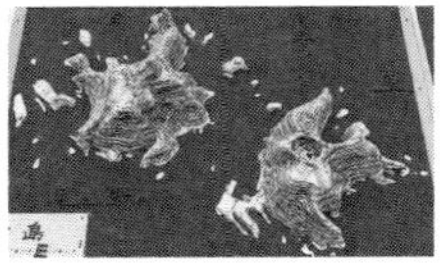

島根県・竹島資料室

島根県宍道湖でとれる（5 **しじみ**）は全国一です。北西に位置する（A **竹島**）は日本固有の領土です。

鳥取県は（6 **人口**）が一番少ない県です。（7 **二十世紀**）梨の栽培や紅ズワイガニの漁獲が全国一です。

広島県は（8 **かき**）の養殖がさかんで全国一です。自動車産業や造船など（9 **瀬戸内**）工業地域の中核となっています。厳島神社や原爆ドームは世界遺産です。

岡山県では（10 **ぶどう**）やももの栽培がさかんで国内産のマスカットの９割を生産しています。瀬戸内海沿岸《えんがん》は（B **倉敷**）市を中心に工業が発展《はってん》しています。

香川県は日本で一番（11 **小さい**）県です。県全体が平野で人口密度が全国11位です。また雨量や川の流水量も少ないことから各地に14,619の（12 **ため池**）がつくられています。岡山県との間に（13 **瀬戸大橋**）が架けられています。

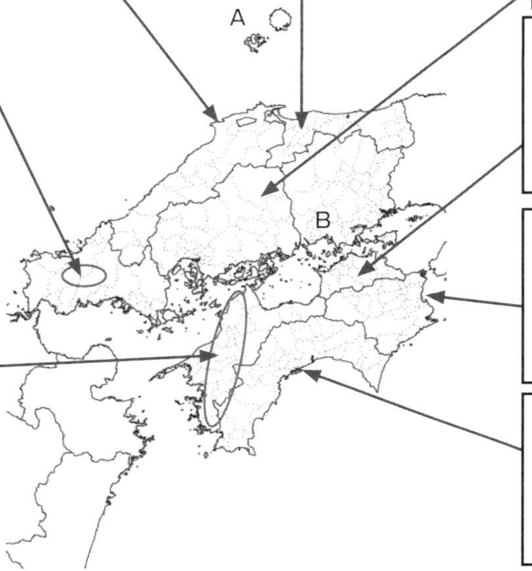

愛媛県では柑橘類が生産され（2 **みかん**　）の生産は全国２位，いよかんの生産は全国１位です。真珠《しんじゅ》やはまちなどの養殖がさかんで（3 **真鯛**　　）の養殖が全国一です。傾斜《けいしゃ》地が多く，（4 **棚田**　）や段々畑《だんだんばたけ》が数多くあります。

徳島県の（14 **阿波**　　）踊りは約400年の歴史をもつ日本の伝統芸能です。
鳴門市と兵庫県南あわじ市の間にある鳴門海峡《かいきょう》では速い潮流が流れることで（15 **うず潮**　　）が発生します。

（16 **台風**　　　）の通り道でもある高知県は台風の上陸数が鹿児島につぎ２番目に多い県です。漁業では（17 **かつお**　　）の一本づりがさかんです。温暖《おんだん》な気候を利用した野菜の（18 **促成**　　）栽培が有名で，（19 **なす**　　　）やにらの生産は全国一です。

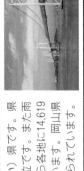

九州・沖縄まるわかりワーク

九州・沖縄を調べてまとめよう

名前

福岡県（A　　　）市は九州で人口が最大の都市です。また（B　　　）市は工業地帯の中心として発展した町です。「あまおう」など（1　　　）の生産が全国2位です。

長崎県は五島列島や，（C　　　）など都道府県で最も島が多く，（2　　　）式海岸で海岸線も北海道につぎ2位の長さです。漁業がさかんで（3　　　）やあじ，あなご，さざえの漁獲量が国内1位です。

佐賀県の佐賀平野では稲作がさかんです。川が少ないためにクリークと呼ばれる（4　　　）が張り巡らされています。漁業では（5　　　）の養殖が全国一となっています。

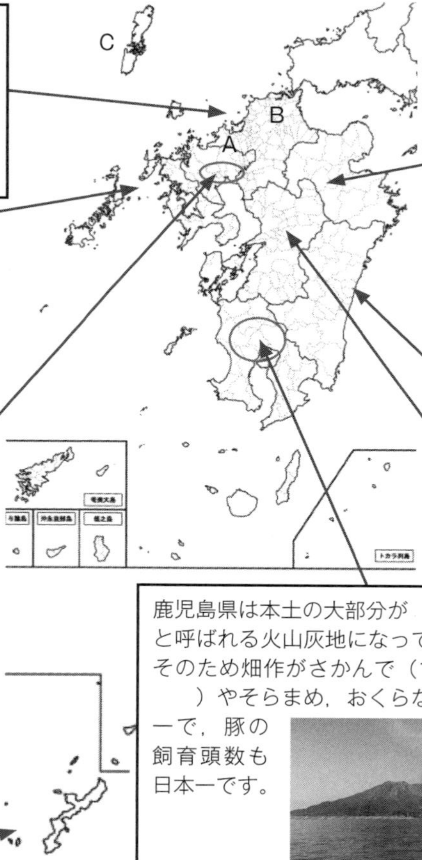

大分県は別府や由布院をはじめとする多くの（9　　　）がある県として有名です。酪農《らくのう》や畜産がさかんで豊後牛はブランド牛として有名です。自然エネルギー自給率が国内一で（10　　　）発電の利用が進んでいます。

宮崎県は温暖な気候を利用した農業がさかんで，稲作の（11　　　）米や野菜の（12　　　）栽培がさかんです。（13　　　）の生産が国内1位です。また牧畜業がさかんで日本有数の生産高を誇ります。

熊本県は日本で2番目の（16　　　）をもつ阿蘇山が有名です。農業がさかんで，トマトやすいか，たたみの原料となる（17　　　）の生産が全国1位です。2016年の熊本地震で大きな被害を受けました。

災害写真データベース

鹿児島県は本土の大部分が（14　　　）と呼ばれる火山灰地になっています。そのため畑作がさかんで（15　　　）やそらまめ，おくらなどが全国一で，豚の飼育頭数も日本一です。

沖縄県は日本の最も南西に位置する都道府県で気候は（6　　　）に属します。平均気温は22度でパイナップルや（7　　　）などの南国果物や（8　　　）の栽培がさかんです。

九州・沖縄を調べてまとめよう

解答 A

福岡県（A **福岡**）市は九州で人口が最大の都市です。また（B **北九州**）市は工業地帯の中心として発展した町です。「あまおう」など（1 **いちご**）の生産が全国2位です。

長崎県は五島列島や，（C **対馬**）など都道府県で最も島が多く，（2 **リアス**）式海岸で海岸線も北海道につぎ2位の長さです。漁業がさかんで（3 **たい**）やあじ，あなご，さざえの漁獲量が国内1位です。

佐賀県の佐賀平野では稲作がさかんです。川が少ないためにクリークと呼ばれる（4 **用水路**）が張り巡らされています。漁業では（5 **のり**）の養殖が全国一となっています。

沖縄県は日本の最も南西に位置する都道府県で気候は（6 **南西諸島**）に属します。平均気温は22度でパイナップルや（7 **マンゴー**）などの南国果物や（8 **さとうきび**）の栽培がさかんです。

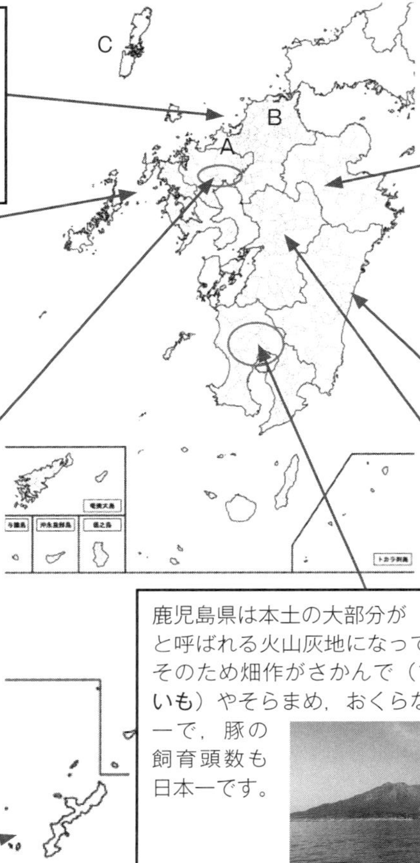

大分県は別府や由布院をはじめとする多くの（9 **温泉**）がある県として有名です。酪農《らくのう》や畜産がさかんで豊後牛はブランド牛として有名です。自然エネルギー自給率が国内一で（10 **地熱**）発電の利用が進んでいます。

宮崎県は温暖な気候を利用した農業がさかんで，稲作の（11 **超早場**）米や野菜の（12 **促成**）栽培がさかんです。（13 **きゅうり**）の生産が国内1位です。また牧畜業がさかんで日本有数の生産高を誇ります。

鹿児島県は本土の大部分が（14 **桜島**）と呼ばれる火山灰地になっています。そのため畑作がさかんで（15 **さつまいも**）やそらまめ，おくらなどが全国一で，豚の飼育頭数も日本一です。

災害写真データベース

熊本県は日本で２番目の（16 **カルデラ**）をもつ阿蘇山が有名です。農業がさかんで，トマトやすいか，たたみの原料となる（17 **い草**）の生産が全国１位です。2016年の熊本地震で大きな被害を受けました。

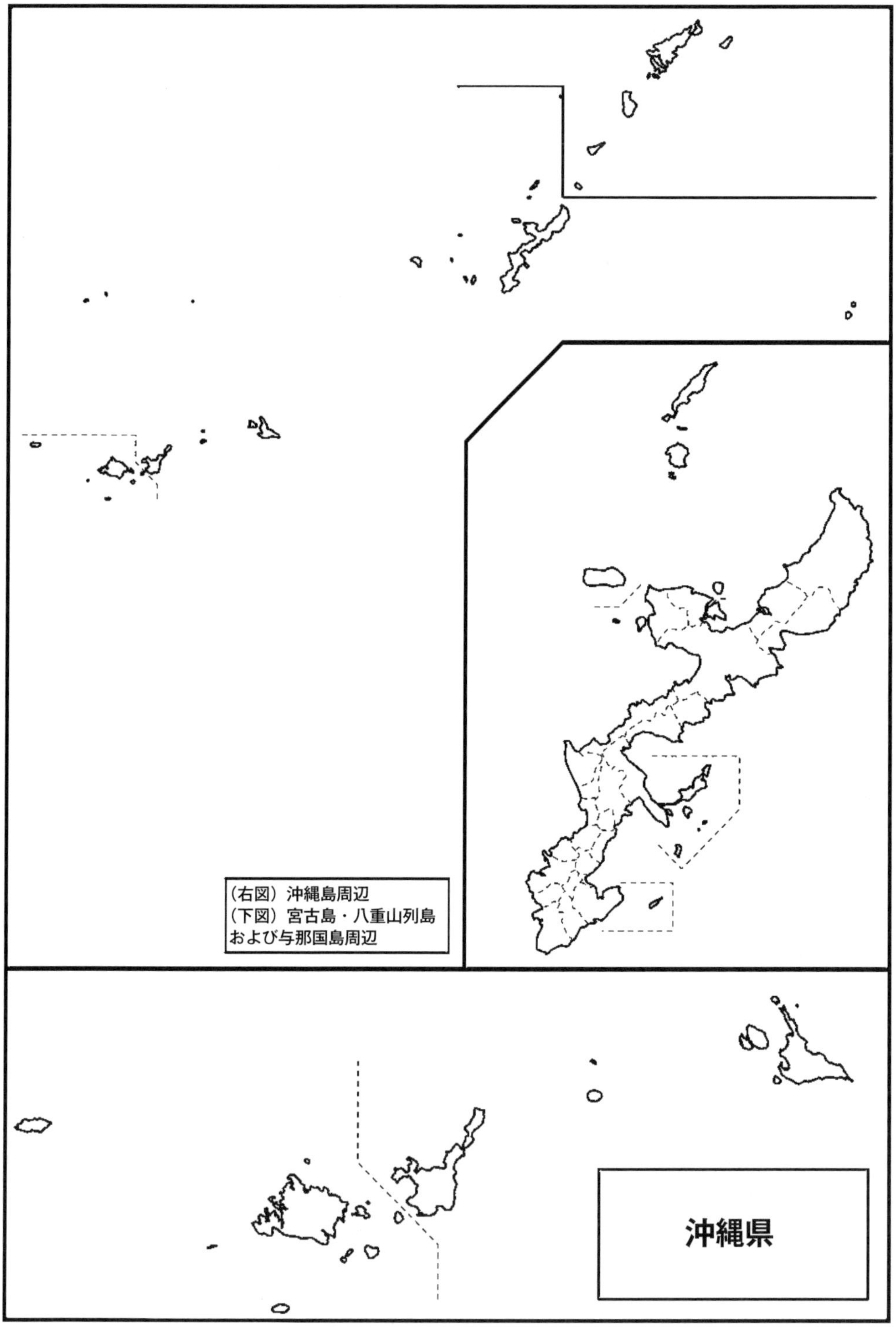
(右図) 沖縄島周辺
(下図) 宮古島・八重山列島
および与那国島周辺
沖縄県

第8章

図解・年表・地図編

小学校社会科においては，社会的事象を，位置や空間的な広がりで着目すること（地図），時期や時間の経過で着目すること（年表），事象や人々の相互関係などに着目すること（図解）を捉え，比較・分類したり総合したり，地域の人々や国民の生活と関連づけたりすることが大切です。

5年社会科ワークNo.37（稲作カレンダー）
お米ができるまでまるわかりワーク

お米ができるまでの工程をまとめよう

名前

時期	3月	4月	5月	6月	7月	8月	9月	10月
主な仕事	**種もみ選定** （1　　）を使って，浮いた種もみは取り除きます。 	**苗づくり** 発芽した種もみを（2　　　）を使って育てます。 	**田植え** ハウス育てた稲を（3　　　）を使って植えます。 	**稲の生育調査** 他の年と比べたり，稲の育ち具合を観察することで稲の生育にあった適切な管理ができます。6月から10日おきに穂《ほ》が出るまで行います。 		**穂が出る** 	**稲刈り・脱穀** （4　　　　）で刈り取り，脱穀《だっこく》をします。 	**乾燥・もみ摺り** （5　　　　）でもみを貯蔵《ちょぞう》します。 
土の管理	**土づくり** 前年度のうちに稲わらや堆肥《たいひ》，化学肥料を使って土づくりを行います。	**田起こし** 固くなった土を（6　　　）し空気を入れます。 	**代かき** 水をはり土をかきまぜ（7　　　）にします。 	**溝を掘る** 水管理の効果を高めるため，田んぼに溝を切ります。				**肥料づくり** 稲わらを乾燥させて肥料にします。 
稲の管理		**堆肥まく** 田起こしを行う前に，土に堆肥をまきます。 	**除草剤** 稲の間に生えてきた雑草を除草《じょそう》剤《ざい》を使って枯らします。 		**（8　　　）をまく** 雑草や害虫の発生を防ぐために（8　）をまきます。最近ではラジコンヘリを使ってまきます。	**化学肥料をまく** チッソ，リン，カリウムといった栄養を与えます。		
水の管理	水は川から水路で運ばれます。 			**水の管理** コックをひねると水が入ります。 	**中干し** 一度水を抜いて田んぼを乾かします。生育を抑え，余計な（9　　　）を防ぎます。 			

5年社会科ワークNo.37（稲作カレンダー）

お米ができるまでまるわかりワーク

お米ができるまでの工程をまとめよう

解答A

時期	3月	4月	5月	6月	7月	8月	9月	10月
主な仕事	**種もみ選定** （1 **水**）を使って，浮いた種もみは取り除きます。 	**苗づくり** 発芽した種もみを（2 **育苗箱**）を使って育てます。 	**田植え** ハウス育てた稲を（3 **田植え機**）を使って植えます。 	**稲の生育調査** 他の年と比べたり，稲の育ち具合を観察することで稲の生育にあった適切な管理ができます。6月から10日おきに穂《ほ》が出るまで行います。 		**穂が出る** 	**稲刈り・脱穀** （4 **コンバイン**）で刈り取り，脱穀《だっこく》をします。 	**乾燥・もみ摺り** （5 **カントリーエレベーター**）でもみを貯蔵《ちょぞう》します。 
土の管理	**土づくり** 前年度のうちに稲わらや堆肥《たいひ》，化学肥料を使って土づくりを行います。	**田起こし** 固くなった土を（6 **起こ**）し空気を入れます。 	**代かき** 水をはり土をかきまぜ（7 **平ら**）にします。 	**溝を掘る** 水管理の効果を高めるため，田んぼに溝を切ります。				**肥料づくり** 稲わらを乾燥させて肥料にします。 
稲の管理		**堆肥まく** 田起こしを行う前に，土に堆肥をまきます。 	**除草剤** 稲の間に生えてきた雑草を除草《じょそう》剤《ざい》を使って枯らします。 		（8 **農薬**　）をまく 雑草や害虫の発生を防ぐために（8 ）をまきます。最近ではラジコンヘリを使ってまきます。	**化学肥料をまく** チッソ，リン，カリウムといった栄養を与えます。		
水の管理	水は川から水路で運ばれます。 			**水の管理** コックをひねると水が入ります。 	**中干し** 一度水を抜いて田んぼを乾かします。生育を抑え，余計な（9 **分けつ**　）を防ぎます。 			

魚が届くまでの工程をまとめよう

名前

1日目・夜中	1日目・午前6時	1日目・午前中	1日目・お昼ごろ

沿岸漁業や沖合漁業では日本海近海で漁が行われ，多くの魚介類を網などを使って引きあげます。その後，漁船は（1　　　　　）へ向かいます。	朝早くに漁船が漁港に戻ってきます。（2　　　　　）された魚は，自動選別機や人の手で種類や大きさごとに分けられます。	漁港の魚市場で，魚の値段を決める（3　　　　　）が行われます。水産物の状態や水あげ量から仲買人が買いたい値段を告げて購入していきます。	せり落とされた魚は漁港の中の（4　　　　　）工場で新鮮さを保つために手早く箱《はこ》づめされます。
1日目・午後	2日目・午後	3日目・午前4時ごろ	3日目・午後
			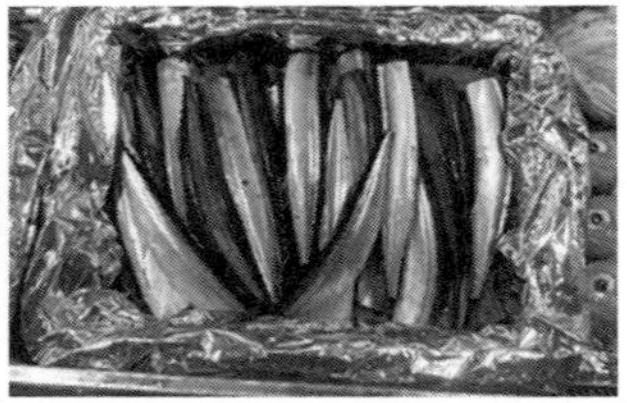
せり落とされ荷造りされた魚は（5　　　　　）機能のついた運送会社のトラックなどで全国の卸売《おろしうり》市場に運ばれます。	遠くの地域にはトラックごとのることができる（6　　　　　）で運んでいきます。	出荷先の地域の卸売市場では，魚を売る（7　　　　　）の人が集まってせりによって値段をつけていきます。	卸売市場で買ってきた魚は，魚屋やスーパーマーケットで売られます。このように魚は，生産者，生産地の市場，出荷業者の輸送費，消費地の経費などで（8　　　　　）が決まります。

魚が届くまでの工程をまとめよう

解答A

1日目・夜中	1日目・午前6時	1日目・午前中	1日目・お昼ごろ

沿岸漁業や沖合漁業では日本海近海で漁が行われ，多くの魚介類を網などを使って引きあげます。その後，漁船は（1 **漁港**　）へ向かいます。	朝早くに漁船が漁港に戻ってきます。（2 **水あげ**　）された魚は，自動選別機や人の手で種類や大きさごとに分けられます。	漁港の魚市場で，魚の値段を決める（3 **せり**　）が行われます。水産物の状態や水あげ量から仲買人が買いたい値段を告げて購入していきます。	せり落とされた魚は漁港の中の（4 **加工**　）工場で新鮮さを保つために手早く箱《はこ》づめされます。
1日目・午後	**2日目・午後**	**3日目・午前4時ごろ**	**3日目・午後**
		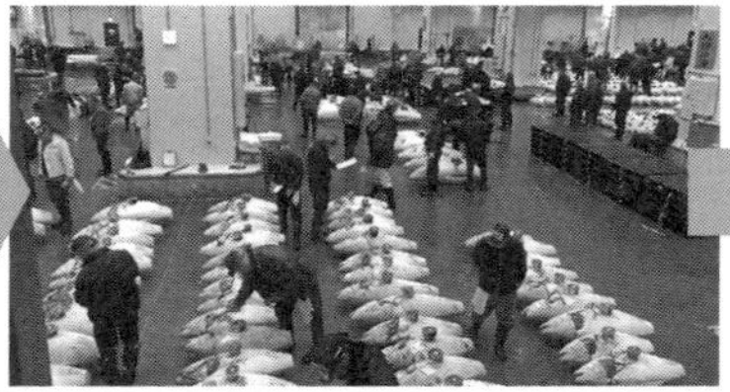	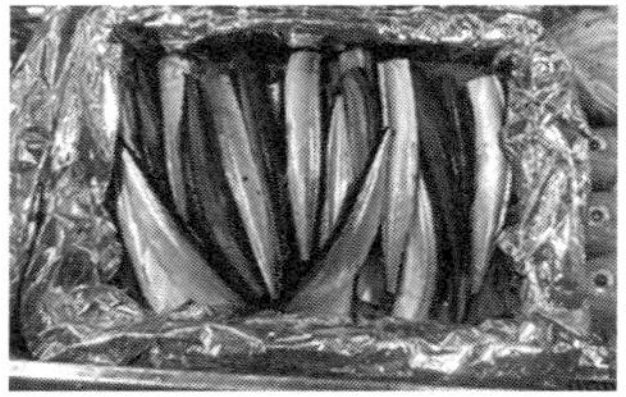
せり落とされ荷造りされた魚は（5 **冷凍**　）機能のついた運送会社のトラックなどで全国の卸売《おろしうり》市場に運ばれます。	遠くの地域にはトラックごとのることができる（6 **フェリー**　）で運んでいきます。	出荷先の地域の卸売市場では，魚を売る（7 **店**　）の人が集まってせりによって値段をつけていきます。	卸売市場で買ってきた魚は，魚屋やスーパーマーケットで売られます。このように魚は，生産者，生産地の市場，出荷業者の輸送費，消費地の経費などで（8 **価格**　）が決まります。

5年社会科ワークNo.39（自動車ができるまで）
自動車ができるまでまるわかりワーク

自動車ができるまでの工程をまとめよう

名前

❶（1　　　　　）工場	❷ 車体工場	❸ 塗装工場	❹ 組立工場

鉄の板を切り取り，（1 ）機という機械で折り曲げたり打ち抜いたりします。ドアや，ゆか，屋根など１台につき400点ほどつくります。	ロボットが車体の部品を熱で融《と》かして（2　　　　　）してつなぎ合わせていきます。30秒ほどの間に40箇所も（2 ）することができます。	車体を洗い，（3　　　　　　　）の希望に合わせて，さまざまな色に塗り分けます。さびを防いだり，見栄えをよくするため３～４回も塗装をくりかえします。	フロントガラスやシート，エンジンなど，大きく重い部品の取りつけについては（4　　　　　）が行います。

❺ 組立工場	❻ 組立工場	❼ 組立工場	❽ 輸送

組み立て（5　　　　　）では約１kmも続くコンベアが１分間に３～５mの速さで動き，その間に部品をロボットや人の手で取りつけていきます。	間違いのないように（6　　　　　）には（3 ）が注文した色や種類などが書かれています。	組み立てられた自動車は，すべてのブレーキや水漏れなど約1,500～2,000の（7　　　　）をします。	完成した自動車は（8　　　　　）と呼ばれるトラックや自動車運搬船《うんぱんせん》で販売店や海外に運ばれていきます。

自動車ができるまでの工程をまとめよう

解答A

❶（1 プレス　　）工場	❷ 車体工場	❸ 塗装工場	❹ 組立工場

鉄の板を切り取り，（1 ）機という機械で折り曲げたり打ち抜いたりします。ドアや，ゆか，屋根など1台につき400点ほどつくります。	ロボットが車体の部品を熱で融《と》かして（2 **溶接**　　　）してつなぎ合わせていきます。30秒ほどの間に40箇所も（2 ）することができます。	車体を洗い，（3 **お客さん**　　　）の希望に合わせて，さまざまな色に塗り分けます。さびを防いだり，見栄えをよくするため3～4回も塗装をくりかえします。	フロントガラスやシート，エンジンなど，大きく重い部品の取りつけについては（4 **ロボット**　　）が行います。
❺ 組立工場	❻ 組立工場	❼ 組立工場	❽ 輸送

組み立て（5 **ライン**　）では約1kmも続くコンベアが1分間に3～5mの速さで動き，その間に部品をロボットや人の手で取りつけていきます。	間違いのないように（6 **指示ビラ**　）には（3 ）が注文した色や種類などが書かれています。	組み立てられた自動車は，すべてのブレーキや水漏れなど約1,500～2,000の（7 **検査**　　）をします。	完成した自動車は（8 **キャリアカー**）と呼ばれるトラックや自動車運搬船《うんぱんせん》で販売店や海外に運ばれていきます。

工業地帯や工業地域を調べてまとめよう

名前

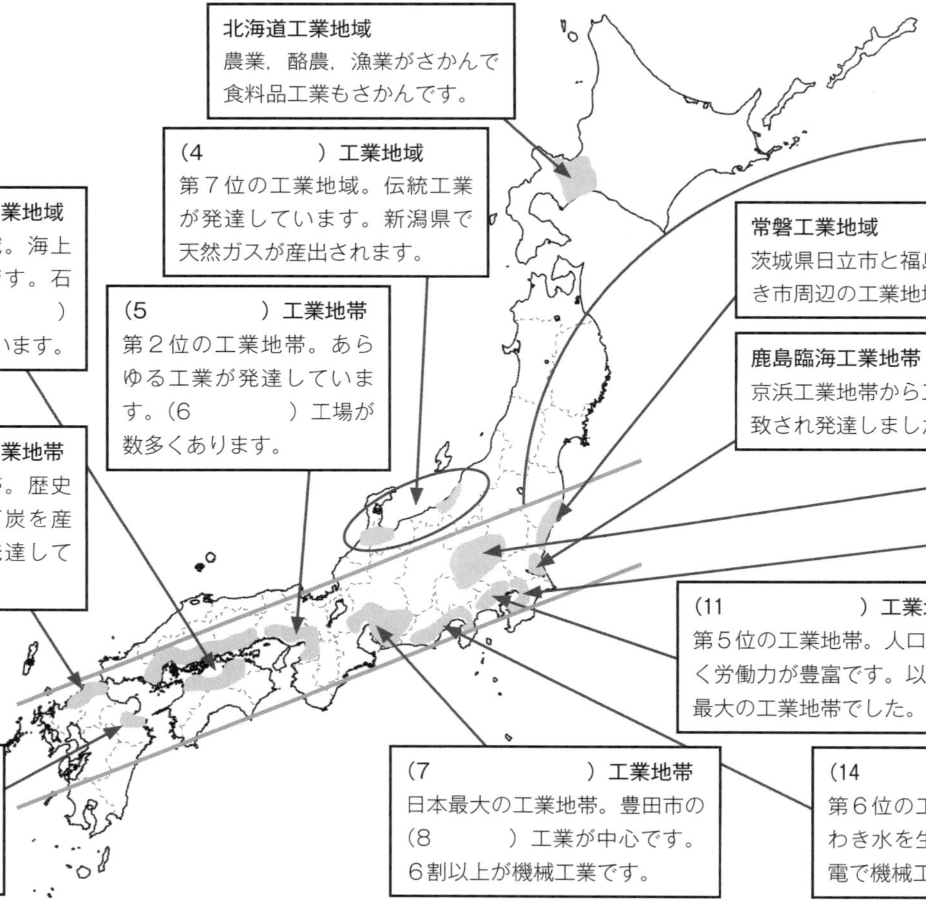

北海道工業地域
農業，酪農，漁業がさかんで食料品工業もさかんです。

（4　　　　　）**工業地域**
第７位の工業地域。伝統工業が発達しています。新潟県で天然ガスが産出されます。

（1　　　　　）**工業地域**
第４位の工業地域。海上交通の便がよいです。石油化学（2　　　　　）が多くつくられています。

（5　　　　　）**工業地帯**
第２位の工業地帯。あらゆる工業が発達しています。（6　　　　　）工場が数多くあります。

（3　　　　　）**工業地帯**
第９位の工業地帯。歴史ある工業地帯で石炭を産出し，鉄鋼業で発達してきました。

大分臨海工業地帯
製鉄業と石油化学工業を中心に発達しています。

（7　　　　　）**工業地帯**
日本最大の工業地帯。豊田市の（8　　　　）工業が中心です。6割以上が機械工業です。

工業地帯や工業地域が関東地方から九州地方まで海ぞいに連なっていることから（9　　　　　）と呼ばれています。

常磐工業地域
茨城県日立市と福島県いわき市周辺の工業地域です。

鹿島臨海工業地帯
京浜工業地帯から工場が誘致され発達しました。

（10　　　　　）**工業地域**
第３位の工業地域。京浜からの工場移転で重工業が発達しています。首都高速道路ぞいに発達しています。

（12　　　　　）**工業地域**
第８位の工業地域。京浜工業地帯の延長で埋め立ててつくられました。（13　　　　　）コンビナートが特徴です。

（11　　　　　）**工業地帯**
第５位の工業地帯。人口が多く労働力が豊富です。以前は最大の工業地帯でした。

（14　　　　　）**工業地域**
第６位の工業地域。（15　　　　）のわき水を生かした工業用水や水力発電で機械工業が発達しています。

工業地帯や工業地域を調べてまとめよう

解答 A

北海道工業地域
農業，酪農，漁業がさかんで食料品工業もさかんです。

（4 **北陸**　）工業地域
第7位の工業地域。伝統工業が発達しています。新潟県で天然ガスが産出されます。

（1 **瀬戸内**　）工業地域
第4位の工業地域。海上交通の便がよいです。石油化学（2 **コンビナート**）が多くつくられています。

（5 **阪神**　）工業地帯
第2位の工業地帯。あらゆる工業が発達しています。（6 **中小**　）工場が数多くあります。

（3 **北九州**　）工業地帯
第9位の工業地帯。歴史ある工業地帯で石炭を産出し，鉄鋼業で発達してきました。

大分臨海工業地帯
製鉄業と石油化学工業を中心に発達しています。

（7 **中京**　）工業地帯
日本最大の工業地帯。豊田市の（8 **自動車**）工業が中心です。6割以上が機械工業です。

工業地帯や工業地域が関東地方から九州地方まで海ぞいに連なっていることから（9 **太平洋ベルト**）と呼ばれています。

常磐工業地域
茨城県日立市と福島県いわき市周辺の工業地域です。

鹿島臨海工業地帯
京浜工業地帯から工場が誘致され発達しました。

（10 **関東内陸**　）工業地域
第3位の工業地域。京浜からの工場移転で重工業が発達しています。首都高速道路ぞいに発達しています。

（12 **京葉**　）工業地域
第8位の工業地域。京浜工業地帯の延長で埋め立ててつくられました。（13 **石油化学**　）コンビナートが特徴です。

（11 **京浜**　）工業地帯
第5位の工業地帯。人口が多く労働力が豊富です。以前は最大の工業地帯でした。

（14 **東海**　）工業地域
第6位の工業地域。（15 **富士山**）のわき水を生かした工業用水や水力発電で機械工業が発達しています。

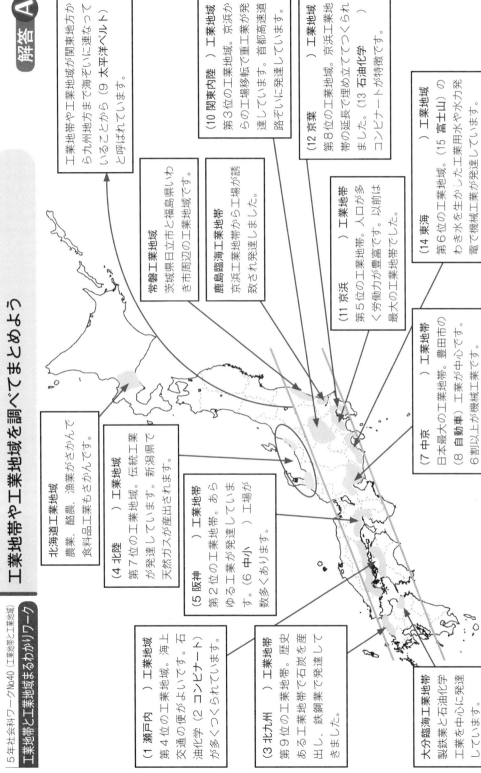

5年社会科ワークNo.41（伝統工芸）

伝統工芸まるわかりワーク

伝統工芸品を調べてまとめよう

名前

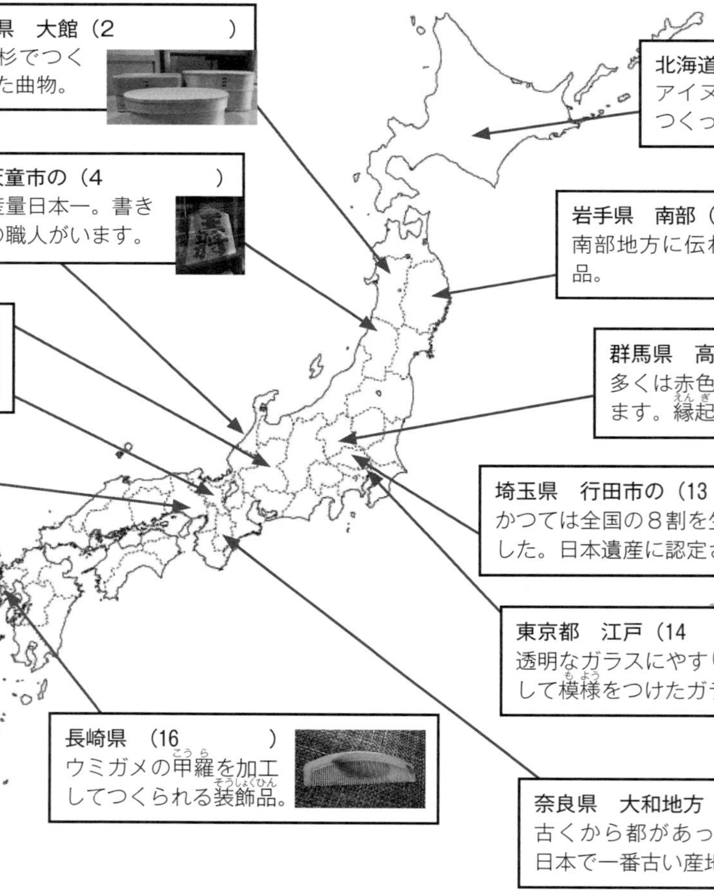

石川県　（1　　　　　　　）塗《ぬり》

能登産のヒバの木でつくられたものに漆《うるし》を塗って仕上げます。

秋田県　大館（2　　　　　　　）

秋田杉でつくられた曲物。

岐阜県　岐阜（3　　　　　　）

日本三大（10　　　　　）の一つ。薄《うす》くても丈夫《じょうぶ》で障子《しょうじ》などに使われます。

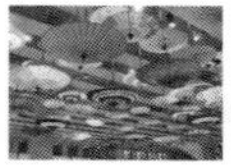

山形県　天童市の（4　　　　　　　）

全国の生産量日本一。書き師や彫《ほり》師《し》の職人がいます。

京都府　丹後（5　　　　　　　）

京都府丹後地方の絹《きぬ》織物。日本最大の産地です。

兵庫県　播州《ばんしゅう》（6　　　　　　　）

兵庫県小野市で製造され，全国の70％のシェアを占めています。

佐賀県　（7　　　　　　）陶磁器《とうじき》

佐賀県有田町の泉山で原料の陶石が発見されたことから始まりました。

沖縄県　（8　　　　　　）ガラス

沖縄県でつくられるガラス工芸品。戦後，アメリカ軍の捨てたコーラやビールの瓶からつくられました。

北海道　二風谷（9　　　　　　　）

アイヌの木の皮の繊維《せんい》でつくった織物。

岩手県　南部（11　　　）

南部地方に伝わる鉄製品。

群馬県　高崎（12　　　　　　）

多くは赤色の張子でできています。縁起物《えんぎもの》として人気です。

埼玉県　行田市の（13　　　　　　）

かつては全国の８割を生産していました。日本遺産に認定されています。

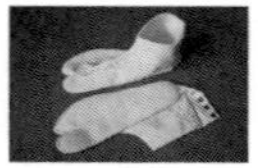

東京都　江戸（14　　　　　　　）

透明なガラスにやすりなどで加工して模様《もよう》をつけたガラス細工です。

奈良県　大和地方（15　　　　　　）

古くから都があったために，日本で一番古い産地です。

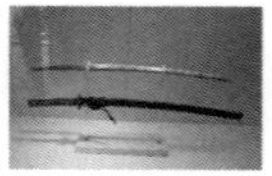

長崎県　（16　　　　　）

ウミガメの甲羅《こうら》を加工してつくられる装飾品《そうしょくひん》。

5年社会科ワークNo.41（伝統工芸）

伝統工芸まるわかりワーク

伝統工芸品を調べてまとめよう

解答A

石川県　（1 輪島　　　　　）塗《ぬり》
能登産のヒバの木でつくられたものに漆《うるし》を塗って仕上げます。

秋田県　大館（2 曲げわっぱ）
秋田杉でつくられた曲物。

岐阜県　岐阜（3 美濃和紙）
日本三大（10 和紙　　）の一つ。薄《うす》くても丈夫《じょうぶ》で障子《しょうじ》などに使われます。

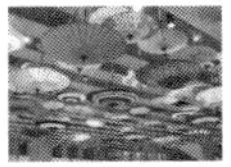

山形県　天童市の（4 将棋駒　　）
全国の生産量日本一。書き師や彫《ほり》師の職人がいます。

京都府　丹後（5 ちりめん　　）
京都府丹後地方の絹《きぬ》織物。日本最大の産地です。

兵庫県　播州《ばんしゅう》（6 そろばん　　）
兵庫県小野市で製造され，全国の70%のシェアを占めています。

佐賀県　（7 有田焼　　）陶磁器《とうじき》
佐賀県有田町の泉山で原料の陶石が発見されたことから始まりました。

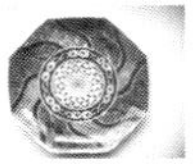

沖縄県　（8 琉球　　　）ガラス
沖縄県でつくられるガラス工芸品。戦後，アメリカ軍の捨てたコーラやビールの瓶からつくられました。

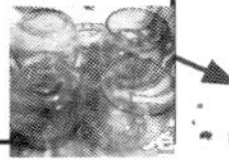

北海道　二風谷（9 アットゥシ）
アイヌの木の皮の繊維《せんい》でつくった織物。

岩手県　南部（11 鉄器）
南部地方に伝わる鉄製品。

群馬県　高崎（12 だるま　）
多くは赤色の張子でできています。縁起物《えんぎもの》として人気です。

埼玉県　行田市の（13 足袋　　　）
かつては全国の８割を生産していました。日本遺産に認定されています。

東京都　江戸（14 切子　　　　）
透明なガラスにやすりなどで加工して模様《もよう》をつけたガラス細工です。

長崎県　（16 べっ甲　）
ウミガメの甲羅《こうら》を加工してつくられる装飾品《そうしょくひん》。

奈良県　大和地方（15 日本刀）
古くから都があったために，日本で一番古い産地です。

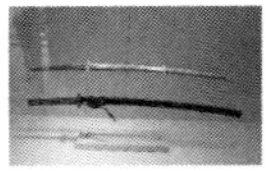

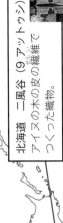

5年社会科ワークNo.42（ニュース番組ができるまで）

ニュース番組まるわかりワーク

ニュース番組を調べてまとめよう

名前

❶ 情報収集

（1　　　　）は情報を集めるために，官公庁の（1 ）クラブで多くの報道発表を確認したり，各企業の報道発表を確認したりして重要性の高いものをピックアップします。

❷ 編集会議

集めた情報から，放送の必要性のあるものはどれかを検討《けんとう》して（2　　　　）と，放送する計画をたてます。

❸ 取材

放送局の（1 ）や（3　　　　　　　）が実際に現場に行って，話を聞いたり，映像《えいぞう》をとったりします。現場取材の後も，間違いがないように事実を確認したり，専門家に取材をすることもあります。

❹ 原稿作成

ニュース番組で読まれる原稿《げんこう》を作成します。地名や人名の（4　　　　　　）読み方を確認します。原稿は読みやすいように大きな字で書かれています。

❺ 映像の編集

記者が取材で撮影してきた映像などを（5　　　　　　　　）編集します。音声や字幕《じまく》を入れて予定している放映時間でまとめます。

❻ 原稿の下読み

原稿を読むのは（6　　　　　　　　　）の仕事です。本番前に，原稿に線を引いたり，何度も読んだりして内容を確認します。

❼ 本番の放送

実際の放送はニュース番組の場合はほとんどが（7　　　　　　）です。何台ものカメラで撮影しつつ，スタッフが操作《そうさ》し放送します。地震や津波《つなみ》など緊《きん》急《きゅう》の事件にもすぐに対応するようにします。

❽ 副調整室

ニュースが正しく，わかりやすく伝わるように，画面の切り替《か》えや字幕の挿《そう》入《にゅう》をしたり，現場の様子を（8　　　）でつないだりもします。

5年社会科ワークNo.42（ニュース番組ができるまで）

ニュース番組まるわかりワーク

ニュース番組を調べてまとめよう

解答A

❶ 情報収集	❷ 編集会議	❸ 取材	❹ 原稿作成

（1 **記者** ）は情報を集めるために，官公庁の（1）クラブで多くの報道発表を確認したり，各企業の報道発表を確認したりして重要性の高いものをピックアップします。	集めた情報から，放送の必要性のあるものはどれかを検討《けんとう》して（2 **内容** ）と，放送する計画をたてます。	放送局の（1）や（3 **カメラマン** ）が実際に現場に行って，話を聞いたり，映像《えいぞう》をとったりします。現場取材の後も，間違いがないように事実を確認したり，専門家に取材をすることもあります。	ニュース番組で読まれる原稿《げんこう》を作成します。地名や人名の（4 **正しい** ）読み方を確認します。原稿は読みやすいように大きな字で書かれています。
❺ 映像の編集	❻ 原稿の下読み	❼ 本番の放送	❽ 副調整室

記者が取材で撮影してきた映像などを（5 **わかりやすく** ）編集します。音声や字幕《じまく》を入れて予定している放映時間でまとめます。	原稿を読むのは（6 **アナウンサー** ）の仕事です。本番前に，原稿に線を引いたり，何度も読んだりして内容を確認します。	実際の放送はニュース番組の場合はほとんどが（7 **生放送** ）です。何台ものカメラで撮影しつつ，スタッフが操作《そうさ》し放送します。地震や津波《つなみ》など緊《きん》急《きゅう》の事件にもすぐに対応するようにします。	ニュースが正しく，わかりやすく伝わるように，画面の切り替《か》えや字幕の挿《そう》入《にゅう》をしたり，現場の様子を（8 **中継**）でつないだりもします。

5年社会科ワークNo.43（新聞ができるまで）

新聞まるわかりワーク

新聞を調べてまとめよう

名前

❶ 情報収集	❷ 取材	❸ 原稿を書く	❹ 編集会議
		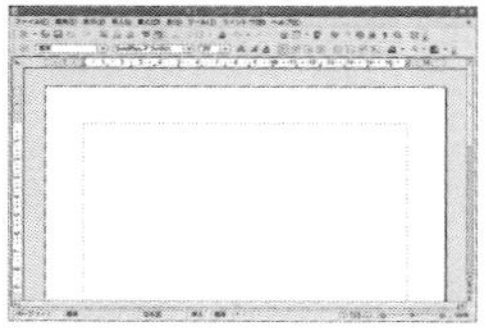	
（1　　　　）は情報を集めるために，官公庁の（1 ）クラブで多くの報道発表を確認したり，各企業の報道発表を確認したりして重要性の高いものをピックアップします。	新聞社は全国各地に（2　　　　　　）という拠点《きょてん》を置き新聞（1 ）はそこに住んでいます。そこから現場に行き，話を聞いたり，写真をとったりします。現場取材の後も，間違いがないように事実を確認したり，専門家に取材をしたりします。	取材が終わったらすぐに原稿を書きます。新聞記事の特徴は最も大切なことを（3　　　　）に書きます。記事はパソコンやインターネットを利用してできるだけ（4　　　　　）新聞社に転送します。	新聞社に集まってきた記事や写真を（5　　　　　　）と呼ばれる人たちがチェックして，どのできごとを一面のトップにするかなど紙面の構成を話し合って決めます。１日に数回行われることもあります。
❺ 原稿の修正	❻ 紙面の編集・校閲	❼ 印刷	❽ 出荷
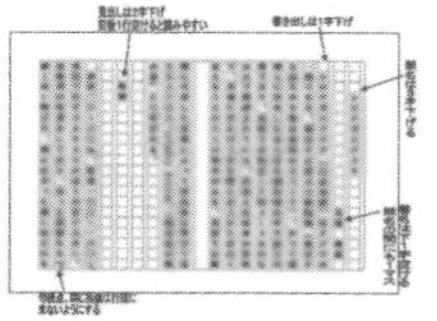			
記事は何度も読み直して（6　　　　）ないかを確認します。朝刊だと午後５時ごろまでに原稿を完成させなければなりません。	記事の重要度や紙面の見やすさを考え，コンピュータで記事や写真を配置していきます。一度で終わりではなく，新しいニュースが入れば最新の情報に（7　　　　　　）ので何度も構成し直します。通常，13～14版となります。	朝刊の場合午前３時ころ，コンピュータでレイアウトされた紙面は広告と合体して印刷工程へ回され（8　　　　）という巨大な機械で印刷します。現在は１時間に10万部以上の印刷が可能です。	午前５時ごろ，印刷された新聞はトラックに積み込まれ，各地域の（9　　　　）に送られます。そこから，バイクや自転車で各家庭に配達されます。

新聞を調べてまとめよう

解答A

❶ 情報収集	❷ 取材	❸ 原稿を書く	❹ 編集会議

（1 **記者** ）は情報を集めるために，官公庁の（1 ）クラブで多くの報道発表を確認したり，各企業の報道発表を確認したりして重要性の高いものをピックアップします。	新聞社は全国各地に（2 **支社** ）という拠点《きょてん》を置き新聞（1 ）はそこに住んでいます。そこから現場に行き，話を聞いたり，写真をとったりします。現場取材の後も，間違いがないように事実を確認したり，専門家に取材をしたりします。	取材が終わったらすぐに原稿を書きます。新聞記事の特徴は最も大切なことを（3 **はじめ** ）に書きます。記事はパソコンやインターネットを利用してできるだけ（4 **はやく** ）新聞社に転送します。	新聞社に集まってきた記事や写真を（5 **デスク** ）と呼ばれる人たちがチェックして，どのできごとを一面のトップにするかなど紙面の構成を話し合って決めます。１日に数回行われることもあります。
❺ 原稿の修正	❻ 紙面の編集・校閲	❼ 印刷	❽ 出荷
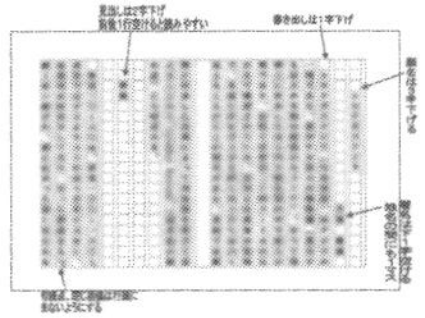			
記事は何度も読み直して（6 **間違い**）ないかを確認します。朝刊だと午後５時ごろまでに原稿を完成させなければなりません。	記事の重要度や紙面の見やすさを考え，コンピュータで記事や写真を配置していきます。一度で終わりではなく，新しいニュースが入れば最新の情報に（7 **つくり直す** ）ので何度も構成し直します。通常，13～14版となります。	朝刊の場合午前３時ころ，コンピュータでレイアウトされた紙面は広告と合体して印刷工程へ回され（8 **輪転機**）という巨大な機械で印刷します。現在は１時間に10万部以上の印刷が可能です。	午前５時ごろ，印刷された新聞はトラックに積み込まれ，各地域の（9 **販売店** ）に送られます。そこから，バイクや自転車で各家庭に配達されます。

5年社会科ワークNo.44（情報モラル）
情報モラルまるわかりワーク

情報モラルを調べてまとめよう

名前

❶ ネットショッピング	❷ 個人情報	❸ 私生活	❹ 顔・姿
	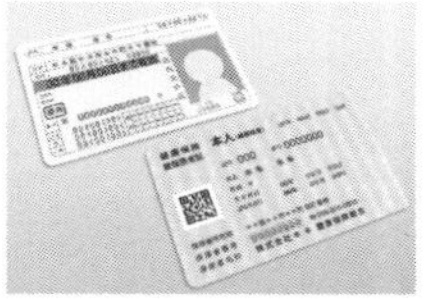		
送信者を偽《いつわ》って電子メールを送りつけたり，偽《にせ》のホームページに接続させ，クレジットカードの番号やユーザーIDや，（1　　　　　）などのアカウント情報を盗み出す詐欺《さぎ》を（2　　　　　）詐欺と呼びます。	個人情報とは生存する個人に関する情報で，氏名や生年月日，住所，電話番号など特定の個人を識別できるものをさし，取り扱う事業者は個人情報の保護を適切に行わないといけません。この法律を（3　　　　　）法と言います。	自分の私生活は他人に勝手に公開されるべきではなく，私生活の秘密を守る権利を（4　　　　　）の権利と呼びます。	自分の顔や姿をみだりに他人に撮影《さつえい》・描写《びょうしゃ》・公表などされない権利のことを（5　　　　　）と呼びます。
❺ 著作物	❻ ネットモラル	❼ メール	❽ マルウェア

自分の考えや気持ちを作品として表現したものを「著作物《ちょさくぶつ》」と呼び，創作《そうさく》した人を「著作者」と呼びます。これらは（6　　　　　）に守られています。したがって，許可なくコピーしたり，公開することはできません。	インターネットを介して他人とつながることができるwebサービスのことを（7　　　　　）：ソーシャル・ネットワーキング・サービスと呼びます。不特定多数の人が見ていることを考え，発信するときには様々な権利や相手の気持ちを考えることが必要です。	インターネットを使った情報のやりとりができる電子メールですが，不特定多数の人に転送を促す（8　　　　　）や宣伝目的で不特定多数に無差別一括《いっかつ》送信する（9　　　　　）には注意が必要です。	悪意のあるソフトウェアやプログラムをマルウェアと呼びます。その中でもパソコンやスマートフォンなどのコンピュータに侵入し，ファイルに寄生したり，改変したり，増殖《ぞうしょく》するプログラムをコンピュータ（10　　　　　）と呼びます。

5年社会科ワークNo.44（情報モラル）

情報モラルまるわかりワーク

情報モラルを調べてまとめよう

解答A

❶ ネットショッピング	❷ 個人情報	❸ 私生活	❹ 顔・姿

送信者を偽《いつわ》って電子メールを送りつけたり，偽《にせ》のホームページに接続させ，クレジットカードの番号やユーザーIDや，（1 **パスワード**）などのアカウント情報を盗み出す詐欺《さぎ》を（2 **フィッシング** ）詐欺と呼びます。	個人情報とは生存する個人に関する情報で，氏名や生年月日，住所，電話番号など特定の個人を識別できるものをさし，取り扱う事業者は個人情報の保護を適切に行わないといけません。この法律を（3 **個人情報保護** ）法と言います。	自分の私生活は他人に勝手に公開されるべきではなく，私生活の秘密を守る権利を（4 **プライバシー** ）の権利と呼びます。	自分の顔や姿をみだりに他人に撮影《さつえい》・描写《びょうしゃ》・公表などされない権利のことを（5 **肖像権** ）と呼びます。
❺ 著作物	❻ ネットモラル	❼ メール	❽ マルウェア

自分の考えや気持ちを作品として表現したものを「著作物《ちょさくぶつ》」と呼び，創作《そうさく》した人を「著作者」と呼びます。これらは（6 **著作権** ）に守られています。したがって，許可なくコピーしたり，公開することはできません。	インターネットを介して他人とつながることができるwebサービスのことを（7 **SNS** ）：ソーシャル・ネットワーキング・サービスと呼びます。不特定多数の人が見ていることを考え，発信するときには様々な権利や相手の気持ちを考えることが必要です。	インターネットを使った情報のやりとりができる電子メールですが，不特定多数の人に転送を促す（8 **チェーンメール** ）や宣伝目的で不特定多数に無差別一括《いっかつ》送信する（9 **スパムメール**）には注意が必要です。	悪意のあるソフトウェアやプログラムをマルウェアと呼びます。その中でもパソコンやスマートフォンなどのコンピュータに侵入し，ファイルに寄生したり，改変したり，増殖《ぞうしょく》するプログラムをコンピュータ（10 **ウイルス** ）と呼びます。

5年社会科ワークNo.45（森林産業）
森林産業まるわかりワーク

森林のはたらきを調べてまとめよう

名前

(8　　　　　)をつくり出す
切り倒された木は製材工場へ運ばれ，機械で自動的に皮をはぎます。その後，丸太は機械で角材にされ，乾燥させて商品となります。

(1　　　　　)を育てる
種から育てて，ある程度大きくなったら畑に植えかえます。

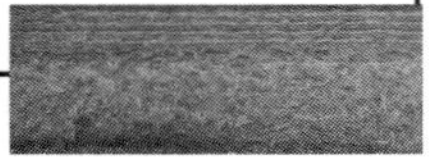

(2　　　　　)をする
育てた苗木を山などに植えます。海に豊かな栄養を送るために漁業関係者も行うことがあります。

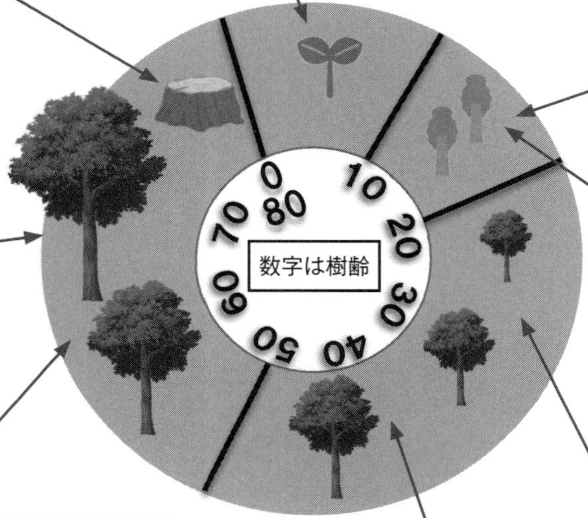

(3　　　　　)がり・除伐
植林した苗木が健やかに育つために下層部に生える雑草や雑木を除去します。これを怠ると苗木は日光を遮《さえぎ》られたり，水分を奪《うば》われたりします。

(7　　　　　)する
木を切り倒した後，プロセッサという機械で枝を打ち払い，同じ長さに切り分けた後トラックに積んで運び出します。

(6　　　　　)する
樹齢60～70年となったスギやヒノキを木が倒れる向きに気をつけながら，チェーンソーで切ります。急斜面での作業もあり大変危険です。

(5　　　　　)をする
春と秋に，生産する木材を節のない良質の素材にするために，枝の付け根付近から除去します。

(4　　　　　)を行う
太陽の光がよく届くように一部の木を切り倒し，木と木の間を広げます。伐採した木は割り箸や再生紙の原料になります。

森林のはたらきを調べてまとめよう

解答A

（1 苗木　　）を育てる
種から育てて，ある程度大きくなったら畑に植えかえます。

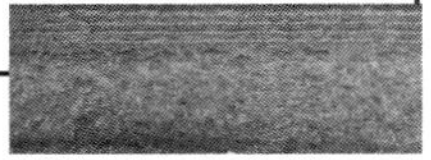

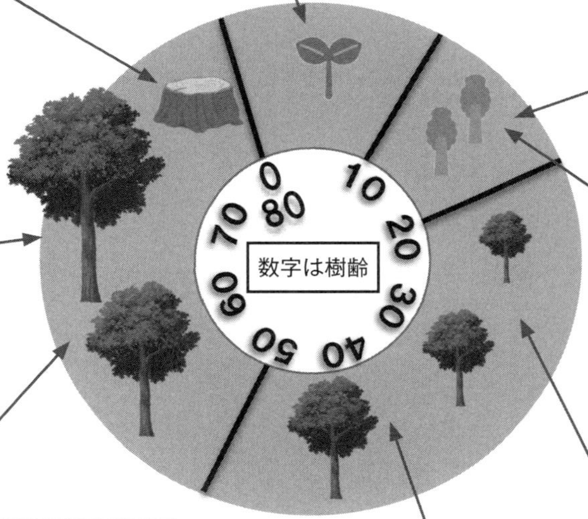

（2 植林　　）をする
育てた苗木を山などに植えます。海に豊かな栄養を送るために漁業関係者も行うことがあります。

（3 下草　　）がり・除伐
植林した苗木が健やかに育つために下層部に生える雑草や雑木を除去します。これを怠《おこた》ると苗木は日光を遮《さえぎ》られたり，水分を奪《うば》われたりします。

（4 間伐　　）を行う
太陽の光がよく届くように一部の木を切り倒し，木と木の間を広げます。伐採した木は割り箸や再生紙の原料になります。

（5 枝打ち　　）をする
春と秋に，生産する木材を節のない良質の素材にするために，枝の付け根付近から除去します。

（6 伐採　　）する
樹齢60～70年となったスギやヒノキを木が倒れる向きに気をつけながら，チェーンソーで切ります。急斜面での作業もあり大変危険です。

（7 運搬　　）する
木を切り倒した後，プロセッサという機械で枝を打ち払い，同じ長さに切り分けた後トラックに積んで運び出します。

（8 木材　　）をつくり出す
切り倒された木は製材工場へ運ばれ，機械で自動的に皮をはぎます。その後，丸太は機械で角材にされ，乾燥させて商品となります。

5年社会科ワークNo.46（森林のはたらき）

森林のはたらきまるわかりワーク

森林のはたらきを調べてまとめよう

名前

（1　　　　　）をつくり出す
植物は光合成によって，二酸化炭素を体内に取り込み，（1 ）を放出します。工場や発電所，自動車などから出る二酸化炭素が原因で（2　　　　　）の問題が発生しています。森林はそれを防ぐはたらきがあります。

（3　　　　　）を生産する
日本では古くから生活に（3 ）を利用してきました。森林は（3 ）を生産しています。森林を適切に管理することで再生産ができ，循環利用が可能な資源です。

（4　　　　　）をよくする
都市にある森林は木立によって（5　　）や風を遮《さえぎ》ったり，植物の蒸発散作用《じょうはっさんさよう》によって気温の（6　　）を抑《おさ》え，汚れた空気を（7　　）にします。

（8　　）のすみか
森林にはたくさんの野生動植物が生息しています。

（10　　　　　）をたくわえる
森林の土は，スポンジのようにすき間がたくさんあり，そのすき間に雨水をたくわえ，ゆっくりと川へ送り出します。そのため，大雨が降っても（11　　）が起こりにくくなっています。森は（12　　）のダムと呼ばれています。

（13　　　　　）を防ぐ
植物の根がしっかりと土をつかまえているために大雨が降っても，山の地面が崩れることを防いでいます。

（14　　　　　）に変える
雨水は腐葉土の厚く積もった森の土にしみこみ，土のすき間を通りながら，（15　　）が取り除かれ，きれいな（16　　）になります。

（9　　　　　）を防ぐ
海から吹きつける（9 ）や飛砂，潮害，吹雪を緩和し，海辺の田畑や家を守ります。

海に（17　　　　　）を送る
森林の落ち葉などが微生物《びせいぶつ》に分解され，栄養分をつくり出し，川から海へ送られます。

森林のはたらきを調べてまとめよう

解答A

（1 **酸素**　　　）をつくり出す
植物は光合成によって，二酸化炭素を体内に取り込み，（1 ）を放出します。工場や発電所，自動車などから出る二酸化炭素が原因で（2 **地球温暖化**　）の問題が発生しています。森林はそれを防ぐはたらきがあります。

（3 **木材**　　　）を生産する
日本では古くから生活に（3 ）を利用してきました。森林は（3 ）を生産しています。森林を適切に管理することで再生産ができ，循環利用が可能な資源です。

（4 **都市環境**　）をよくする
都市にある森林は木立によって（5 **騒音**）や風を遮《さえぎ》ったり，植物の蒸発散作用《じょうはっさんさよう》によって気温の（6 **上昇**）を抑《おさ》え，汚れた空気を（7 **きれいに**）にします。

（8 **動物**）のすみか
森林にはたくさんの野生動植物が生息しています。

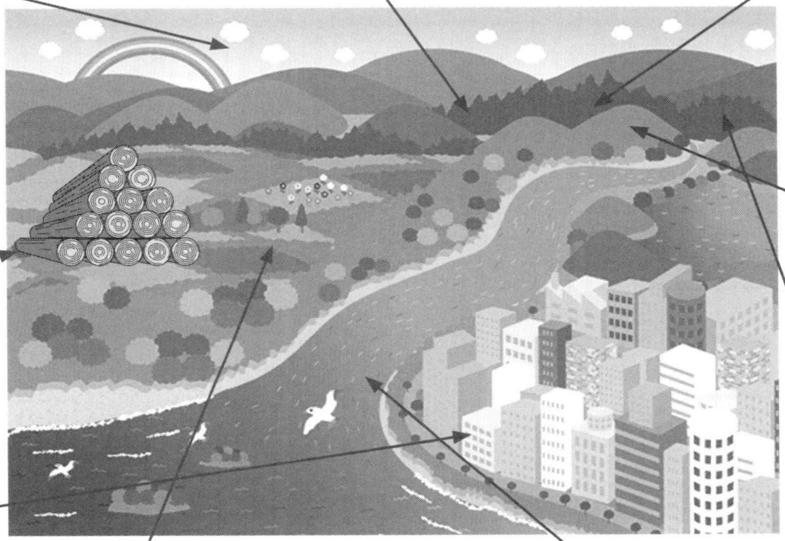

（9 **強風**　　　）を防ぐ
海から吹きつける（9 ）や飛砂，潮害，吹雪を緩和し，海辺の田畑や家を守ります。

海に（17 **栄養分**　　　）を送る
森林の落ち葉などが微生物《びせいぶつ》に分解され，栄養分をつくり出し，川から海へ送られます。

（10 **雨水**　　　）をたくわえる
森林の土は，スポンジのようにすき間がたくさんあり，そのすき間に雨水をたくわえ，ゆっくりと川へ送り出します。そのため，大雨が降っても（11 **洪水**）が起こりにくくなっています。森は（12 **緑**）のダムと呼ばれています。

（13 **山崩れ**　　　）を防ぐ
植物の根がしっかりと土をつかまえているために大雨が降っても，山の地面が崩れることを防いでいます。

（14 **地下水**　　　）に変える
雨水は腐葉土の厚く積もった森の土にしみこみ，土のすき間を通りながら，（15 **汚れ**）が取り除かれ，きれいな（16 **地下水**）になります。

5年社会科ワークNo.47（公害）

日本で発生した公害まるわかりワーク

公害を調べてまとめよう

名前

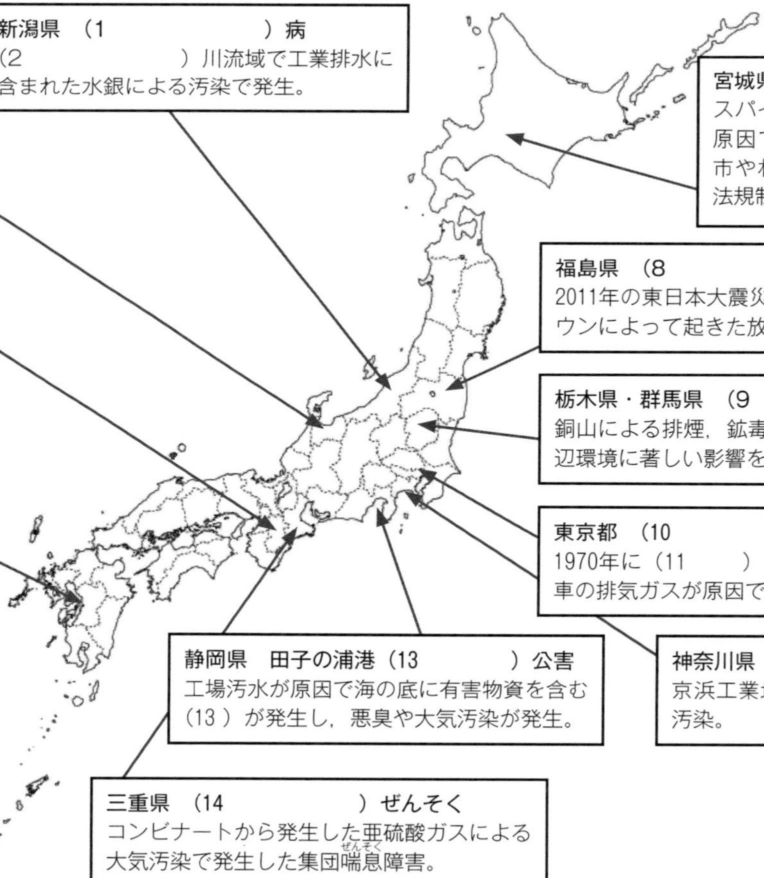

新潟県　（1　　　　　　　　）病
（2　　　　　　）川流域で工業排水に含まれた水銀による汚染で発生。

富山県　（3　　　　　　　　　）病
富山県（4　　　　　）川流域で工業排水に含まれたカドミウムの汚染で発生。

奈良県　西名阪神道路騒音公害
道路高架橋からの低周波音が原因で発生しためまい，頭痛，睡眠障害など。

熊本県　（5　　　　　）病
（5 ）湾に流された工業排水に含まれる（6　　　　　）による汚染で発生。

宮城県・北海道　（7　　）公害
スパイクタイヤによる（7 ）が原因で発生した粉塵《ふんじん》公害。仙台市や札幌市でスパイクタイヤの法規制を行いました。

福島県　（8　　　　　　　　　）事故
2011年の東日本大震災によって発生したメルトダウンによって起きた放射性物質の放出事故。

栃木県・群馬県　（9　　　　　　　　　）事件
銅山による排煙，鉱毒ガスなどの有害な物質が周辺環境に著しい影響をもたらしました。

東京都　（10　　　　　　　　　　）
1970年に（11　　　）で初めて確認。工場や自動車の排気ガスが原因で見通しが悪くなる大気汚染。

静岡県　田子の浦港（13　　　　　）公害
工場汚水が原因で海の底に有害物資を含む（13 ）が発生し，悪臭や大気汚染が発生。

神奈川県　（12　　　　　）ぜんそく
京浜工業地帯の中心地で起きた大気汚染。

三重県　（14　　　　　　）ぜんそく
コンビナートから発生した亜硫酸ガスによる大気汚染で発生した集団喘息《ぜんそく》障害。

【新しい公害】
- ■**ダイオキシン**：ごみの焼却《しょうきゃく》によって発生する。非常に強い毒性をもつ。
- ■**アスベスト**：建築資材に使われる鉱物繊維（石綿）に含まれ，肺などに蓄積する。
- ■**PM2.5**：大気中に漂《ただよ》う粒子状物質《りゅうしじょうぶっしつ》で大きさが2.5マイクロメートル以下のもの。

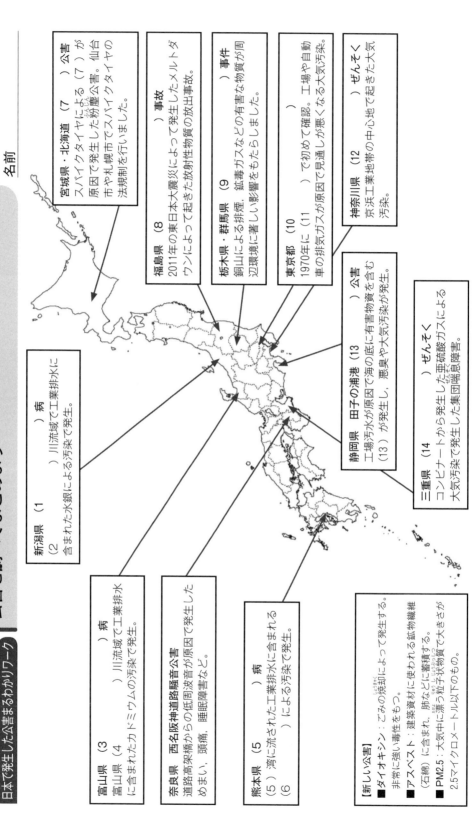

公害を調べてまとめよう

解答A

新潟県　（1 新潟水俣　　　）病
（2 阿賀野　　　）川流域で工業排水に含まれた水銀による汚染で発生。

富山県　（3 イタイイタイ　　　）病
富山県（4 神通　　　）川流域で工業排水に含まれたカドミウムの汚染で発生。

奈良県　西名阪神道路騒音公害
道路高架橋からの低周波音が原因で発生しためまい，頭痛，睡眠障害など。

熊本県　（5 水俣　　　）病
（5 ）湾に流された工業排水に含まれる（6 水銀　　　）による汚染で発生。

宮城県・北海道　（7 粉塵）公害
スパイクタイヤによる（7 ）が原因で発生した粉塵《ふんじん》公害。仙台市や札幌市でスパイクタイヤの法規制を行いました。

福島県　（8 原子力発電所　　　）事故
2011年の東日本大震災によって発生したメルトダウンによって起きた放射性物質の放出事故。

栃木県・群馬県　（9 足尾銅山鉱毒　　　）事件
銅山による排煙，鉱毒ガスなどの有害な物質が周辺環境に著しい影響をもたらしました。

東京都　（10 光化学スモッグ　　　）
1970年に（11 東京）で初めて確認。工場や自動車の排気ガスが原因で見通しが悪くなる大気汚染。

静岡県　田子の浦港（13 ヘドロ　）公害
工場汚水が原因で海の底に有害物資を含む（13 ）が発生し，悪臭や大気汚染が発生。

神奈川県　（12 川崎　　　）ぜんそく
京浜工業地帯の中心地で起きた大気汚染。

三重県　（14 四日市　　　）ぜんそく
コンビナートから発生した亜硫酸ガスによる大気汚染で発生した集団喘息《ぜんそく》障害。

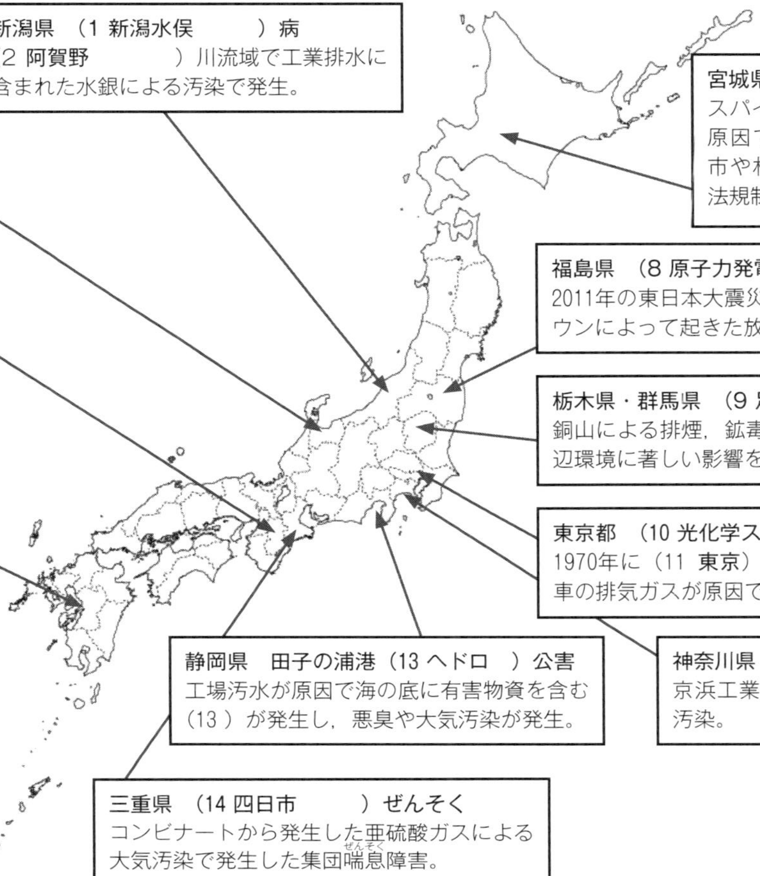

【新しい公害】
■ダイオキシン：ごみの焼却《しょうきゃく》によって発生する。非常に強い毒性をもつ。
■アスベスト：建築資材に使われる鉱物繊維（石綿）に含まれ，肺などに蓄積する。
■PM2.5：大気中に漂《ただよ》う粒子《りゅうし》状物質《じょうぶっしつ》で大きさが2.5マイクロメートル以下のもの。

日本の災害の歴史を調べてまとめよう

名前

西暦	元号	出来事	被害
1891年	明治24年10月	・濃尾地震：岐阜県美濃，愛知県尾張で発生したM8.0の地震。内陸部で起きた最大の地震。	・死者・不明者7,000人超
1896年	明治29年６月	・明治三陸地震：三陸沖を震源として発生したM8.2～8.5の地震。海抜38.2mの津波が発生し甚大な被害を起こしました。	・死者・不明者約22,000人
1923年	大正12年９月	・（1　　　　　　）：南関東を中心に発生したM7.9の地震。死者数100,000万人を超える史上最悪の地震。	・死者・不明者100,000人以上
1934年	昭和９年９月	・室戸台風：高知県室戸岬付近に上陸した台風。高潮や強風による建物の倒壊。	・死者・不明者約3,000人
1945年	昭和20年９月	・枕崎台風：鹿児島県枕崎付近に上陸した台風。原爆被害の広島に追い打ち。	・死者・不明者約3,700人
1959年	昭和34年９月	・（2　　　　）台風：紀伊半島から東海地方を中心に被害を及ぼした台風。	・死者・不明者約4,600人
1983年	昭和58年10月	・三宅島噴火。	・犠牲者《ぎせいしゃ》はなし
1991年	平成３年６月	・（3　　　　）岳噴火，火砕流：長崎県の島原半島の火山。大規模な火砕流《かさいりゅう》が発生。	・死者43人
1993年	平成５年７月	・北海道（4　　　　）地震：M7.8で奥尻島で震度６を記録。17mの津波が発生。	・死者・不明者230人
1995年	平成７年１月	・（5　　　　）大震災：兵庫県南部で発生したM7.3，最大震度７の大地震。	・死者・不明者6,437人
2004年	平成16年10月	・新潟県中越地震：新潟中越地方を震源とした，最大震度７の大地震。	・死者68人
2006年	平成18年	・平成18年豪雪：2005年11月から翌年２月にかけて発生した豪雪。	・死者・不明者150人以上
2011年	平成23年３月	・（6　　　　）大震災：東北太平洋沖を震源としたM9.0の大地震。東日本の太平洋沿岸部に大津波が襲来《しゅうらい》し多大な被害を与えました。	・死者・不明者18,000人以上
2014年	平成26年８月	・広島市土砂災害：豪雨が原因で発生した土砂災害。土石流が発生し多くの被害が発生。	・死者74人
	平成26年９月	・御嶽山噴火：長野県，岐阜県にまたがる火山が噴火し，多くの犠牲者を出しました。	・死者・不明者63人
2016年	平成28年４月	・（7　　　　）地震：益城町で最大震度７を２回観測。熊本城が甚大な被害。	・死者273人
2018年	平成30年７月	・（8　　　　）：７月に発生。広島，岡山，愛媛などに甚大な水害をもたらしました。	・死者100人以上
	平成30年７月	・（9　　　　）：埼玉県熊谷市で41.1℃を記録。	・死者133人（全国）
	平成30年９月	・北海道（10　　　　）地震：厚真町で震度７を記録。北海道全域が停電となりました。	・死者43人
2019年	令和元年９月	・台風15号：関東南部で暴風となり千葉県が甚大な被害を被りました。	・死者１人
	令和元年10月	・台風19号：東日本で多くの河川が氾濫《はんらん》し水害が発生しました。	・死者・不明者89人

日本の災害の歴史を調べてまとめよう

解答A

西暦	元号	出来事	被害
1891年	明治24年10月	・濃尾地震：岐阜県美濃，愛知県尾張で発生したM8.0の地震。内陸部で起きた最大の地震。	・死者・不明者7,000人超
1896年	明治29年６月	・明治三陸地震：三陸沖を震源として発生したM8.2～8.5の地震。海抜38.2mの津波が発生し甚大な被害を起こしました。	・死者・不明者約22,000人
1923年	大正12年９月	・（1 **関東大震災**　）：南関東を中心に発生したM7.9の地震。死者数100,000万人を超える史上最悪の地震。	・死者・不明者100,000人以上
1934年	昭和９年９月	・室戸台風：高知県室戸岬付近に上陸した台風。高潮や強風による建物の倒壊。	・死者・不明者約3,000人
1945年	昭和20年９月	・枕崎台風：鹿児島県枕崎付近に上陸した台風。原爆被害の広島に追い打ち。	・死者・不明者約3,700人
1959年	昭和34年９月	・（2 **伊勢湾**　）台風：紀伊半島から東海地方を中心に被害を及ぼした台風。	・死者・不明者約4,600人
1983年	昭和58年10月	・三宅島噴火。	・犠牲者《ぎせいしゃ》はなし
1991年	平成３年６月	・（3 **雲仙・普賢**）岳噴火，火砕流：長崎県の島原半島の火山。大規模な火砕流《かさいりゅう》が発生。	・死者43人
1993年	平成５年７月	・北海道（4 **南西沖**　）地震：M7.8で奥尻島で震度６を記録。17mの津波が発生。	・死者・不明者230人
1995年	平成７年１月	・（5 **阪神・淡路**　）大震災：兵庫県南部で発生したM7.3，最大震度７の大地震。	・死者・不明者6,437人
2004年	平成16年10月	・新潟県中越地震：新潟中越地方を震源とした，最大震度７の大地震。	・死者68人
2006年	平成18年	・平成18年豪雪：2005年11月から翌年２月にかけて発生した豪雪。	・死者・不明者150人以上
2011年	平成23年３月	・（6 **東日本**　）大震災：東北太平洋沖を震源としたM9.0の大地震。東日本の太平洋沿岸部に大津波が襲来《しゅうらい》し多大な被害を与えました。	・死者・不明者18,000人以上
2014年	平成26年８月	・広島市土砂災害：豪雨が原因で発生した土砂災害。土石流が発生し多くの被害が発生。	・死者74人
	平成26年９月	・御嶽山噴火：長野県，岐阜県にまたがる火山が噴火し，多くの犠牲者を出しました。	・死者・不明者63人
2016年	平成28年４月	・（7 **熊本**　）地震：益城町で最大震度７を２回観測。熊本城が甚大な被害。	・死者273人
2018年	平成30年７月	・（8 **広島豪雨**）：７月に発生。広島，岡山，愛媛などに甚大な水害をもたらしました。	・死者100人以上
	平成30年７月	・（9 **猛暑**　）：埼玉県熊谷市で41.1℃を記録。	・死者133人（全国）
	平成30年９月	・北海道（10 **胆振東部**　）地震：厚真町で震度７を記録。北海道全域が停電となりました。	・死者43人
2019年	令和元年９月	・台風15号：関東南部で暴風となり千葉県が甚大な被害を被りました。	・死者１人
	令和元年10月	・台風19号：東日本で多くの河川が氾濫《はんらん》し水害が発生しました。	・死者・不明者89人

5年社会科ワークNo.49（世界遺産）

世界遺産まるわかりワーク

世界遺産を調べてまとめよう

名前

京都府　古都京都の（1　　　）【文化】
京都の現存文化財における建築と庭園設計の最高の表現。

三重・奈良・和歌山県（2　　　）山地の霊場と参詣道【文化】→神社，寺院建築の1,000年以上に渡る宗教文化の発展。

兵庫県（3　　　　）城【文化】
日本の木造城郭建築《もくぞうじょうかくけんちく》の傑作《けっさく》。重要な特徴をすべて無傷で保存。

島根県（4　　）銀山遺跡とその文化的景観【文化】→産出された銀は世界的な物流を促進した。環境保護にも配慮。

広島県（5　　　　）ドーム【文化】
広島市に投下された原子爆弾の悲惨《ひさん》さを伝える被爆建造物《ひばくけんぞうぶつ》。負の世界遺産。

広島県（6　　　　）神社【文化】
海上に建築され，平安時代の寝殿造《しんでんづく》りを取り入れた美しい景観をもつ。

鹿児島県（7　　　　　）【自然】
多くの人がくらしながらも縄文杉など優れた自然が残されている。

沖縄県（8　　）王国のグスク及び関連遺産群【文化】→東南アジア，中国，朝鮮，日本との文化的な交流の中心地。

青森・秋田県（9　　）山地【自然】
人の影響をほとんど受けていない原生的なブナの天然林。

岐阜・富山県　白川郷・五箇山の（10　　）造り集落【文化】
急勾配《きゅうこうばい》の茅葺《かやぶ》き屋根の伝統的集落。

福岡県「（11　　　　）」宗像・沖ノ島と関連遺産群【文化】→古代から現代まで継承されてきた神聖な島を崇拝《すうはい》する文化的伝統。

北海道（13　　　　　）【自然】
最も低緯度の海氷域で海洋，陸上生物の多くの希少種が生息する。

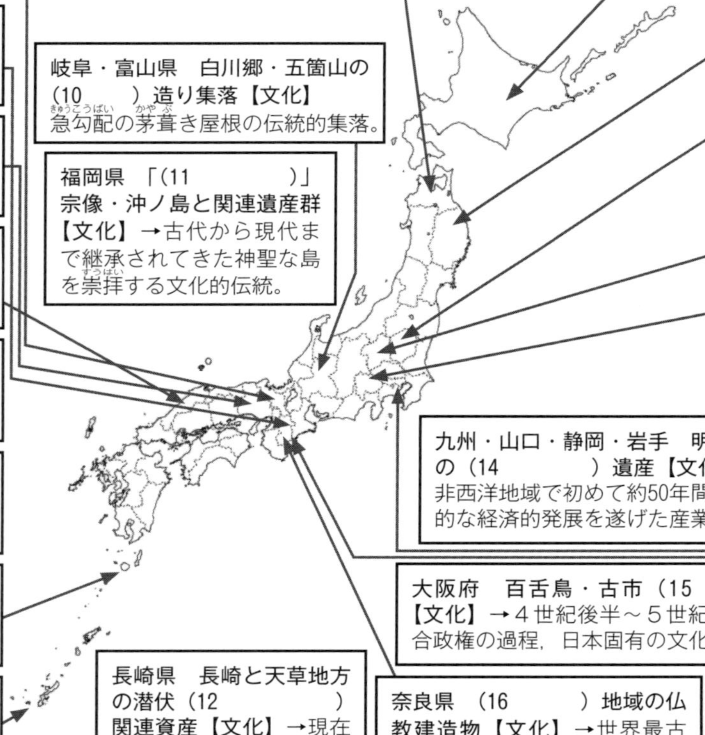

長崎県　長崎と天草地方の潜伏（12　　　）関連資産【文化】→現在も末裔《まつえい》がくらす民俗文化。

九州・山口・静岡・岩手　明治日本の（14　　　）遺産【文化】
非西洋地域で初めて約50年間で飛躍的な経済的発展を遂げた産業遺産。

大阪府　百舌鳥・古市（15　　）郡【文化】→４世紀後半～５世紀後半の連合政権の過程，日本固有の文化。

奈良県（16　　　）地域の仏教建造物【文化】→世界最古の木造建築，仏教文化の浸透《しんとう》。

岩手県（17　　）一仏国土を表す建築・庭園及び考古学的遺跡群一【文化】浄《じょう》土《ど》思想の建築群。

栃木県（18　　）の社寺【文化】
天才的芸術家による創造性豊かな傑作。自然と一体化した宗教景観。

群馬県（19　　　　）と絹産業遺産群【文化】→世界的な絹産業の発展に貢献。工場の保存状態が優れている。

山梨・静岡県（20　　　）一信仰の対象と芸術の源泉【文化】→古来，信仰が生まれた霊峰《れいほう》，芸術上の重要な題材。

東京都（21　　　）諸島【自然】→大陸と陸続きになったことがなく独特の生態系が発達。

東京都（22　　　）の建築作品【文化】
近代建築に大きな影響を与えた（22）の建築作品。

奈良県　古都奈良の（23　　　）【文化】
東大寺や薬師寺など中国や朝鮮との文化的なつながりを有した日本建築・美術。

世界遺産を調べてまとめよう

解答 A

京都府　古都京都の（1 文化財）【文化】
京都の現存文化財における建築と庭園設計の最高の表現。

三重・奈良・和歌山県（2 紀伊）山地の霊場と参詣道【文化】→神社，寺院建築の1,000年以上に渡る宗教文化の発展。

兵庫県　（3 姫路　　　）城【文化】
日本の木造城郭建築《もくぞうじょうかくけんちく》の傑作《けっさく》。重要な特徴をすべて無傷で保存。

島根県　（4 石見）銀山遺跡とその文化的景観【文化】→産出された銀は世界的な物流を促進した。環境保護にも配慮。

広島県　（5 原爆　　　）ドーム【文化】
広島市に投下された原子爆弾の悲惨《ひさん》さを伝える被爆建造物《ひばくけんぞうぶつ》。負の世界遺産。

広島県　（6 厳島　　　　）神社【文化】
海上に建築され，平安時代の寝殿造《しんでんづく》りを取り入れた美しい景観をもつ。

鹿児島県　（7 屋久島　　　　）【自然】
多くの人がくらしながらも縄文杉など優れた自然が残されている。

沖縄県　（8 琉球）王国のグスク及び関連遺産群【文化】→東南アジア，中国，朝鮮，日本との文化的な交流の中心地。

青森・秋田県（9 白神）山地【自然】
人の影響をほとんど受けていない原生的なブナの天然林。

岐阜・富山県　白川郷・五箇山の（10 合掌）造り集落【文化】
急勾配《きゅうこうばい》の茅葺《かやぶ》き屋根の伝統的集落。

福岡県　「（11 神宿る島）」宗像・沖ノ島と関連遺産群【文化】→古代から現代まで継承されてきた神聖な島を崇拝《すうはい》する文化的伝統。

長崎県　長崎と天草地方の潜伏（12 キリシタン）関連資産【文化】→現在も末裔《まつえい》がくらす民俗文化。

北海道　（13 知床　　　）【自然】
最も低緯度の海氷域で海洋，陸上生物の多くの希少種が生息する。

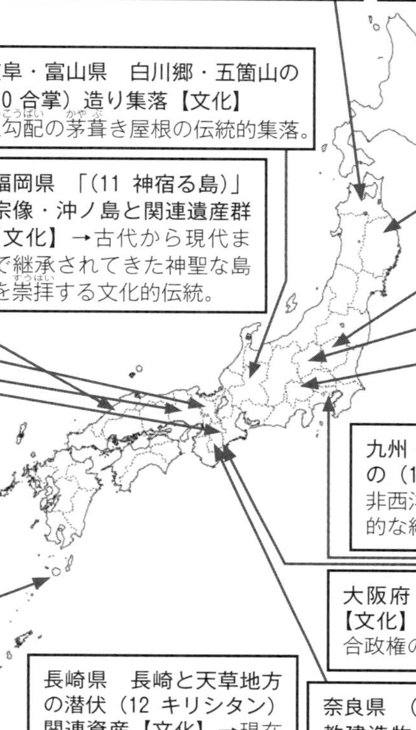

九州・山口・静岡・岩手　明治日本の（14 産業革命）遺産【文化】
非西洋地域で初めて約50年間で飛躍的な経済的発展を遂げた産業遺産。

大阪府　百舌鳥・古市（15 古墳）群【文化】→4世紀後半～5世紀後半の連合政権の過程，日本固有の文化。

奈良県　（16 法隆寺）地域の仏教建造物【文化】→世界最古の木造建築，仏教文化の浸透《しんとう》。

岩手県　（17 平泉）一仏国土を表す建築・庭園及び考古学的遺跡群一【文化】浄《じょう》土《ど》思想の建築群。

栃木県　（18 日光）の社寺【文化】
天才的芸術家による創造性豊かな傑作。自然と一体化した宗教景観。

群馬県　（19 富岡製糸場）と絹産業遺産群【文化】→世界的な絹産業の発展に貢献。工場の保存状態が優れている。

山梨・静岡県（20 富士山）一信仰の対象と芸術の源泉【文化】→古来，信仰が生まれた霊峰《れいほう》，芸術上の重要な題材。

東京都　（21 小笠原）諸島【自然】→大陸と陸続きになったことがなく独特の生態系が発達。

東京都（22 ル・コルビュジェ）の建築作品【文化】
近代建築に大きな影響を与えた（22 ）の建築作品。

奈良県　古都奈良の（23 文化材）【文化】
東大寺や薬師寺など中国や朝鮮との文化的なつながりを有した日本建築・美術。

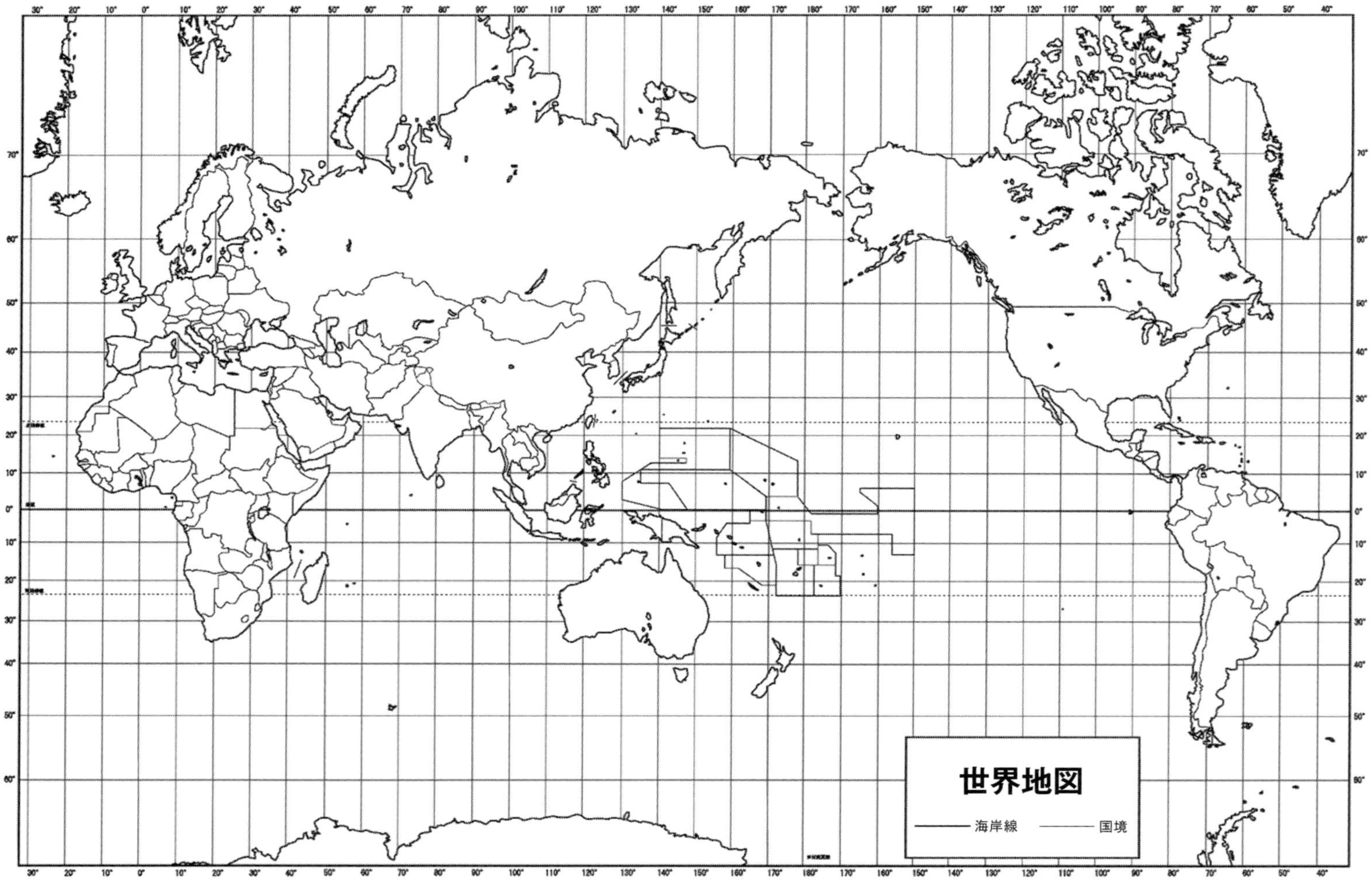
世界地図
海岸線
国境

第9章

付録編

自分たちで問題作成できる「問題づくりシート」と
取り組んだワークを記録できる「自己採点シート」をご活用ください。

5年社会科

社会科問題づくりシート

穴埋めや選択肢《せんたくし》を使って問題をつくってみよう

名前

❶	❷	❸	❹	❺
① ② ③	① ② ③	① ② ③	① ② ③	① ② ③
❻	❼	❽	❾	❿ チャレンジ✓
① ② ③	① ② ③	① ② ③	① ② ③	① ② ③

パターン 上段に問題，下段に選択肢を書き入れましょう。また，３つの穴うめ問題でもいいです。

5年社会科

社会科問題づくりシート

穴埋めや選択肢《せんたくし》を使って問題をつくってみよう

名前

❶	❷	❸	❹	❺
❻	❼	❽	❾	❿ チャレンジ

パターン　上段に資料などを入れて，下段に穴うめ問題をつくりましょう。

自己採点シート

名前

問題番号	回目	回目	回目	回目	回目	回目	回目	回目	回目
国土編									
01 日本の国土									
02 世界地図									
03 日本の地形									
04 日本の気候①									
05 日本の気候②									
06 低い土地									
07 高い土地									
08 暖かい土地									
09 寒い土地									
食料生産編									
10 稲作①									
11 稲作②									
12 漁業									
13 食料生産									
工業生産編									
14 自動車工業①									
15 自動車工業②									
16 中小工場									
産業編									
17 情報									
18 森林									
公害・災害編									
19 公害									
20 災害									
統計編									
21 統計①									
22 統計②									
23 統計③									
24 統計④									

自己採点シート

名前

問題番号	回目	回目	回目	回目	回目	回目	回目	回目	回目
25 統計⑤									
26 統計⑥									
27 統計⑦									
28 統計⑧									
都道府県編									
29 県庁所在地									
30 北海道									
31 東北									
32 関東									
33 中部									
34 近畿									
35 中国・四国									
36 九州・沖縄									
図解・年表・地図編									
37 稲作カレンダー									
38 魚									
39 自動車									
40 工業地帯・地域									
41 伝統工芸									
42 ニュース番組									
43 新聞									
44 情報モラル									
45 森林産業									
46 森林のはたらき									
47 公害									
48 災害年表									
49 世界遺産									

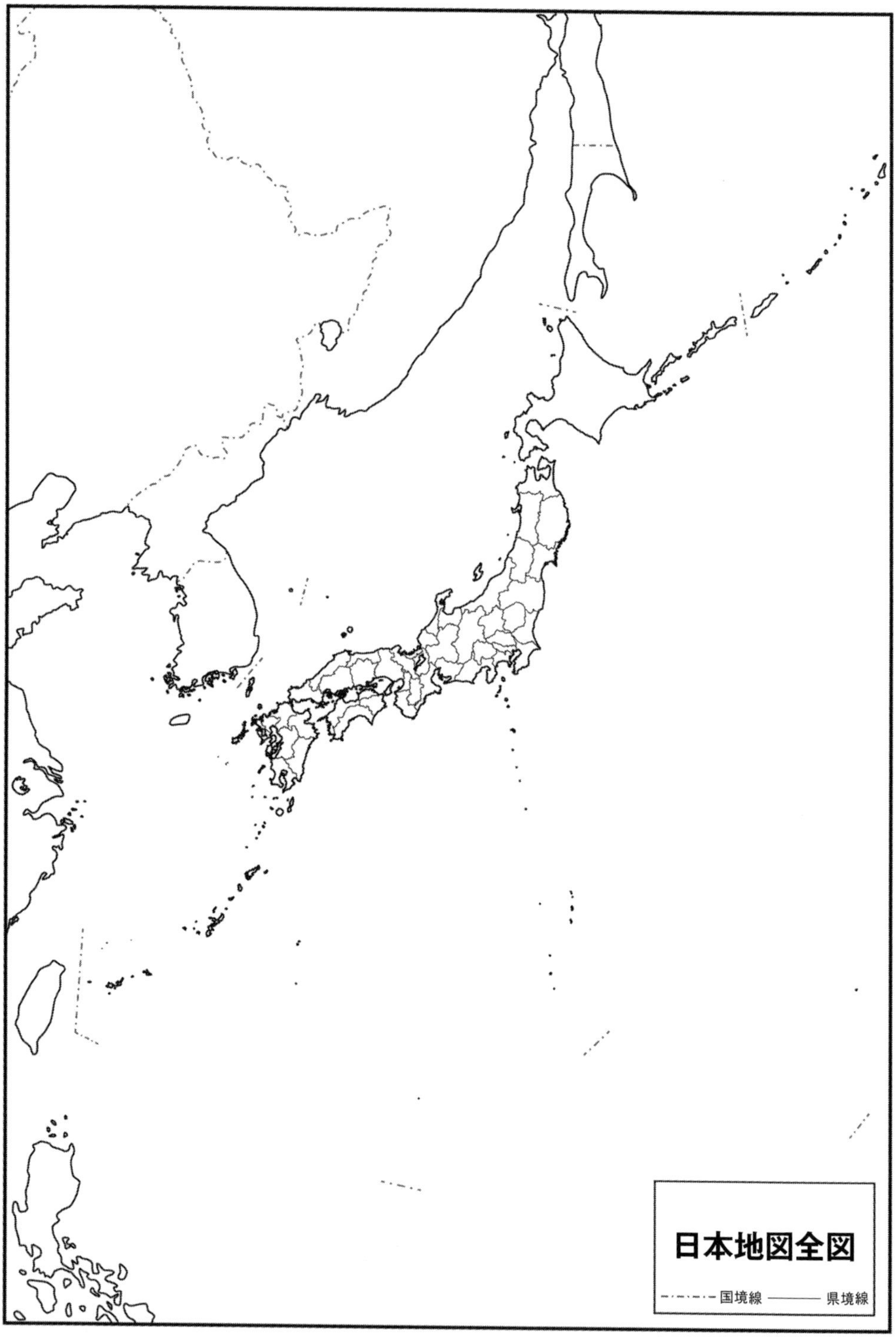
日本地図全図
国境線
県境線

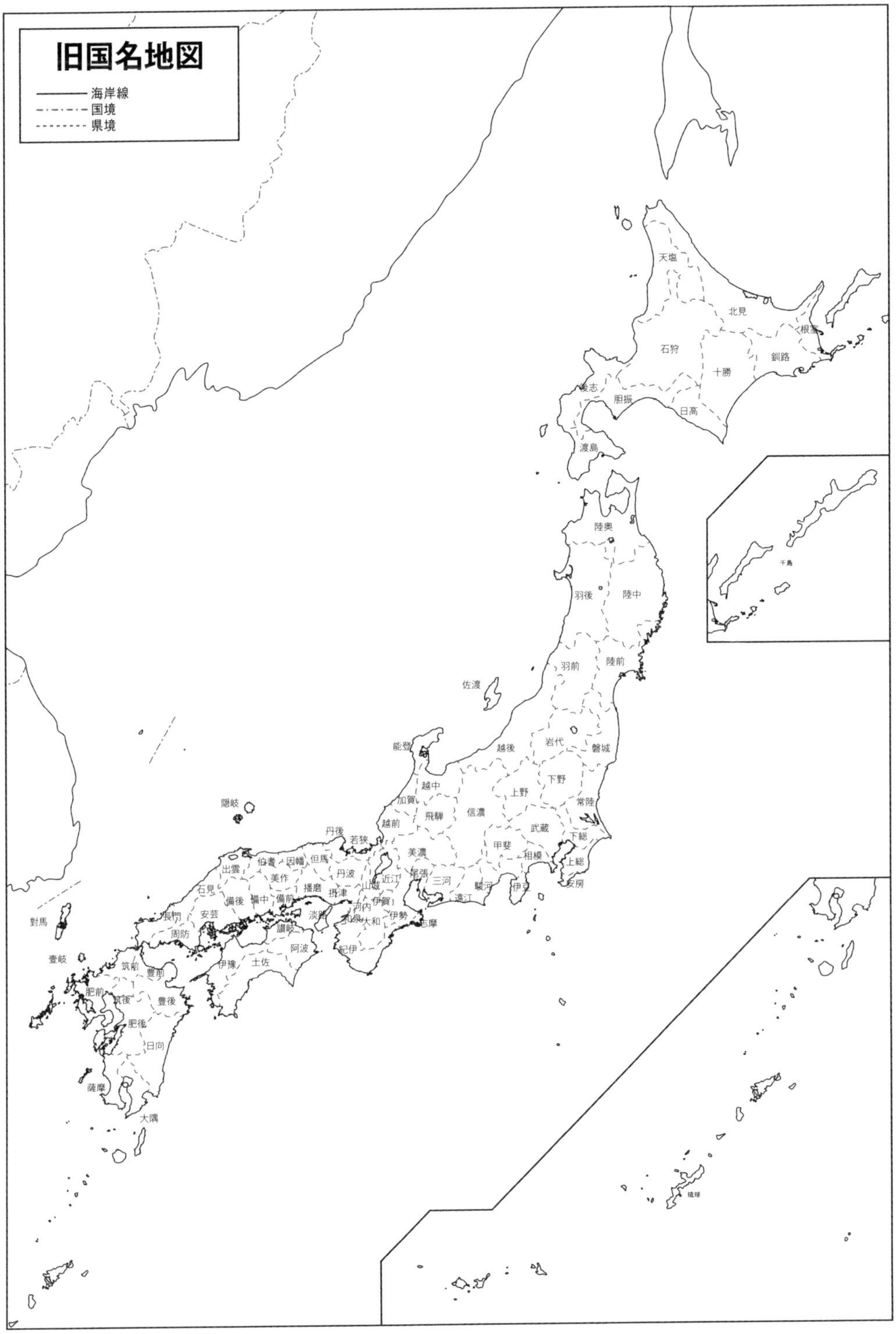
旧国名地図
海岸線
国境
県境
天塩
北見
根室
石狩
釧路
十勝
後志
胆振
日高
渡島
千島
陸奥
羽後
陸中
羽前
陸前
佐渡
能登
越後
岩代
磐城
越中
下野
加賀
上野
常陸
隠岐
飛騨
信濃
丹後
越前
武蔵
若狭
下総
美濃
甲斐
相模
出雲
伯耆
因幡
但馬
丹波
上総
美作
近江
尾張
三河
石見
播磨
摂津
山城
駿河
伊豆
安房
備後
備中
備前
遠江
長門
安芸
淡路
河内
伊賀
対馬
周防
讃岐
和泉
大和
伊勢
志摩
阿波
紀伊
壱岐
筑前
豊前
伊予
土佐
肥前
筑後
豊後
肥後
日向
薩摩
大隅
琉球

おわりに

昨今，テレビのゴールデンタイムはほとんどが「クイズ番組」ではないでしょうか？　曜日によっては19時からのクイズ番組が終わると，20時からまたクイズ番組が始まることもあります。視聴率がとれているのでしょうね。見ている人がたくさんいるということは，国民は「クイズを解く，問題を解く」ことを好んでいるのでしょう。何より，私も大好きです。本来，人は問題を解くことが大好きなんだと思います。クイズとかなぞなぞとか，そういった遊びは普遍的です。

そう考えると，勉強で取り組む「問題」も楽しく取り組むことができるはずです。しかし，現実はどうでしょう？　問題プリントを配ると，「え～」とがっかりする子どもたちが多くはないでしょうか？　その大きな要因は，「点数化」と「成績」です。問題の「出来」によって，すぐに評価されてしまうことが，子どもたちを「問題嫌い」にさせてしまっています。

「教室は間違える場所だ」などと言いながら，実際には間違えると点数が下がります。すると評価も下がります。先生は「この問題は授業でやったでしょ」と言い，親は「この点数は何！」としかります。これでは，問題嫌いになるのは当然です。

私は子どもたちにもっと楽しく問題を解いてほしいと思っています。わからなくても，答えを見て「そういうことかぁ」と笑顔で直す子どもになってほしいと思います。プリントが間違いだらけで真っ赤になっても，「今日はいろんなことがわかったな」と感じるような授業を行ってほしいと思っています。そしていつの日か全問正解することを目指して，何度も取り組むことが「主体的な学び」につながると考えています。

また，問題づくりにもたくさん取り組んでほしいです。自分がつくった難問，引っ掛け問題，意地悪問題を友達に出題して，悩む友達を見て満足する表情が見たいです。その問題を，打ち破り正答する友達の表情が見たいです。そんな仲間との対話が生まれる学びをもっと授業に取り入れられないかなと思い，この書籍を執筆しました。子どもたちの悩む姿に期待しています。

今年からプログラミング教育もスタートします。プログラミングで問題づくりなんかもできそうです。【①問題を提示する，②選択肢を提示する，③アを選んだ場合は「正解」を提示し，イを選んだ場合は「不正解」を提示する】といったプログラムは簡単につくれます。

まずは，間違えることを楽しむ子どもたちを育ててください。点数化して成長をとめるのではなく，やり直しして成長するように本書を活用していただければ幸いです。

最後に本書発行の機会を与えてくださった明治図書の及川誠さん，校正の杉浦佐和子さんに感謝を申し上げます。

朝倉一民

【参考・引用】

〔白地図〕白地図専門店（https://www.freemap.jp/）

【著者紹介】

朝倉　一民（あさくら　かずひと）

北海道札幌市立発寒南小学校教頭。2009年日教弘教育賞全国奨励賞受賞（個人部門），2010年・2011年全日本小学校 HP 大賞都道府県優秀校受賞，2014年日教弘全国最優秀賞受賞（学校部門・執筆），2015年パナソニック教育財団実践研究助成優秀賞受賞，2016年北海道 NIE 優秀実践報告受賞

【所属・資格】北海道社会科教育連盟，北海道雪プロジェクト，北海道 NIE 研究会，IntelMasterTeacher，NIE アドバイザー，文科省 ICT 活用教育アドバイザー

【単著】『子ども熱中！　小学社会「アクティブ・ラーニング」授業モデル』（明治図書）

『主体的・対話的で深い学びを実現する！　板書＆展開例でよくわかる　社会科授業づくりの教科書』シリーズ（明治図書）

【共著】『授業づくりとメディアの活用』（ジャストシステム），『THE 見える化』『THE 学級開きネタ集』（以上，明治図書）

主体的・対話的で深い学びを実現する！
社会科授業ワーク大全　5年

2020年９月初版第１刷刊　©著　者　朝　倉　一　民
発行者　藤　原　光　政
発行所　明治図書出版株式会社
http://www.meijitosho.co.jp
（企画）及川　誠（校正）杉浦佐和子
〒114-0023　東京都北区滝野川7-46-1
振替00160-5-151318　電話03(5907)6703
ご注文窓口　電話03(5907)6668

＊検印省略　組版所　藤　原　印　刷　株　式　会　社

Printed in Japan　ISBN978-4-18-333513-5